O Machado de Rama

Albert Paul Dahoui

O Machado de Rama

A Saga dos Capelinos

Série 2

Volume 2

HERESIS

Programação visual da capa:
Andrei Polessi

Revisão
Cristina da Costa Pereira

Instituto Lachâtre
Caixa Postal 164 – CEP 12914-970
Bragança Paulista – SP
Telefone: 11 3181-6676
Site: www.lachatre.com.br
E-mail: editora@lachatre.org.br

2ª edição – Novembro de 2016

Impresso no Brasil
Presita en Brazilo

CIP-BRASIL. CATALOGAÇÃO NA FONTE

D139t Dahoui, Albert Paul, 1947 – 2008
O machado de Rama/ Albert Paul Dahoui. Bragança Paulista, SP : Heresis, 2016.

216 p.

1.Espiritismo. 2.Drama Épico. 3.Índia. I.Título. II.Coleção Saga dos Capelinos. III.Série 2

CDD 133.9 CDU 133.7

Prólogo

Por volta do ano 3.700 a.C., quase 40 milhões de espíritos foram trazidos de um planeta distante 42 anos-luz. Esses espíritos foram exilados devido a desvios de ordem espiritual só recuperável em longo prazo. Eram pessoas provenientes de um planeta tecnologicamente evoluído, num estágio similar ao da Terra no final do século XX, chamado Ahtilantê.

Um processo de expurgo espiritual em massa é um evento natural, longamente planejado e conhecido da alta espiritualidade. Trata-se de um processo pelos quais os planetas atravessam rotineiramente quando alcançam determinado estágio. Enquanto a sociedade de um planeta se situa em níveis primitivos ou medianos, os habitantes são equivalentes. Os processos de evolução social-econômicos se reproduzem de modo similar em todos os planetas habitáveis, apenas variando os personagens e suas motivações pessoais.

Ao alcançar níveis tecnológicos superiores, possibilitando uma aceleração da evolução espiritual, há um grupo minoritário tão díspar dos demais que não pode permanecer no mesmo planeta. É nesse momento, quando uma minoria põe em risco a evolução da maioria, que o expurgo é encetado.

Uma parte desses expurgáveis convive fisicamente com os espíritos de boa vontade, mas há uma quantidade significativa chafurdando nos planos mais baixos da espiritualidade. O expurgo contemplou a possibilidade de redenção por meio de reencarnações em condições severas. Alguns optaram por esse processo, contudo, a maioria preferiu renunciar a essa possibilidade, receando as agruras a serem vivenciadas.

Entre os espíritos de vibração densa, homiziados nas trevas, dimensão espiritual caracterizada por um aspecto lúgubre, havia os alambaques – grandes dragões. Esses espíritos de inegável poder mental dominavam extensas legiões de seguidores tão tenebrosos quanto eles próprios, mas com menos domínio mental sobre os elementos do plano.

Houve uma cisão entre os alambaques. Mais de dois terços, vendo no expurgo uma determinação inelutável dos espíritos superiores, comandantes do planeta, não resistiram e aliaram-se a Varuna, o coordenador espiritual do expurgo. Tornaram-se artífices de um processo de mudança, tanto no planeta de origem como, principalmente, no planeta Terra, para onde foram trazidos. Houve, entretanto, um grupo de alambaques reticentes.

Esses revoltosos foram derrotados por armas psicotrônicas próprias do plano espiritual. Venderam caro sua derrota. Provocaram uma guerra mundial de proporções catastróficas. O final da guerra foi determinado por artefatos de poder destrutivo nunca visto. Por seu lado, os últimos revoltosos foram capturados em estado lastimável por meio de uma gigantesca nave semelhante a uma lua negra.

Durante os anos negros do expurgo, destacaram-se, como principais ajudantes de Varuna, o comandante das forças de segurança, chamado Indra Vartraghan, e seus assistentes, Vayu e Rudra, dois titânicos guardiões. Além desses importantes membros da equipe, outros foram de importância capital, entre eles Uriel, a segundo-em-comando, uma especialista em espíritos ensandecidos, e um casal muito amigo de Varuna, Sraosa e sua esposa, Mkara. Não só se destacavam pela nobreza de espírito, mas por algo terrível acontecido em remoto passado envolvendo outros espíritos expurgados.

Entre as várias funções de um expurgo dessa magnitude, reside uma de superior importância para o desenvolvimento dos espíritos. Essa função passa a ser bem compreendida quando se entende a importância da evolução social e econômica em conjunção com a própria evolução espiritual. Para não se delongar sobre este importante ponto, é suficiente mencionar o fato de as duas evoluções acontecerem simultaneamente. Não é cabível a espíritos altamente evoluídos em conhecimento e em sentimentos depurados conviver em sociedades primitivas semelhantes às dos indígenas. Pode-se até imaginar uma missão de sacrifício a fim de ajudar uma tribo a evoluir, todavia, espíritos esclarecidos necessitam de sociedades igualmente evoluídas a fim de manifestarem todo o potencial do qual já são possuidores.

Desse modo, a vinda desses verdadeiros depravados significou um salto evolutivo para a Terra. Naqueles tempos, o planeta era povoado por uma humanidade primitiva, repetindo incessantemente o modo de vida dos antepassados, como se tudo fosse imutável. A chegada dos exilados revolucionou os costumes, possibilitando a introdução de uma tecnologia inexistente. Essas novas técnicas modificaram a face do planeta, alterando as relações sociais. A matemática, a escrita, a invenção da roda, do arado e outros utensílios alteraram a agricultura, concentraram as pessoas em cidades, originando a civilização propriamente dita.

Como era de se esperar, esses espíritos também introduziram práticas estranhas e perturbadoras, tais como sacrifícios humanos, parte do ritual de uma religião de deuses sanguinários e atemorizantes. A divisão de atividades propiciou o aparecimento de uma elite dominante. Esses elementos usaram a religião para dominar os menos favorecidos e viviam à larga em detrimento dos seus semelhantes. Mas, mesmo tendo introduzido a escravidão, as guerras de conquista, os massacres de populações inteiras, houve um salto qualitativo impossível de existir sem a presença desses expurgados.

Todo esse processo iniciou-se na Suméria e, como um pequeno sol, espalhou os raios da civilização para o atual Egito e outros lugares do crescente fértil. Todavia, após alguns séculos, os sumérios viviam numa situação caótica, com suas cidades-estados em permanente estado de guerra. Em face dessa situação de calamidade, os espíritos superiores, entre eles Varuna, agora conhecido pelo nome de Mykael – semelhante a Deus –, e Mitraton, o coordenador-geral da Terra, determinaram uma migração para outras plagas a fim de implantar uma nova e brilhante sociedade: a civilização do Meluhha.

Uma seca terrível assolara o hemisfério norte entre 2200 a 1750 a.C. Iniciou por mudar a região do Saara. As vastas pradarias verdes se transformaram em um lugar arenoso. O próximo lugar a ser devastado foi o Egito e a fome desabou sobre a população. O império viveu um período de turbulência e de mortes sem precedentes em sua história. Os egípcios levaram quase duzentos anos para reagrupar suas forças e iniciar um novo reinado.

Lentamente, os tempos mudaram e as estepes da Eurásia sentiram a seca invadindo seus territórios. Os rios secaram e a planície ficou amarelada. O vento levantava grandes colunas de pó e enchiam a terra de areia. As tribos nômades migraram, pois seus territórios de caça haviam se tornado um deserto. Algumas foram para a Europa, enquanto outras se deslocaram para a atual Turquia e fundaram o império hitita. Algumas se espalharam pela região, enquanto outras se dirigiram mais ao sul, invadindo o Egito. Passaram a ser conhecidos como os hicsos.

Outros grupos de indo-europeus se movimentaram para o leste em direção ao deserto da Mongólia. Alcançaram seus arredores, mas, quando se depararam com as enormes cadeias de montanhas, tais como o Hindu Kush, o Pamir e o Tienchan, recuaram. Alguns desses grupos se deslocaram para o planalto Iraniano e, séculos depois, fundariam o império persa.

Outras tribos ficaram na região do Amu Darya e se relacionaram com Shortughai, uma cidade dravídica fundada pelos nichyas do norte do rio Meluhha (Indo). Por meio de informações colhidas em Shortughai, os arianos encontraram o caminho até o vale do Indo. Lentamente, uma tribo após a outra cruzou as montanhas do Hindu Kush e, pela passagem de Khyber, e ingressou no vale do Meluhha.

Em 1800 a.C. quando as primeiras tribos arianas entraram no vale, encontraram grandes cidades habitadas por pessoas negras: os dravídicos. Em torno das grandes cidades floresceriam aldeias e vilarejos. Com o ataque dos arianos, elas foram abandonadas e os aldeões se refugiaram nas cidades. Em pouco tempo, essas belas cidades planejadas se transformaram em verdadeiros cortiços. Onde uma família vivia com conforto, agora cinco se empilhavam. Com medo dos ataques dos arianos, os campos foram abandonados e a agricultura não conseguiu prover alimento para todos. Muitos dravídicos abandonaram o vale e foram para o planalto de Decão.

Os arianos, com carros de combate, espadas de bronze, exímios cavaleiros e coragem não temeram os dravídicos e, embora não tivessem união das tribos, derrotaram facilmente os habitantes locais e atearam fogo nas cidades, mataram os homens e aprisionaram e escravizaram o restante da população. Os arianos odiavam os dravídicos e os chamavam de dasas – negros. Foi uma época de brutalidade e terror, e as tribos arianas se espalharam pela região chamada de Punjab – cinco rios –, o antigo território dos dhanavas.

Uma das mais ferozes tribos de arianos foram os tritsus, comandado por um poderoso chefe guerreiro chamado Cayamana. Esse adorador do deus Indra arrasou o Punjab e destruiu a maioria das represas encontradas. Como consequência, as intensas inundações devastaram o vale inteiro. Além disso, as florestas foram abatidas para dar espaço às pastagens para o gado, a riqueza dos arianos. Em poucas décadas, a terra ficou nua e deserta.

Não obstante, os arianos também não eram unidos. Suas tribos lutavam umas contra as outras. O roubo de gado era a atividade mais apreciada por essas tribos. Naqueles dias sombrios, eles estavam espalhados ao longo do Punjab e não haviam descoberto o vale do Ganges. Ainda enfrentavam problemas para se estabelecer numa região onde muito poucos lugares ofereciam bons pastos para o gado e os dravídicos ainda dominavam algumas cidades.

O Machado de Rama

1

Punjab, Índia, 1735 a.C.

O acampamento principal dos haihayas ficava entre os rios Chenab e Ravi, no Punjab. Como a maioria das tribos arianas, sua sociedade era dividida em três classes sociais: os guerreiros, os pastores e os sacerdotes. Os haihayas haviam se tornado uma grande e poderosa confederação de tribos lideradas por Kartaverya-Arjuna, ou simplesmente Kartaverya, como sua gente o chamava. Governava seu povo há mais de trinta anos sem nenhum rival a lhe tolher os passos. Os haihayas eram pessoas orgulhosas, governadas por guerreiros ferozes. Os principais guerreiros usavam um capacete de cabeça de touro e lutavam com longas espadas de bronze. O purohita – o sacerdote principal – era Vyasu: um homem da velha tradição shamânica. Ultimamente, ele se tornara um importante conselheiro do rei.

O tempo vinha sendo inclemente. Não chovia há meses e eles estavam tendo dificuldades em encontrar um bom pasto para o gado. Animais selvagens haviam atacado o rebanho e abatido muitas cabeças. Na opinião de Vyasu, só havia um ritual a se fazer: um sacrifício humano. Dessa vez escolheram uma virgem: uma menina treze anos.

– Os gandharvas exigem uma perfeita virgem para um purushamedha (sacrifício humano) – disse Vyasu para Kartaverya e seus filhos.

– Assim seja – respondeu Kartaverya, sem um sinal de remorso ou medo nos olhos. – Selecionamos uma menina. É filha de um dasa e o mundo não sentirá falta dela.

– Terá de ser feito na lua cheia: dentro de dois dias.

Kartaverya virou-se para Ujahini, seu filho mais velho, e ordenou: – Cuide da moça.

Ujahini concordou com a cabeça, mas não estava satisfeito com a tarefa. Todas as principais dores de cabeça sempre lhe eram dadas e não podia falhar se quisesse ser o próximo rei. Não gostava muito do culto aos gandharvas, espíritos da natureza; preferia adorar os devas – deuses. Mas Vyasu parecia ter completo domínio sobre aqueles espíritos diabólicos e eles haviam protegido a tribo muito bem até então.

Antigamente, os haihayas eram uma tribo sem importância, mas o pai conseguira juntar várias tribos arianas em uma grande confederação. O fato de Kartaverya ser meio arjunayana, uma das principais tribos do Punjab, dera-lhe primazia sobre os haihayas e os arjunayanas, e sobre setenta outros pequenos clãs e tribos. A nação agora era forte e poderosa, mas o aumento das pessoas também incrementou seus problemas.

No dia seguinte, Ujahini foi ao curral dos dasas, próximo ao acampamento principal, e procurou pela moça escolhida. Ela não tinha pai para cuidar dela, e só um parente distante, uma mulher feliz em se ver livre dela: uma boca menos para alimentar.

Ujahini olhou bem para a menina. Era bastante alta para uma dasa, ele pensou. Os dasas eram geralmente pequenos e magros, enquanto a moça, cujo nome era impronunciável em sânscrito, tinha um par de longas pernas. Ela tinha bonitos olhos negros e pareciam felizes em vê-lo. Mandou segui-lo e ela se achou afortunada; em sua mente, estava certa de ter sido escolhida para ser uma de suas concubinas. Sorriu encantada com ele. Nunca mais passaria fome; todas as mulheres de Ujahini e seus irmãos eram bem nutridos com as sobras da comida deles. No acampamento dos dasas, ela não tinha muito para comer e, às vezes, eles lutavam por um pedaço de osso com alguma carne grudada.

Enquanto caminhavam para a tenda de Ujahini, a menina olhou timidamente para ele. Ele era um homem muito alto e, pela abertura da jaqueta de couro, ela pôde ver seus braços fortes. Seu cabelo longo e sua barba mal-cuidada eram castanho-dourado. Ela sentiu seu cheiro e era bastante ácido, como se nunca tomasse banho. Eles realmente eram diferentes dos dasas: o banho era bom não só para remover a sujeira, mas também as impurezas espirituais, de acordo com os ensinamentos de Shiva. Esses homens tinham hábitos diferentes, ela concluiu enquanto andava toda feliz.

Ele a levou à sua tenda e estava a ponto de entregá-la a outras mulheres, quando ela começou a se despir. Sorriu timidamente para ele: faria tudo para agradá-lo. Quanto mais rápido fosse possuída, maiores as chances de não ser devolvida ao curral dos dasas.

– Está se despindo? – perguntou Ujahini com um olhar sério.

– Para agradá-lo, meu senhor – ela respondeu, tentando dar o melhor de si para parecer a mais natural possível.

Com um gesto de mão, ele mandou as outras três mulheres saírem da tenda e tirou a roupa. Não seria nada mau, ele pensou. Ela morreria no próximo dia e seria agradável morrer sabendo pelo menos como era bom ser penetrada por um homem verdadeiramente viril: não era esse o desejo de todas as mulheres, ele concluiu.

Ele não se preocupou com fato de ela estar suja como um chiqueiro e de não ter a menor ideia de como se faz amor. O importante era se satisfazer com aquela menina. Para ele, ela era igual a um animal qualquer. Ele não se importou em não machucá-la ou de falar uma palavra gentil; sua vontade era satisfazer seu desejo. Quando deixou a tenda, deu ordens para alimentar a menina. As outras mulheres correram para obedecê-lo. Pela primeira vez em sua curta vida, ela se refestelou. Do modo de ver a situação, era uma afortunada; nunca mais passaria fome.

O acampamento inteiro veio naquela noite para assistir ao purushamedha. O ritual não era incomum e a maioria via tal cerimônia como uma necessidade, sem apreciá-la de fato. Naquele dia, deram um banho na jovem e providenciaram um vestido novo. Ela estava radiante: uma sorte ter sido escolhida por Ujahini. Da próxima vez, ela se esforçaria ainda mais para agradá-lo. Não podia perder sua fabulosa posição.

– Venha – ordenou numa voz glacial. Imediatamente, ela o seguiu.

As demais mulheres negras se encolheram no fundo da barraca; pela expressão delas, elas conheciam bem o destino da moça. Porém, pelo seu semblante feliz, ela não tinha a menor ideia da cerimônia pela qual passaria em breve. O antigo purohita era mais rápido nos sacrifícios humanos; ele sempre apunhalava a vítima no topo da cabeça com um punhal de lâmina bem fina, mas Vyasu tinha outra técnica; amava arrastar a cerimônia como se os gandharvas apreciassem ouvir os gritos da vítima. O sofrimento da vítima poderia diverti-los, pensou Ujahini enquanto conduzia a moça pela mão como se fosse um inocente cordeiro.

Quando chegaram próximos o altar, ela estancou. Tinha ouvido falar daquele lugar. Eles gostavam de matar todo tipo de pessoas e animais naquele altar. Tratava-se de um lugar proeminente, levemente acima do resto do chão, acessível por uma escadaria de poucos degraus. Mas ela não estava disposta a chegar perto. Como ela parou, Ujahini agarrou seu pulso e a puxou. Ela obedeceu. Procurando justificativas, pensou se tratar apenas de uma cerimônia de confirmação de seu novo estado de concubina. Talvez eles fossem apenas oferecer uma cabra aos deuses como símbolo da união deles.

– Deite-se – ordenou. Pelo olhar de medo da moça, era visível sua desconfiança. Qual o motivo de ele ordenar para ela se deitar na pedra fria na frente de toda a tribo? Mas talvez esses homens brancos tivessem outros hábitos para se casarem, pensou, tentando se iludir.

Ao deitar no altar de pedra, ela sentiu mãos fortes amarrando seus braços e pernas. Agora ela estava certa: iriam fazer algo doloroso com ela. Começou a chorar baixinho; sentira-se enganada. Esses homens iriam feri-la de algum modo. Um homem mirrado, um verdadeiro saco de ossos, aproximou-se dela. Segurava uma faca recurva e falava palavras incompreensíveis em sua estranha língua. Apontou várias vezes a faca na sua garganta enquanto proferia palavras de exaltação a algum deus desconhecido. Quando a faca tocava em seu pescoço, ela ficava apavorada a ponto do seu choro cessar. De repente, ela sentiu o punhal perfurar seu pescoço e cortar a veia jugular. Naquele momento, certificou-se: ia morrer. Totalmente possuída pelo terror, começou a gritar. Quanto mais bradava, mais ele a cortava. Quando ele cortou sua garganta, sua voz morreu ali. Ficaram apenas os olhos em absoluto terror. Sentia o sangue esguichar do seu corpo. Estava tão confusa. Qual o motivo de fazerem isso com ela? Ela não se comportara bem? Ela não se ofereceu a Ujahini de modo tão dócil?

Quanto mais o corpo dela se retorcia, mais o homem parecia ter prazer em cortá-la. Ele estava fatiando seus pulsos e, de repente, ela sentiu como se estivesse mergulhando na escuridão. Tudo ao seu redor parecia distante e negro. Sua dor se transformou numa queimadura, como se ela tivesse se ferido em uma fogueira. Todavia ainda sentia seu corpo tremendo convulsivamente. Depois disso, tudo escureceu.

Naquele momento, nuvens escuras cobriram a lua cheia e vários coriscos riscaram o céu. Um dos raios caiu tão perto a ponto de derrubar vários assistentes. Um homem atingido pelo raio permaneceu no chão. Um dos amigos se apressou para perto dele e tentou ajudá-lo. Apavorado, informou aos brados a morte do amigo.

Novos raios caíram em uma árvore não muito longe de onde os assistentes estavam e pegou fogo. A maioria das pessoas fugiu aterrorizada: os céus não estavam nada satisfeitos. Os únicos a ficar foram Vyasu, Kartaverya e seus filhos. Ujahini estava morto de medo, mas, na posição de herdeiro, não podia demonstrar seu medo abertamente.

– Há algo errado – ralhou Vyasu. – Ela era virgem?

– Sem dúvida – respondeu Kartaverya para Vyasu e, virando-se para seu filho, perguntou-lhe: – Ela era, não era, Ujahini?

– Sim, provavelmente nasceu virgem, mas morreu mulher – respondeu com indiferença.

– Qual o significado disso? – perguntou Vyasu furioso.

– Ora, eu a deflorei. Esse é o significado disso – respondeu com tal indiferença a ponto de os demais ficarem mudos de espanto.

– Oh, me ajudem, grandes devas – exclamou Vyasu. – Você enlouqueceu, Ujahini? Não sabe da imperiosa necessidade de ela ser virgem?

– Não, esse mero detalhe me escapou por completo. E daí? Os gandharvas queriam sangue e o receberam. Qual a diferença entre o sangue de uma mulher e de uma virgem?

– Há uma diferença enorme – disse Vyasu exasperado. – De qualquer maneira, não vou discutir isto com você. Os gandharvas só serão saciados se sacrificarmos dez jovens, ou nos abandonarão e nossa tribo cairá em desgraça. Esse é o seu desejo, Ujahini?

– E como vou produzir dez virgens de imediato?

– Não precisa ser agora – respondeu Vyasu, procurando manter a calma frente à arrogância do herdeiro. – Um novo sacrifício terá de ser feito na próxima lua cheia. Você tem uma lua inteira para produzi-las.

– Ou então?

– Sofra as consequências.

Ujahini estava a ponto de responder de modo mal-criado. Para ele tais cerimônias só serviam para dar poder aos purohitas e fazer as pessoas dóceis: nunca se sabia quando poderiam ser escolhidas para serem sacrificadas.

– Ujahini reunirá os guerreiros e atacará uma aldeia dasa – interveio Kartaverya, quando notou a raiva crescendo no rosto do filho. – Ele trará as dez virgens solicitadas.

Sob tal comando, Ujahini só podia obedecer. Concordou com um aceno de cabeça: nunca aventuraria sua posição de herdeiro ao trono por um grupo de dasas. Se aquele maníaco do Vyasu quisesse matar toda a população de dasas, ele não se oporia. Pelo menos não enquanto seu pai estivesse vivo. Depois de sua morte, isso seria um assunto a ser tratado no devido tempo. Por ele, Vyasu não perdia por esperar.

2

A tribo dos brighus vivia próximo ao rio Hindu, um nome prosaico significando 'rio' em sânscrito. O chefe da tribo era um ancião chamado Jamadagni: fizera votos de castidade e de nunca mais cortar os cabelos enquanto vivesse. Durante os últimos dezesseis anos, não tocara em Renuka, sua esposa, embora antes de fazer tal voto, tivera cinco filhos com ela. O filho mais velho chamava-se Vasuman e era virtualmente o chefe da tribo, pois o pai passava a maior parte do tempo em orações e em recolhimento. Jamadagni, não obstante, era um homem atento aos acontecimentos de sua tribo. Achara um lugar maravilhoso perto do rio com bons pastos ao seu sempre crescente rebanho de gado, ovelhas e cabras. Seus cavalos eram os recursos mais valiosos da tribo e motivo de orgulho de seus guerreiros.

O purohita era Bhradwaja: um homem magro e alto. Tinha uma grande família e um forte domínio sobre todos da tribo. Como a maioria do purohitas, estava sempre empenhado em sacrifícios humanos. Não para os gandharvas, pois os considerava perigosas criaturas da noite, mas para os devas arianos, especialmente Agni, o fogo sagrado.

Quando estavam vagando no deserto, Jamadagni fizera uma promessa a Varuna, o maior de todos os deuses. Se encontrasse um bom lugar para seu povo, permaneceria casto, nunca cortaria seus cabelos, nunca mais faria um sacrifício de nenhum ser vivo – nem pessoas, nem animais – e, acima de tudo, não comeria nenhum tipo de carne. Alguns dias depois de ter feito essa promessa, foi conduzido por uma série de eventos a um vale de bons pastos, protegidos contra a inundação do Hindu. Passou a viver de acordo com seus votos e Bhradwaja só poderia obedecer ao seu mestre, embora acreditasse no declínio de seus poderes se não imolasse de vez em quando alguém para o vasto panteão de deuses da tribo.

Falar com Jamadagni sempre era uma tarefa dura para Bhradwaja. Tinha de deixar a aldeia e caminhar mais de um quilômetro morro acima até o retiro de Jamadagni. Mas cansativo não era só o esforço físico, mas também ficar face a face com ele. Nos últimos dezesseis anos, passou a achar Jamadagni enfadonho e mal-humorado. Depois do longo passeio, Bhradwaja reuniu-se com o chefe, enquanto tentava recuperar seu fôlego da longa caminhada. Sentou-se próximo a Jamadagni e ambos ficaram olhando o vale abaixo. Jamadagni tinha escolhido um lugar belíssimo para suas meditações, pensou Bhradwaja, mas deveria ter mais cuidado; estava sempre só e, se tivesse inimigos, seria fácil assassiná-lo.

– Ainda faremos o ritual de Vartraghan? – perguntou Bhradwaja.

– Naturalmente. Sempre fizemos tal ritual e nos trouxe prosperidade.

– Não me custa perguntar, já que você tem mudado tanto nossos hábitos ultimamente – respondeu Bhradwaja.

– Algumas vezes você sabe realmente ser uma peste. O único ritual proibido foi o costume terrível de sacrificar pessoas aos deuses. Após a cessação de tal cerimônia, nossa tribo só fez progredir.

O purohita não respondeu.

– Quem vai ser Indra este ano? – perguntou Jamadagni. Preferia chamar Vartraghan pelo nome mais conhecido – Indra – em vez do nome dado por outra tribo ariana, agora instalada no planalto iraniano. O nome Indra era mais poderoso, pois Vartraghan significava, no idioma deles, 'o senhor do conflito'. Ele não tinha nenhum apetite para conflitos; sentia-se como um homem de paz.

– Nytia, filho de Hamuken.

– Uma boa escolha; um jovem tranquilo. E quem será Azi Dahaka?

– Você quer dizer Vritria, o envelopador.

Jamadagni não estava com humor para discutir a respeito de nomes. Na mitologia, Vritria era a seca. Ele havia envolvido o mundo por mil anos. Indra ou Vartraghan tinha de lutar todos os anos para libertar as águas represadas na fortaleza de Vritria. Quando vencia, não só as águas caíam na terra seca, mas também todas as virgens eram libertas e podiam se casar. Era então a cerimônia mais importante onde dois guerreiros, cada um representando um dos contendores, lutavam. Como era parte do costume, Indra sempre vencia no final. Então, o escolhido para personificar Vritria ou seu principal demônio Azi Dahaka tinha de, voluntariamente, perder.

– Assim seja. Quem será Vritria, afinal de contas?

– Parvan.

– É uma escolha temerária, Bhradwaja. Parvan tem a cabeça quente. Poderá personificar um diabo, ciente de perder no final?

– Parvan é perfeito. Ele é enorme e sua presença física demonstra bem o poder de Vritria. E ele não é nenhum tolo; conhece nossos costumes. É apenas uma luta ritual e conhece o objetivo.

Jamadagni não se preocupou mais com quem iria personificar Vritria. Era um mero detalhe: ele tinha outro assunto em mente.

– E como está Rama? Ainda tendo seus acessos de loucura? – perguntou a Bhradwaja, referindo-se ao seu filho mais novo de quinze anos.

– Quantas vezes devo repetir? – respondeu Bhradwaja. – Rama não tem acessos de loucura. Ele tem a manifestação sagrada da vontade dos deuses.

– Para mim, Rama é um louco furioso. Não é natural alguém se achar envolto em labaredas, arrancar a roupa e ficar nu na frente de todos. Não é normal ter uma angústia tão opressiva a ponto de levá-lo à loucura.

– Não é loucura. Ele tem visões e entra em comunhão com os deuses – respondeu Bhradwaja. – Você tem uma certa prevenção contra ele e, por isso, só vê traços ruins no jovem. Desde os doze anos, tenho lhe ensinado as artes sagradas de nossos antepassados e ele se tornou um vidente maravilhoso. Há de ser um homem de grande poder e um purohita excepcional para ajudar Vasuman, quando partirmos para a terra dos deuses.

– Duvido muito – respondeu Jamadagni. – Seus irmãos o detestam. Eu mesmo mal o tolero.

– Nós sabemos o motivo de não o tolerar – comentou Bhradwaja, com um sorriso astuto no semblante.

– Cale-se, homem. O vento leva as palavras. É um segredo e permanecerá assim.

3

Dois dias depois, a tribo se reuniu para assistir ao ritual de Indra. Tinham oferecido flores e frutas em um altar de pedra, para o grande desgosto de Bhradwaja; ele preferia realizar um purushamedha. As donzelas não podiam participar e só seriam libertadas no final, depois da vitória de Indra contra Vritria. Naquele momento, elas seriam trazidas ao banquete e escolheriam seus noivos. Na maior parte das vezes, os pais determinavam os futuros maridos, mas, entre os Brighus, as moças tinham maior liberdade de escolha.

Bhradwaja proferiu palavras de exaltação a Vartraghan; ele insistia em chamá-lo como o faziam os passargadae, tribo de sua mãe agora radicada no planalto iraniano. E, como se fosse um anunciador de lutas marciais, apresentou Vartraghan a todos. Nytia entrou no círculo aberto para essa festividade vestido como se fosse o próprio deus, segurando uma espada de bronze na mão direita. Então Bhradwaja apresentou seu oponente; o perverso Vritria. O titânico Parvan adentrou usando uma horrorosa máscara preta e vermelha. Ele pulou para dentro do círculo como se fosse o próprio Vritria e dançou de forma diabólica, arrancando expressões de estupor da multidão.

A luta começou com cada um cruzando suas espadas um contra o outro, mas Parvan não podia ver bem devido à máscara. As pessoas ovacionaram os contendores e, sendo Parvan um homem forte, seus golpes eram poderosos, mais parecendo a carga de um touro. Nytia estava tendo dificuldades para aparar os golpes de um entusiástico Parvan. Num dado instante, Nytia teria de ir para o lado direito, como haviam ensaiado várias vezes os passos da luta, mas inesperadamente esquivou-se para a esquerda e a espada de Parvan bateu firme na sua testa. Fora um golpe poderoso. Nytia arriou-se sob o peso da pancada e permaneceu prostrado no chão, com o sangue esguichando de sua cabeça.

Ao vê-lo caído, Parvan removeu sua máscara e todos puderam ver o quanto estava consternado. Jamais pensara em ferir Nytia; era seu amigo desde a infância. Acudiu o amigo caído e, em prantos, tentou levantá-lo, enquanto o chamava pelo nome. Mas Bhradwaja logo constatou: nada mais havia a fazer; Nytia estava morto.

Tal tragédia nunca acontecera; Indra sempre ganhava no fim. Jamadagni estava petrificado, apavorado com as consequências do mau presságio, e assim estavam todos. Bhradwaja, não obstante, tinha suas razões para não acusar Parvan.

– Fora determinado. Esta é a prova de um mau presságio a cair sobre nós. Parvan é só o veículo da vontade dos deuses. Vritria ganhou e ele está nos advertindo da necessidade de um purushamedha. Temos de ofertar sangue dasa, pois assim, com seu fogo, Agni destruirá a fortaleza de Vritria, e a água e as virgens serão libertadas para a vida. Sangue dasa deve correr já.

Um burburinho tomou conta das pessoas. Alguns guerreiros correram até o curral dos dasas e trouxeram um velho. Jamadagni parecia estar sob o efeito de um feitiço perverso, pois estava confuso e calado. Antes de esboçar qualquer reação quanto ao sacrifício humano a ponto de acontecer, o herdeiro Vasuman arrastou o ancião e o entregou a Bhradwaja.

– Imole-o.

Bhradwaja não precisou de uma segunda ordem para atingir seu objetivo. Os guerreiros amarraram o homem e Bhradwaja tirou um punhal da cintura. Enquanto os homens seguravam o ancião, o purohita se aproximou. Ele se debatia na tentativa de fugir, enquanto gritava apavorado. Naquele momento, ouviram a voz de um jovem de dentro da multidão, gritando para não matarem o velho. Vasuman virou-se para dois de seus guerreiros e ordenou:

– Calem a boca de Rama.

Os dois homens agarraram o jovem, o esbofetearam na boca e o arrastaram para longe. Enquanto Rama estava sendo levado, Bhradwaja deu um talho profundo na garganta do dasa. O mau presságio da vitória de Vritria sobre Vartraghan fora lavado com sangue. Agora, pelo ponto de vista de Bhradwaja, tudo voltara ao seu devido lugar. Os deuses só podiam estar satisfeitos com todo aquele sangue rubro jorrando da garganta do ancião.

4

Uma semana depois, Rama chegou para suas lições diárias com Bhradwaja. Naquele dia, ele parecia estar assoberbado por dúvidas. Quando era um menino de sete anos, ele fora destinado a uma das classes de um sacerdote para aprender o Veda, 'conhecimento'. Deviam aprender decor todos os hinos e cantos. Lembrava-se bem como fora aborrecido fazê-lo.

Todos os meninos e meninas tinham de se sentar no jardim do sacerdote, na frente de sua casa, e recitar todos os hinos várias vezes. Eles pareciam um grupo de gatos miando sem entender uma única palavra. Quando terminou o aprendizado de cinco anos, foi levado a Bhradwaja para aprender as artes sagradas, como o purohita chamava aqueles ensinamentos secretos. Todavia, ele achava não ter aprendido nada, pois continuava a ter de vez em quando seus acessos e todos se afastavam dele.

Enquanto caminhava para a casa de Bhradwaja, lembrou-se do primeiro acesso. Estava para completar o décimo segundo ano de vida, quando sentiu algo extremamente quente entre as pernas. Achou ter sentado acidentalmente sobre alguma brasa. Tirou as calças tão rápido quanto pôde e passou as mãos debaixo do sexo. Nada parecia queimado e não havia nenhum carvão em brasa. Então, ainda com as calças abaixadas, sentiu como se o fogo estivesse subindo pela coluna e o calor se esparramando pelo estômago. Sentiu vontade de evacuar, vestiu as calças e correu até o mais próximo arbusto. Mas isso não mitigou suas sensações. Agora era como se o peito estivesse em chamas e sentia uma falta de ar sufocante, e, enquanto tentava respirar, desmaiou.

Quando voltou a si, seu corpo estava dolorido e tinha dificuldades em mover as pernas e braços. Tudo parecia duro, como se estivesse tendo câimbras. Fora um desmaio rápido, mas o suficiente para derrubá-lo. Agora estava sujo e sangrando ligeiramente pelo nariz. A partir daquele dia, passara a ter pelo menos três crises por dia. A maioria das vezes, conseguia evitar o desmaio, porém a sensação se tornara atroz. Vivia tenso e receoso, sempre aguardando mais um ataque, e com medo de enlouquecer de vez.

De fato, sua existência só fez piorar após o primeiro ataque. Ele estava indo à casa de Bhradwaja, quando viu um velho alquebrado sair de uma das tendas e lhe pedir comida. Disse-lhe não ter nada a lhe oferecer, mas o homem insistiu e caminhou com ele. Depois de alguns minutos de cansativa insistência, o homem começou a insultá-lo, chamando-o de todo tipo de nomes sujos. Ele parou, olhou para o velho e lhe respondeu severamente. Deveria ter vergonha de usar tal linguajar chulo em pleno acampamento quando mulheres e crianças poderiam ouvi-lo. O ancião então simplesmente desapareceu em pleno ar e, pela primeira vez em sua vida, Rama falara com um espírito. Ele ficou tão amedrontado a ponto de ficar estático no lugar enquanto se urinava. Depois dessa vez, começou a ver espíritos por todos os lados. Quando Bhradwaja lhe afiançou ser impossível ver tantas almas assim, concluiu ter finalmente alcançado a mais completa e sórdida loucura.

Os ensinamentos de Bhradwaja provaram ser inúteis. Tudo era fruto de sua imaginação, Ele não via espíritos, dizia o purohita, mas sim imagens dançando na frente de seus olhos. Ele estava sendo enganado pela sua própria mente. Nem mesmo quando predizia algo de ruim, Bhradwaja acreditava nele. Era pura sorte saber ou da morte de um guerreiro devido a uma queda do cavalo, ou do ataque de um animal selvagem a uma mulher, ou do afogamento de uma criança pelas águas furiosas do Hindu. Eram acidentes fadados a acontecer e ele só conseguia predizer os fatos mais óbvios da vida.

Seus irmãos o odiavam e demonstravam isso claramente, mandando-o embora sem complacência. Chamavam-no de feiticeiro louco e os amigos de infância igualmente lhe jogavam pedras. Nunca se sentiu tão miserável e a própria mãe, Renuka, evitava-o claramente. Dizia-lhe para se comportar como um homem e parar de choramingar sempre quando algo lhe acontecia. Quando ele se descontrolava, ela o mandava para Bhradwaja; o purohita saberia como agir. Por outro lado, Jamadagni parecia distante e frio. Quando procurava seus conselhos, um silêncio perturbador era sua resposta.

Mas, naquele dia, Rama foi estava cansado de ser mal-tratado pelos irmãos e conhecidos; queria respostas diretas e não longas circunlocuções cujo final não o conduziam a canto nenhum.

– Como tais fatos acontecem comigo? – ele perguntou a Bhradwaja. – E não me diga ser minha imaginação ou loucura.

– Pensei muito a respeito e até consultei os oráculos. Você é dotado de um poder o qual não sabemos controlar, mas isso só pode advir dos deuses.

– Qual o significado disso? Até você, o mais poderoso dos purohitas, é incapaz de me dar uma resposta direta? Nunca escutei tamanha tolice de você antes. E você não consegue produzir um remédio para curar minhas dores?

– Só os deuses podem realizar isso – respondeu timidamente Bhradwaja. Ele nunca tinha visto Rama tão furioso. Podia jurar ter visto pequenas labaredas saindo de sua testa.

– Então quero falar com eles.

– Com os deuses? Você está louco? Como podemos falar com eles? Eles podem falar conosco, mas nós não podemos dispor deles como se fossem nossos escravos. Você tem de esperar até um deles se dignar falar com você.

– Estou cansado de esperar. Deve haver algo a ser feito para entrar em comunhão com os deuses.

Bhradwaja levantou-se da cadeira e caminhou para fora da casa. Rama o seguiu. Com quase dezesseis anos, ele era bastante diferente dos irmãos. Era menor e mais fraco em comparação. O cabelo dele era um castanho quase negro, enquanto a cabeleira dos irmãos era aloirada. Seus olhos eram negros com longos cílios, enquanto os irmãos tinham olhos esverdeados. Seus parentes eram arianos puros, enquanto ele não parecia ser tão puro assim.

– Nossas lendas falam de grandes pradarias de onde teríamos vindo – disse Bhradwaja, após caminhar um pouco. – Nesses dias épicos, usávamos um cogumelo especial numa bebida sagrada a Chandra, um de nossos deuses. Tal bebida pode abrir nossa visão interior. Sob tal influência, é possível entrar em contato com o espírito do nosso animal protetor. É um processo complicado. Tem de se beber o haoma, a bebida sagrada, e esperar o espírito do animal o escolher. Então, sob a influência de tal espírito, a pessoa se comporta de acordo com as características desse animal totêmico. Se uma águia o escolher, você será dotado de um olhar arguto e será capaz de ver à distância. Se o urso o escolher, você terá sua força, e assim por diante.

– Sei de tudo isso. Você me ensinou. Esse ritual antigo foi abandonado quando viemos para o vale do hindu. Mas como vou resolver meu problema?

– Só vejo uma possibilidade. Vá à procura de seu animal totêmico e funda-se com ele. Ele guiará seu destino à glória.

– Ou à minha destruição, não é?

– Sim, é verdade. Conhecer a força da pessoa pode conduzi-la a qualquer extremo. Se souber dominar sua força, você será um vencedor, mas se deixar sua força dominá-lo, você será um escravo. Está dentro de sua vontade decidir o caminho pelo qual deseja trilhar.

– Se entendi bem, devo ir às pradarias e...

– Não, não – atalhou Bhradwaja. – Ninguém conhece mais o caminho para as grandes pradarias. Está perdido nas névoas do tempo. Você tem de achar a montanha Mujavant. Lá encontrará um cogumelo bastante semelhante ao original das pradarias e, com ele, preparará o haoma sagrado. Você beberá e aguardará pelo aparecimento do seu animal totêmico. Provavelmente, ele o conduzirá a um estado de alma diferente do seu atual estado de angústia.

– E onde fica essa montanha?

– Nunca estive lá. Um dos purohitas de outra tribo me confidenciou ter achado o tal cogumelo sagrado por lá, mas não disse onde fica a montanha.

– Realmente estou bem arranjado – disse Rama num tom de raiva reprimida: – um purohita ignorante de minha doença e o desprezo de minha tribo. Resta-me bem pouco.

– Em primeiro lugar, você tem de parar com suas lamentações. Se você é assim, deve extrair o melhor de você. Tem de se tornar uma pessoa importante, não só para você, mas para outros também.

A resposta num tom forte fez Rama parar com suas lamúrias. Sim, ele pensou, Bhradwaja tinha razão. Não iria ganhar nada resmungando palavras tristes sobre seu destino; cada homem recebera dos deuses a inteligência para achar um caminho satisfatório na vida. Se ele não era tão forte quanto seus irmãos e, provavelmente, nem tão belo quanto os homens mais bonitos da tribo, ele tinha seu valor. Acharia um modo de se fundir com seu animal totêmico e de se transformar em alguém importante.

Antes de deixar a aldeia, Rama decidiu falar com o pai. Caminhou até o lugar de recolhimento e encontrou o velho em orações. Seus olhos estavam fechados e ele estava em completo silêncio. Rama se sentou a certa distância e esperou até o pai terminar suas preces. Alguns minutos depois, Jamadagni sentiu sua presença e abriu os olhos.

– Ah, é você – disse o velho, um pouco contrariado com a presença do filho em seu santuário.

– Sim, pai. Vim lhe pedir sua bênção.

– Qual a razão de abençoá-lo?

– Pretendo deixar nossa aldeia e ir à montanha Mujavant.

De repente, o ancião saltou da posição de lótus para ficar em pé num salto. Rama ficou surpreso por ver tal agilidade num velho.

– A loucura tomou conta de sua mente de vez? Você perdeu totalmente o senso de prudência? Você sabe onde fica tal montanha? Você não se cansou de me humilhar com sua loucura? Quais serão os comentários da nossa tribo sobre sua nova excentricidade? Você não tem nenhum amor pelos seus parentes?

Essas perguntas bravas que choveram sobre Rama não o constrangeram. Pelo contrário, respondeu com raiva e desprezo:

– Nenhum parente demonstra o menor amor por mim, meu pai. Minha mãe está mais feliz quando estou longe da presença dela. Meus irmãos riem de mim e me insultam. Até mesmo você não diz uma palavra de amor ou de elogio. Dê-me um motivo para me preocupar com pessoas cujo prazer é me ver longe delas?

– Como você pode dizer palavras tão severas contra mim? Eu sempre tenho...

– ... demonstrado o mais profundo desprezo pela minha pessoa e pelos meus sentimentos – disse Rama. – Qual a razão de se preocupar comigo, se fico ou se parto; se estou vivo ou morto, quando seu rosto e seus modos demonstram uma completa indiferença?

– Não é verdade, eu tenho...

– Não tente me convencer do contrário – interrompeu o jovem novamente. – Não há nenhuma necessidade de perder seu tempo tentando me dissuadir de minha intenção. Estou partindo e só retornarei quando souber quem sou e o motivo de me comportar deste modo. Vim aqui para pedir sua bênção, mas, para ser honesto, este não era meu verdadeiro propósito. Vim apenas constatar se você tinha um pouco de amor por mim, mas suas palavras me deram a resposta. Você só se preocupa com você e não se importa se sou feliz ou não. O importante é não humilhá-lo mais na frente de sua tribo.

Jamadagni não respondeu e Rama deu-lhe as costas e desceu o morro.

5

Contrariando as expectativas de Rama, sua mãe revelou uma doçura poucas vezes demonstrada. Ela escutou silenciosamente sua determinação de partir e, no final, com os olhos marejados, disse solenemente:

– Vá, meu filho. Seu futuro será grandioso. Ache seu caminho, mas volte para mim, porque tenho muito a lhe revelar no devido tempo. Vayu, nosso deus dos ventos, o conduzirá ao seu destino.

Antes de partir, Rama tinha de dizer adeus a alguém muito caro ao coração: Mila, a filha mais jovem e mais bela de Bhradwaja. Eles tinham a mesma idade e, quando crianças, brincavam muito juntos. Quando Rama veio para a casa de Bhradwaja para aprender as artes sagradas, ela sempre demonstrou carinho e atenção para com ele. Sentia-se apaixonado por ela, embora nunca tivesse declarado seu amor à bela moça de olhos azuis. Não obstante, naquele dia, chegou com a firme intenção de abrir seu coração para ela.

Ao vê-la, Rama lhe contou o propósito de sua viagem. Ela parecia preocupada.

– Não é perigoso?

– Há perigo, Mila, em todos os lugares. Mas eu preciso cumprir meu destino.

Falara num tom pomposo e então, ao perceber ter sido muito melodramático, complementou com uma observação tímida:

– Assim como todo o mundo, eu acho.

– Mas você tomará conta de você, não vai? Não fará nada tolo, não é? Não aguentaria perdê-lo.

Tais palavras esquentaram seu coração. Ele estava a ponto de dizer o quanto a amava e de sua intenção de se casar com ela no momento de seu retorno. Pediria o consentimento de seu pai, mas, naquele momento, a mãe de Mila a chamou e ela teve de partir.

– Rezarei aos poderosos devas para protegê-lo em sua viagem.

Rama olhou-a enquanto ela se afastava. Seus cabelos dourados ondulando ao vento, os quadris arredondados, sua figura alta e esbelta encheram sua mente com sonhos de amor e paixão. Fizera sua escolha; quando voltasse, ele se casaria com ela. Em sua opinião, Bhradwaja teria todas as razões do mundo para lhe dar a filha em casamento. Virou-se e, com o coração a cantar, voltou à sua tenda para arrumar seus pertences e partir imediatamente.

6

Uma viagem tão perigosa como Rama estava a ponto de empreender deveria ter sido planejada mais cuidadosamente. Mas Rama era jovem e inconsequente; partiu com uma muda de roupa e uma caneca para beber água. Como era péssimo cavaleiro, preferiu andar, abdicando de um companheiro ideal para uma longa viagem. Partiu até mesmo no momento errado do ano – perto da inundação –, e na hora errada do dia: ao meio-dia e sem comer nada. Seu estômago vazio lhe mostraria o quanto deveria ter trazido pelo menos um pouco de comida.

Ao deixar o vale onde se sentia seguro, descobriu ser o vale do Hindu um lugar perigoso. Vários animais selvagens foram avistados e, mesmo se sentindo amedrontado, prosseguiu. Em sua mente só havia dois pensamentos a empurrá-lo à frente: o desejo de mostrar ao pai um feito importante e o amor por Mila.

Os dias se transformaram em semanas e Rama perdeu peso. À noite, dormia próximo a uma fogueira, mas a sorte estava do seu lado, nenhum animal selvagem o atacou. Encontrou três acampamentos arianos, onde foi recebido com desconfiança, mas, após se apresentar como o filho mais jovem de Jamadagni, tudo mudou de figura. O nome do pai dele era bem conhecido e sua reputação como homem santo abriu as portas. Comida foi providenciada, assim como roupas novas e direcionamento correto para as grandes montanhas. Todavia, ninguém sabia onde ficava a montanha Mujavant. Seria uma dessas montanhas encantadas sobre as quais as pessoas falam, mas ninguém jamais estivera lá?

Ao subir mais ao norte, Rama visitou algumas aldeias dasas em ruínas. Pelos sinais de guerra e fogo, os arianos haviam devastado a região. Conheceu alguns dasas vivendo em situação precária, escondendo-se dos arianos em cavernas. Porém, nenhum deles o atacou. Fugiram amedrontados, temendo algo contra eles. Como Rama falava bastante bem o idioma deles e estava desarmado, alguns deles compartilharam a comida e apontaram a direção para o Himavat. Eles lhe informaram não ser muito longe dos domínios de Shiva e para entrar em tal território seria sábio pedir a proteção do grande deus. Rama concordou. Não havia motivo para não cultuá-lo também. No céu, todos os deuses deviam ser amigos. Ele não podia imaginar deuses tendo disputas por algo insignificante como a vida dos homens.

Milagrosamente incólume, Rama chegou depois de três meses de caminhada aos sopés do Himavat. De onde estava, viu os enormes cumes brancos e decidiu não escalá-los; não conhecia os caminhos e não tinha roupas adequadas para enfrentar uma viagem a uma região tão fria. No terceiro dia, quando se aproximava da cordilheira do Himavat, viu um vilarejo nos declives de uma montanha. Com o roncar da barriga tão alto quanto um tropel de búfalos, aventurou-se a adentrar a aldeia. Eram pessoas da raça kitai, mas ele estava por demais faminto e sedento para ter medo.

Como sempre, os aldeãos vieram conhecê-lo e, embora os homens brancos nunca os tivessem atacado, tinham ouvido notícias perturbadoras sobre os arianos e o ódio deles contra as pessoas negras e do tipo mongol assim como eles. Foi levado ao chefe da aldeia e lhe contou o motivo de sua procura.

– Mujavant? – perguntou o chefe de anciões. – Nunca ouvi falar. Qual o motivo de procurar tal montanha?

– Estou à procura de um cogumelo sagrado. Ele cresce nas suas encostas.

– O lugar inteiro está cheio de cogumelos, mas nenhum deles é sagrado. Nós não os comemos; são venenosos.

Provavelmente o cogumelo pelo qual procurava poderia ser visto como veneno, se a pessoa não soubesse a dose certa, ele pensou, enquanto escutava a advertência do ancião sobre os perigos de ingestão do fungo.

– Vocês poderiam me mostrar onde encontro tal cogumelo?

– Uma de minhas rezadeiras pode levá-lo até onde ela colhe as plantas para suas infusões, mas se você decidir comer o cogumelo, terá de fazer isso fora de nossa aldeia. Não quero atrair a vingança de seu povo, caso saibam de sua morte em minhas terras.

– Eu não vou morrer.

– Ótimo, mas posso lhe perguntar o motivo de arriscar sua vida provando algo tão perigoso?

– Eu quero entrar em comunhão com os deuses e descobrir quem sou.

O velho abriu a boca, espantado. Nunca ouvira tamanha besteira em sua vida. Qual a razão de alguém se drogar para descobrir isso? Somente uma mente límpida podia se conhecer. Mas, como viu a determinação de Rama e, acima de tudo, sua mocidade, decidiu não discutir. Já estava saturado de tanta estupidez e quanto mais rápido se livrasse daquele maníaco melhor. Ele chamou sua vidente principal e lhe deu ordens precisas para ajudar o jovem a encontrar o cogumelo selvagem e, depois, escoltá-lo para fora de suas terras. Enviaria dois homens para vigiá-lo contra qualquer perigo, mas, em nenhuma circunstância, deveriam permiti-lo comer o cogumelo no território deles.

Rama foi conduzido ao sopé de uma montanha e, próximo a várias árvores de aspecto secular, a mulher lhe mostrou vários tipos de cogumelos. Cada vez informava ser venenoso, mas, em certo momento, sussurrou para não atrair atenção dos dois acompanhantes.

– Este aqui é o cogumelo ideal. Já o usei e ele muda o modo de ver a realidade. Você tem de fervê-lo, espere esfriar e então o soque bem até virar pó. Beba-o com leite para não revoltar seu estômago. Não use mais de dois cogumelos ou sua mente poderá ser afetada e você nunca mais voltará ao mundo real.

– Sua gente conhece isso?

– Só as rezadeiras, mas raramente usamos isso. É melhor não usá-lo, pois se vê um mundo por demais estranho.

– Como assim?

– Prove e verá. Cada um tem uma experiência diferente. A minha foi muito perturbadora. Decidi não fazê-lo novamente – ela disse e, quando viu a expressão de descrença de Rama, ela proferiu: – Minha sanidade está acima de qualquer tipo de experiência. Se me fosse permitido ver certos eventos espirituais, Shiva teria me dotado de tal poder.

Rama apanhou dois cogumelos e os pôs na bolsa. A mulher retornou à aldeia depois de ter se despedido e os dois homens o acompanharam até os limites de suas terras. Ele lhes agradeceu e partiu em direção à planície onde o rio hindu corria placidamente.

Dois dias depois, à beira do rio, ele seguiu as instruções dadas pela feiticeira. Algumas horas foram gastas para ferver o cogumelo, esperar até estar frio e esmagá-lo com uma pedra até se tornar pó. Como não tinha leite, bebeu o pó com água. Ele se sentou olhando para o rio Hindu e então entoou os cânticos dos deuses. Tal exercício era fácil fazer; ele conhecia centenas de hinos.

Começou com Vayu; era um deus primordial e as orações tinham de ser dedicadas inicialmente a ele antes dos demais. Depois de rezar a vários deuses principais, dedicou algum esforço de adoração aos deuses secundários. Após orar e cantar por quase duas horas, rezou para Chandra, o deus do haoma sagrado. Pediu orientação e implorou para conhecer seu animal totêmico. Depois de terminar o último canto, ele tomou a bebida. Não tinha nenhum gosto. Era como se estivesse bebendo água com um pouco de areia. De repente, dúvidas surgiram na mente: a mulher falara a verdade ou só dissera aquilo para se livrar dele? Agora era muito tarde para hesitações, já bebera a poção e só podia aguardar os resultados.

O tempo parecia ter parado. Nada aconteceu. Ele não estava atordoado ou se sentindo doente ou tendo qualquer outro tipo de sensação. A maldita mulher o tinha feito de bobo, ele pensou com crescente raiva. Sentia-se realmente um tolo sentado no meio do nada, esperando por algum animal mitológico a vir Deus sabe de onde e ter uma conversa com ele. Sentia-se um imbecil, um tolo estúpido, como seus irmãos o chamavam, um idiota acreditando em todas as bobagens ditas por qualquer um. Começou a se lamentar. Sua vida não tinha sentido; ele não achara seu animal totêmico; provavelmente não existia nada do tipo. Se havia um animal com suas próprias características, só podia ser um asno.

Furioso consigo mesmo, levantou-se do chão e sentiu as pernas entrevadas; estivera sentado por muito tempo na mesma posição. Uma raiva súbita estourou dentro dele; era o homem mais estúpido a viver nesta Terra, ele berrou a pleno pulmões. Mas qual seria seu destino? Voltaria e se casaria com Mila. Tornar-se-ia um pastor; o pai tinha um rebanho grande. Já com as pernas menos doloridas, começou a caminhar; o caminho para casa era muito longo.

Não havia sequer andado uns cem metros, quando ouviu um barulho estranho vindo do rio. Olhou para trás e viu como se a água estivesse fervendo. Grandes bolhas irrompiam na superfície. Rama estava surpreso; nunca vira o rio soltar bolhas de ar. Então, de dentro das bolhas, viu uma enorme cabeça começando a emergir. Contemplou maravilhado enquanto a cabeça de um carneiro saía lentamente do rio. Um corpo enorme seguiu-se a isso. Lentamente, como se o tempo tivesse parado, o animal saiu do rio e escalou a mesma margem onde Rama estava. O animal se sacudiu fortemente, como se quisesse se livrar de toda a água de seu corpo lanoso. Rama estava atordoado com seu tamanho. Nunca vira um carneiro tão gigantesco. Mesmo estando a certa distância, o carneiro lhe parecia tão grande quanto um elefante e tinha imponentes chifres recurvos. Sua expressão era feroz, embora seus olhos fossem gentis.

Quando o animal se secou, após se sacudir todo, ele baliu e o som de sua voz tomou conta do lugar. Rama estremeceu ao som do imponente balido. Então o animal o avistou. Baixou sua cabeça e levantou suas pernas dianteiras, chutou-as no ar e, ao tocá-las no chão, disparou em direção a Rama. Imediatamente, Rama quis fugir, mas estranhamente suas pernas não o obedeceram. Ficou petrificado onde estava e seu coração disparou como se fosse estourar. Tinha a certeza de ser atropelado, pois o carneiro vinha diretamente para cima dele. Sentiu chegar o momento de sua morte.

O carneiro abaixou ainda mais a cabeça e – maravilhas das maravilhas – o animal passou através dele. Rama sentiu como se uma luz brilhante o tivesse trespassado. O titânico carneiro continuou sua desabalada corrida. Rama virou-se e o viu correndo em direção ao horizonte. Logo antes de alcançá-lo, o carneiro virou a esquerda. Rama viu seu flanco, a cabeça e os chifres recurvos lançados para trás. Nesse momento, uma mensagem estourou em sua mente: o carneiro era seu animal totêmico e ele deveria se comportar como um. Só não entendeu o motivo do carneiro virar para a esquerda e disparar em direção ao leste. Havia algo no leste? Deveria investigar? Naquele instante, sentiu um tremor no corpo, suas pernas fraquejaram e caiu pesadamente no chão. Logo antes de desfalecer, sentiu uma imensa felicidade: sua busca não fora totalmente em vão.

7

Ser recebido friamente não foi nenhuma surpresa: era o esperado. Depois de seis meses fora da aldeia, a maioria das pessoas o via como a um estranho. O pai resmungou algumas palavras incompreensíveis e voltou às orações. Os irmãos, especialmente Vasuman, o herdeiro, o tratou com desdém, mas ele não disse nada sobre sua viagem: ninguém perguntou e ele permaneceu calado. A mãe foi mais calorosa, mas não perguntou como fora a viagem, apenas comentou sobre sua magreza e feiúra. Mas o pior ainda estava para vir: sua mãe lhe contou um pouco sobre os eventos enquanto esteve fora. Relatou sobre os matrimônios, mas, quando mencionou o casamento de Mila com Parvan, ele quase enlouqueceu. Como ela poderia fazer isso com ele?

Ao se recuperar do susto, foi para a casa de Bhradwaja. O purohita o receberia bem, ele achava. Contudo, estranhamente ele parecia aborrecido com sua presença. Naquele momento, entendeu o motivo de Bhradwaja ter lhe dado uma estranha missão: era apenas para se ver livre dele. Quando o velho perguntou pela sua experiência, respondeu não ter tido nenhuma. Não conseguira achar a tal montanha e nada acontecera, pois não pôde produzir o haoma. Sentiu pelo semblante o intenso desprezo de Bhradwaja por ele. Não se preocupou; tinha assuntos mais urgentes a resolver.

– Você casou Mila com Parvan? – perguntou Rama a Bhradwaja.

– Eu não fiz isso. Ela se casou, pois estava apaixonada.

– Nunca os vi junto.

– Nem eu. E dai? Ela o encontrava por certo e já estava grávida quando se casaram.

– Isso é incrível. Quando se encontravam?

– Qual a razão desse questionamento? Ela não é sua noiva nem sua esposa. Ela o conheceu e isso é tudo.

Jamais revelara sua paixão por ela. Sorriu de volta. Explicou ser seu amigo e só queria o melhor para ela. Antes de ele terminar, Bhradwaja o deixou falando sozinho.

Com a partida brusca do purohita, ele foi ver Mila. Ela sorriu e o abraçou.

– Oh, Rama, você está de volta. Como foi sua viagem? Você parece mais magro.

– Provavelmente perdi peso ao saber de seu casamento com Parvan – ele respondeu com aspecto sério.

– Não é ótimo? Nosso matrimônio foi uma completa surpresa para todos.

– Por quanto tempo você estava encontrando com ele em segredo?

– Oh, eu não sei. Provavelmente um ano ou mais.

Meu Deus, pensou Rama, tinha sido traído durante um ano inteiro e nunca suspeitara. Mas sua mente racional reagiu: ele não era comprometido com ela, assim ela não o enganara. Isso era um modo infantil de ver os fatos, ele concluiu.

– Você parece feliz.

– Eu estou grávida. Não vê?

Isso era irrelevante. Conheceu mulheres grávidas e algumas odiavam o marido. Mas ele tinha a intenção de discutir o assunto com ela. Ela realmente parecia contente e gastou os próximos cinco minutos falando maravilhas do marido. Pela sua expressão, Rama entendeu: ela não estava apaixonada por ele, mas se sentia atraída sexualmente pelo titânico guerreiro. Ela lhe falou nesses poucos minutos tantas intimidades sobre suas relações sexuais a ponto de Rama se ruborizar. Como poderia competir com um atleta sexual, quando ele mesmo ainda era virgem? Como poderia se igualar e ela o considerar como um pretendente, quando Parvan era forte, alto e bonito, e ele era, na opinião dele próprio, magro, baixo e feio? Ele só pôde sorrir, enquanto ela falava das proporções enormes do marido e do efeito dentro dela quando faziam amor. Uma vez mais, Rama se encolheu perante tal poderosa demonstração de virilidade.

Mas como última tentativa para sensibilizá-la, ele disse com uma voz tímida:

– Tive a impressão de termos um comprometimento.

– Sobre?

– Sobre nós. Da forma como sempre agiu me iludi crendo no seu amor por mim.

– Mas eu o amo. Você é meu melhor amigo. Por isso revelei essas intimidades sobre meu casamento com Parvan.

De repente, ela percebeu que ele estava falando de algo completamente diferente. Num segundo, ela entendeu a paixão de Rama por ela e sua esperança de ser correspondido. Como pôde pensar tamanha asneira? Então ela explodiu em uma humilhante gargalhada. Como os homens podiam ser tão tolos? Ele não sabia a respeito de seu nascimento? Provavelmente não. Ninguém revelaria isso a ele. Mas, de qualquer maneira, ela nunca imaginou se casar com alguém de descendência tão duvidosa.

– Você está rindo de mim?

– Não se preocupe com isso – respondeu Mila com um olhar ladino.

Mas Rama entendeu. Ela não o achava merecedor de seu amor. Deu as costas e foi embora. Fora uma estupidez perguntar se ela o amava, concluiu. Agora ela sabia de seu amor e ele iria se tornar motivo de pilhérias e brincadeiras de mal-gosto. Então se lembrou: devia se comportar como o carneiro: confiante, com a cabeça altiva, porém calmo. Mila casara com Parvan e isso era irremediável. Como tinha outros assuntos em mente, pôs Mila de lado como se fosse uma roupa velha.

8

Alguns dias depois do retorno de Rama, a aldeia foi tomada de um frenesi. A guarda avançada reportou a Vasuman a chegada de pelo menos cem homens montados a cavalo vindo em direção à aldeia. Vasuman reuniu suas forças para proteger o acampamento, mas, quando conseguiu juntar seus guerreiros, os estranhos já tinham adentrado pacificamente. Pela primeira vez, os brighus se encontravam com os haihayas do rei Kartaverya.

– Salve, meus bons guerreiros – disse Kartaverya ainda montado. – Sou Kartaverya-Arjuna, rei dos haihayas. Vim em paz e busco refúgio para a noite.

Vasuman adiantou-se, cumprimentou o rei e lhes deu as boas-vindas. Os haihayas não eram estranhos para Vasuman. Já tinha ouvido falar muito de sua coragem e do grande número de guerreiros. O rei desmontou e, ao tocar o chão, esticou-se todo como se desejasse afastar a sensação de cansaço do corpo.

– Essas caçadas são muito cansativas. Vocês têm algo para comermos e bebermos?

Vasuman estava a ponto de responder, quando ouviu uma voz atrás dele.

– Você e seus guerreiros são bem-vindos. Dê-nos uma hora e você há de comer como nunca e beber a cerveja mais deliciosa já provada. Uma cerveja feita por nosso deus, o próprio Chandra.

– Isso é ótimo, meu bom homem. E com quem tenho a honra de falar? – perguntou Kartaverya.

– Jamadagni, um amigo para servi-lo.

– Jamadagni, o mui santo? – proferiu Kartaverya com espanto. – Então esse será realmente um dia afortunado. Os deuses nos trouxeram a este lugar para sermos abençoados pelo homem mais santo destas bandas.

Proferira essas palavras bem alto para todos ouvirem-no. Aproximou-se de Jamadagni, abraçou-o e lhe deu um beijo em cada face, sendo plenamente correspondido pelo ancião. Seguindo as ordens paternas, Vasuman deu ordens para matar dez novilhos e sua carne ser imediatamente preparada no leite.

Enquanto homens e mulheres se apressavam em obedecer ao comando de Vasuman, Jamadagni conduziu Kartaverya e seu destacamento principal a uma mesa longa debaixo de uma árvore frondosa. Em sua sombra, beberiam e falariam. Cada um apresentou seus filhos e herdeiros um ao outro e o espírito entre eles era de amizade.

Mais tarde, quando a comida ficou pronta, as mulheres trouxeram-na e a colocaram sobre a mesa. Vasuman preparara um repasto digno de um rei. Serviram vários tipos de pratos e a carne foi oferecida de modo generoso. Como raramente recebiam convidados, Vasuman, seguindo as recomendações paternas, esmerou-se para servir bem convidados tão importantes. A cerveja fora servida desde o início e parecia vir de um lugar onde não havia falta. Facilmente homens se embebedam e, quando tal fato acontece entre pessoas audaciosas e arrogantes, inevitavelmente problemas hão de surgir. Num dado momento do jantar, visivelmente embriagado, Kartaverya agarrou Jamadagni pelo braço e lhe disse:

– Você sabe, meu santo homem, todas estas terras estão sob minha proteção.

– Não sei nada disso – respondeu Jamadagni, enquanto sacudia o braço para se livrar do aperto de Kartaverya. – Quando chegamos aqui ninguém reivindicou tal fato. Nem mesmo os dasas viviam aqui; assim elas pertencem aos brighus.

– Você está errado, homem santo. Todas estas terras pertencem aos haihayas. Meu pai...

– Onde tudo isso está nos conduzindo? – atalhou Jamadagni, com sinais visíveis de irritação.

– Para um acordo, meu santo homem. Para continuarem a viver aqui, reivindico uma vaca em cada dez. É um tributo justo para receberem a nossa proteção.

Jamadagni saltou da cadeira. Sua face estava tão vermelha de raiva a ponto de Kartaverya ficar assustado com tal agilidade vinda de um velho.

– Uma vaca em cada dez? Você deve ter bebido demais. Eu nunca o vi antes em toda minha vida e você ousa afirmar ser o senhor protetor deste lugar? Eu não vou pagar uma única vaca; nem mesmo uma em mil. Qual a razão? Tenho meus próprios guerreiros para proteger esta terra e ninguém levará nosso gado sem uma boa luta.

Com um rosto sorridente e uma risada, Kartaverya respondeu, enquanto puxava Jamadagni gentilmente para se sentar:

– Santo, não fique transtornado. Acho um tributo justo, mas, se você não pensa assim, ponhamos uma pedra no assunto e continuemos a festejar – e, levantando sua taça, gritou de forma a demonstrar não existir uma disputa entre eles. – Brindemos a uma aliança eterna entre os poderosos brighus e os haihayas. Indra será nossa testemunha.

O resto do banquete ficou azedo. A disputa fora mal-resolvida e só aparentemente terminara com um brinde. De qualquer maneira, Kartaverya só estava com cem homens e não era nenhum tolo para tentar algo quando vira pelos menos o dobro de guerreiros brighus presentes naquele momento.

No dia seguinte, os haihayas partiram e Jamadagni lhes deu três vacas e um touro para não sentirem rancor. Com humildade estudada, Kartaverya agradeceu a Jamadagni e mais uma vez beijou ambas as faces do ancião. Ao se afastarem, Rama comentou com o pai sobre o fato dos haihayas serem um grupo de assassinos.

– Qual o motivo de você afirmar isso? – perguntou Jamadagni ao filho.

– Eu os vi cercados de espectros horríveis.

– É mesmo? – perguntou Vasuman, entrando na conversa. – Como eram?

– Nunca vi nada parecido. Eram uma mistura de homem e animal. Tinham expressões terríveis, como se estivessem em permanente ódio.

– Rama está sempre vendo demônios e deuses em todos os lugares – desdenhou Jamadagni, enquanto dava as costas e deixava o lugar.

Os guerreiros e seus irmãos riram do comentário de Jamadagni. Vasuman disse então, em tom descuidado:

– Demônios ou não, não os veremos mais. Depois de meu pai ter colocado aquele rei metido em seu devido lugar, pensarão duas vezes antes de voltar a nos incomodar.

Rama não respondeu nada. Ainda escutaria falar muito nos haihayas; disso tinha certeza.

9

A noite era propícia para roubar gado. Não havia luar e o vento soprava fortemente. Nenhum homem montaria guarda com um tempo ruim desses. Ujahini, o herdeiro de Kartaverya, rastejou até o curral dos brighus e gentilmente conduziu as vacas para fora. Havia oito grandes currais no acampamento, mas seria muito arriscado roubá-los todos, e assim ele escolheu os três mais distantes e tirou o gado silenciosamente. Seus homens eram pastores experientes e não tiveram dificuldades em conduzir o gado para longe. Ao reuni-los, ele deu ordens para partir, enquanto sua retaguarda ficava para ver se algum brighus os estava seguindo.

Pela manhã, o roubo foi descoberto e a aldeia ficou agitada. Vasuman contou a Jamadagni o acontecido e ele deu ordens para reunir os homens e seguir os rastros. Se eles se movessem rápido, poderiam recobrar o gado, pois homens a cavalo são mais rápidos e os bois movem-se lentamente.

Vasuman partiu com quase cem homens e não teve dificuldades em achar os rastros. Pela suas contas, os ladrões só tinham roubado cerca de cento e cinquenta cabeças. Como eles tinham quase cinco mil nos vários currais, não era uma perda significativa, mas Vasuman estava enfurecido pela audácia dos ladrões. Estava certo de terem sido os haihayas; quem mais ousaria fazer tal afronta? Não obstante, roubar gado um do outro era comum entre as tribos arianas. Fazia parte da tradição, mas só era divertido quando se roubava dos outros, mas terrível quando eram roubados.

Embora galopassem o mais rápido possível, não encontraram os ladrões. Depois de cruzarem vários tributários menores dos principais rios da região, entraram em território haihaya. Não era prudente continuar com um grupo tão pequeno, assim Vasuman deu ordens para retornar. Os haihayas tinham feito a pilhagem, pois os rastros se aprofundavam em seu território. Mas para recuperar o gado, deveria reunir mais guerreiros e atacar com um grupo bem maior.

Ao retornar ao acampamento dos brighus, Vasuman reuniu-se com Jamadagni e seus irmãos para discutir o assunto. Foram chamados Bhradwaja, um outro sacerdote e os principais chefes guerreiros de forma a planejar um ataque. Rama não foi convidado, mas veio de qualquer maneira, pois, como filho de Jamadagni, sentia-se parte da tribo.

Discutiram durante uma hora a melhor forma de atacar. Iriam atacar o acampamento principal com o intuito de distraí-los, enquanto um grupo menor assaltaria os currais e recobraria o gado. Todos concordaram. Poderiam reunir quase trezentos homens. Eles tinham uma cavalaria boa. Só precisavam se preparar melhor, pois não tinham bastantes flechas e lanças. Era tarefa para uma semana e seria o tempo certo; golpeariam logo antes da inundação e, depois, se retirariam antes dos haihayas se juntarem e segui-los. Eles não fariam isso, pois poderiam perecer na inundação iminente.

Em certo momento, Rama se interpôs com uma pergunta crucial.

– Quais serão as consequências desse ataque após o retorno do Hindu ao seu curso natural? Os haihayas não reunirão uma grande força contra nós e provavelmente nos liquidarão?

– Qual a sua proposta? – perguntou Jamadagni agastado.

– Deveríamos enviar nosso purohita falar com eles e resolver pacificamente esse assunto. Nós não podemos enfrentar uma longa guerra.

– Tal proposta só poderia vir de um covarde – interveio Vasuman. – Se fizermos isso, seremos fracos aos olhos dos haihayas. Eles voltarão a roubar mais gado e teremos de dobrar nossa cerviz à vontade deles.

– Eu não sou um covarde, sou um homem prático. Nós não temos tantos guerreiros como os haihayas. Se nós pudéssemos...

– Cale-se – atalhou bruscamente Jamadagni. – Nós não iremos tolerar tal afronta dos haihayas ou de qualquer outro. Tem de haver uma resposta à altura. Assim os haihayas entenderão com quem estão mexendo. Não iremos tolerar mais roubos de gado.

Depois de tal explosão de raiva, Rama se viu humilhado na frente dos irmãos e dos demais membros proeminentes da tribo. Ele olhou para Bhradwaja em busca de apoio, mas o purohita olhou-o com desdém.

Alguns minutos depois, a reunião terminou e Rama deixou o lugar desanimado. Foi para a tenda da mãe. Juntou a maioria dos seus pertences e os colocou em um saco. A mãe dele entrou e perguntou a razão de tal arrumação.

– Não tenho mais nada a fazer aqui. Ninguém, nem mesmo meu pai me deu real valor.

– Valor, meu filho? Você fez algo para merecer alguma consideração de nossa aldeia? Você aprendeu a lutar e se tornou um guerreiro poderoso? Você aprendeu a manejar o gado e se tornou um excelente pastor? Não, você tem vivido sem fazer nada.

– Eu nunca aprendi essas artes pelo fato de estar sendo treinado por Bhradwaja para me tornar um sacerdote.

– Bhradwaja foi forçado a tomá-lo devido aos seus acessos de loucura. Tal comportamento lhe granjeou a fama de ser a criatura mais estranha da aldeia.

E vendo a decepção no rosto de Rama, ela se tornou menos severa e prosseguiu num tom mais brando:

– Sou sua mãe e eu o amo, mas você viveu todos esses anos como se fosse a pessoa mais importante da Terra. Sua falta de iniciativa e sua arrogância o levou a ser odiado e menosprezado por todos. Em uma vida tão difícil como a nossa quem precisa de outro purohita? Nós precisamos de homens fortes para defender nossa terra. Nós precisamos de pastores para manejar o gado e não garotos mimados ansiosos em serem adorados.

– Eu não quero ser adorado. Só peço um pouco de consideração – respondeu, mas intimamente sua mãe não estava completamente errada. Desejava o reconhecimento como alguém valoroso; uma pessoa a ser admirada, suas palavras ouvidas e sua vontade obedecida.

– Você deve mesmo partir e viver na selva. Se algum animal selvagem não o matar, sua arrogância o fará.

E antes de verter todas as lágrimas reprimidas na frente dele, ela deu as costas e partiu. Perdera o filho muito antes de ele ter nascido. Agora, com sua decisão de partir, talvez o destino ou os deuses o fizessem entender seus estranhos poderes. Não significavam nada. Só seriam importantes se fossem usados em benefício das pessoas. Era preciso transformar o seu potencial em ações e faltavam boas ações ao seu filho. Talvez a selva o fizesse ficar forte, ou então o esmagaria e ela nunca mais o veria.

Com sua mente em tumulto, Rama deixou a aldeia. Nada mais o prendia àquele lugar. O pai o tinha humilhado na frente de todos, o irmão mais velho o chamara de covarde e Bhradwaja, o único amigo, lhe dera um olhar desdenhoso. Não era bem-vindo entre os brighus. Partiu sem dizer adeus a ninguém.

10

O estômago é, na maioria das vezes, o primeiro a alertar uma tolice feita por alguém. Como um rapaz de dezesseis anos poderia sobreviver sem comida? Conseguira sobreviver durante seis meses e poderia fazer isso novamente, ele se dizia. Uma vez mais, a sorte parecia ser a melhor companheira de Rama; no segundo dia, encontrou um grupo grande de homens e mulheres – nenhuma criança – dirigindo-se ao norte. Como seu estômago não provara comida durante dois dias, seu senso de prudência não estava muito afiado. Aproximou-se mesmo sabendo serem dravídicos: inimigos mortais dos arianos.

Quando o grupo o viu e o reconheceu como um dos odiados arianos, os homens pularam sobre ele e o agarraram. Eles o arremessaram violentamente ao chão e um deles preparou-se para cortar sua garganta com um punhal. Rama começou a gritar em idioma tamil para não matá-lo. De repente, eles ouviram um comando imperativo.

– Não o mate. Traga-o a mim.

Os homens o agarraram e o arrastaram até um velho embrulhado em trapos.

– Onde aprendeu nosso idioma? – perguntou o homem.

– Com sua gente.

– Aonde vai?

– Parte alguma. Estou com fome e talvez você pudesse me arrumar um pouco de comida.

– Qual é seu nome?

– Rama.

– Por qual motivo alimentaremos nosso inimigo, quando sua gente nos escraviza, mata nossas mulheres e crianças e nos trata como excrementos?

– Nunca fiz isso – respondeu Rama veementemente.

– Talvez, mas você pertence a uma raça amaldiçoada vinda do inferno para nos atormentar.

– Se sou culpado dos crimes de minha raça, então me mate logo; não estou nem preocupado. Se não, me dê um pouco de comida.

O homem virou para um dos homens e lhe uma ordem. Naquele momento, Rama observou melhor o ancião. Ele não era preto como os demais. Tinha uma pele azeitonada e, em termos de altura, era mais alto. Alguns dasas não eram completamente negros, mas com uma pele branca azeitonada e as pessoas os chamavam de shindis. Quando o homem lhe deu o pedaço de pão, Rama atacou aquilo como se fosse um banquete.

– De onde você é? – perguntou o ancião, observando sua voracidade.

Rama respondeu com a boca cheia.

– Nunca ouvi falar de tal tribo. Qual o motivo de estar desgarrado?

Rama respondeu ser uma longa história.

– Eu tenho todo o tempo do mundo. Caminhe conosco e me conte sua história.

Rama concordou com a cabeça. Alguns dos dravídicos reclamaram. Não tinham comida suficiente para compartilhar com um estranho.

O velho respondeu:

– Ele vai trabalhar pela comida.

– Trabalhar? Não sei fazer nada.

– Está vendo aquela velha ali? Ela está muito doente e você a carregará e, então, nós o alimentaremos. Se você não quiser, você pode partir agora.

– E para onde vão?

– Para a montanha Kailash fazer penitência a Shiva.

11

Enquanto Rama carregava a velha à montanha sagrada, Vasuman dirigia-se com seus guerreiros para o acampamento dos haihayas. Conseguira reunir duzentos e trinta guerreiros e pretendia atacar ao amanhecer.

Como os haihayas haviam atacado nos últimos tempos várias aldeias, especialmente de dravídicos, eles colocaram guardas ao redor do acampamento para avisá-los de algum ataque traiçoeiro. Tinham cerca de cinquenta mil pessoas espalhadas por um acampamento gigantesco. Eles não moravam em casas, mas em tendas, como a maioria dos arianos. A cidade deles era, na realidade, um acampamento grande e, de tempos em tempos, eles se mudavam para outro lugar. Como a inundação estava a ponto de chegar, eles estavam se preparando para migrar mais ao leste para evitar as águas turbulentas do Hindu e de seus tributários.

Quando Vasuman atacou, a maioria das tendas tinha sido empacotada em cima das carroças e todos estavam trabalhando num ritmo frenético. Então, a sorte estava do lado dele, pois não havia nenhum guarda para preveni-los de um ataque. Seguindo as ordens de Vasuman, os brighus atacaram numa carga de cavalaria, cujo objetivo era atravessar o campo a galope, matando o maior número possível e incendiando as carroças. Pegos de surpresa, os haihayas não conseguiram juntar seus guerreiros para proteger o acampamento e os brighus atacaram de forma rápida e letal.

Os cavaleiros brighus entraram cavalgando rapidamente e cruzaram a aldeia de uma única vez. Eles saíram no outro lado e correram para juntar o gado. Como a maioria dos homens na guerra, a raiva e o coração disparado os conduziu à crueldade: mataram mulheres, crianças e velhos igualmente, assim como alguns guerreiros.

Naquela carga de cavalaria, um dos brighus viu um homem tentando montar a cavalo enquanto dava ordens aos seus homens. Como ficara de costas para ele na tentativa de montar, o cavaleiro brighu arrancou-lhe a cabeça com um golpe preciso e continuou sua corrida para fora do acampamento. Acabara de matar Kartaverya, o rei do haihayas.

Com a maioria de seus guerreiros incólumes, Vasuman olhou para o acampamento dos haihayas. Além de estar em completo tumulto, viu várias carroças incendiadas. Deu ordem de retirada e de levar todo o gado. O sucesso era completo: foram reunidas mais de quinhentas vacas e um número grande de cabras e ovelhas. Ao ver algumas vacas muito velhas para enfrentar um longo percurso de volta para casa, deu ordens para matá-las quando cruzassem o rio. A carcaça ficaria nas águas barrentas para os crocodilos deixarem o resto do rebanho passar intacto.

Enquanto isso, no acampamento dos haihayas, eles estavam desconcertados. De onde vieram esses cavaleiros e como puderam matar tantas pessoas num tempo tão curto? Ujahini foi informado da morte do pai. Um outro pastor veio lhe dizer do roubo do gado. Pensou em juntar todos os seus guerreiros e correr atrás dos atacantes, mas perdeu tempo para ajuntar seus homens. Haviam se passado quatro horas e a maioria dos seus guerreiros tinha alguém para prantear em seu próprio lar. Todos queriam vingança, mas não podiam deixar suas famílias para perseguir os brighus.

Já haviam descoberto quem os atacara pelo cadáver de um dos atacantes. Tinham de levar sua gente primeiro para um lugar seguro, pois a inundação estava para chegar a qualquer momento. Teriam de deixar a vingança para depois da inundação.

– Juro matar todos os brighus e ver seus corpos arderem numa pira – disse Ujahini, mostrando seu punho ao vento. Não descansaria enquanto não vingasse a morte do seu pai e apagasse todo rastro dos brighus sobre a terra.

12

Subir e descer montanhas e vales com a velha senhora montada nas costas e agarrada ao seu pescoço não era uma tarefa fácil para alguém desacostumado ao esforço físico como Rama. Não obstante, depois de alguns dias duros, ele começou a não mais achar a mulher tão pesada e até mesmo tolerável. Ele fez amizade com o velho e descobriu ser um rishi chamado Prabhu.

– Rishi? – perguntou Rama, enquanto descansava.

Um rishi é um tipo de sacerdote, mas como eles não tinham templos ou lugares especiais para adorar seus deuses, eles ajudavam as pessoas nos assuntos diários. Para se tornar um rishi era necessário pelo menos três anos de duro treinamento na montanha Kailash. Fora uma ordem estabelecida por Shiva e todo o rishi devia ter certos poderes mentais, mas, acima de tudo, um coração compassivo, pois as pessoas precisavam de entendimento e orientação.

– Eu gostaria de me tornar um rishi – disse Rama, após ouvir a explicação de Prabhu.

– Sim, você tem vak, mas seu coração é estéril e isso é um problema.

– Vak? Como meu coração pode ser estéril?

– Você aprenderá na hora certa sobre vak – disse Prabhu e, mudando de tom, perguntou: – Como era o nome da última pessoa à qual você ajudou de alguma forma?

Pelo silêncio, Prabhu soube: Rama jamais ajudara ninguém.

– Com quem se preocupou além de você?

– Essa é a razão do meu coração ser estéril?

– Você aprende rapidamente, meu rapaz. Acaba de aprender a mais importante lição de sua vida, vá e carregue a senhora. Todos estão esperando por nós.

Três dias depois, após uma caminhada de um mês, chegaram à aldeia Kailash. Ao chegarem aos arredores da aldeia, pararam e rezaram. Alguns dos homens tiraram suas sandálias e entraram descalços. As mulheres cobriram as cabeças com seus saris e Prabhu cobriu sua cabeça com neve para ficarem tão brancas quanto possível: era uma homenagem a Himavat – as neves eternas.

Eles foram recebidos por um homem maduro, de aspecto kitai, não tão velho quanto Prabhu, mas com sinais visíveis de ser um adorador de Shiva. Desenhara com cinzas, na testa, três linhas e, no meio da testa, tinha uma mancha vermelha redonda, representando o terceiro olho – o olho de Shiva.

– Prabhu, meu velho amigo, meus olhos me enganam ou trouxe um escravo ariano?

– Hanatra, meu irmão, Rama não é um escravo; veio comigo para não morrer de fome.

– Conseguiu ver o objeto acima de sua cabeça? – perguntou Hanatra.

– Sim, um machado. Foi a razão de tê-lo salvo – respondeu Prabhu enquanto desempacotava seus poucos pertences.

– Qual o significado desse machado? Parece-me um presente a ser dado por um deus. Quem é esse homem?

– Rama deixou sua tribo como se tivesse sido expulso. Está disposto a se tornar um rishi.

– Um ariano se tornar um rishi? É contra a natureza deles. São pessoas ferozes que arrogantemente escravizaram nossa gente. Como poderá alguém desejando ser mestre se tornar antes um servo? Ele se curvará em servidão perante Shiva? Obedecerá às nossas ordens e sobreviverá ao nosso duro treinamento?

– Não, provavelmente falhará – respondeu Prabhu com indiferença. – Mas o trouxe aqui como um desafio para você – e, ao ver a surpresa do amigo, prosseguiu: – Quando eu o treinei para se tornar um rishi, você falou do seu desejo de enfrentar um verdadeiro desafio; algo quase impossível de alcançar. Algo a ser enfrentado com máxima determinação. Bem, meu velho amigo, Rama é seu desafio. Você tem três anos para transformá-lo num rishi.

– E se ele não obtiver sucesso?

– Então terá consciência do seu próprio fracasso.

13

Ujahini levou sua tribo para instalá-la em um lugar protegido da inundação. Como era o novo rei, passaria a ter prioridades: primeiro sua gente e, depois, a vingança. Para se vingar da forma mais terrível era necessário esperar a inundação ir embora. Para sua mente requeimada de ódio, os quatro meses de espera lhe pareceram uma eternidade. Vyasu, o purohita adorador dos gandharvas, vivia relembrando-o: a vingança deveria ser a mais tenebrosa possível.

Quando a água baixou e o vale já podia ser novamente cruzado a cavalo, partiu com um dos irmãos. Confiava mais em Surmani. Não só era um excelente guerreiro, mas, devido a sua comprovada brutalidade, era a pessoa certa para executar o planejado.

Os brighus não mudariam seu acampamento, deduziu Ujahini. Observara, quando estivera no acampamento, barracas definitivas feitas de tijolos, imitando o modo dasa de construir. Quem faz tal edifício não está querendo migrar de um lugar ao outro, e, por outro lado, Vyasu tinha lhe dado uma informação preciosa: Jamadagni gostava de rezar no seu retiro em uma colina; ele estaria só e desarmado.

Eles cruzaram vários riachos antes de chegarem à aldeia dos brighus. De certa distância, observaram o acampamento. Estava muito mais vigiado em relação à última vez. Havia guerreiros por todos os lados, mas não havia nenhum guarda do outro lado da colina. Assim eles fizeram um largo desvio ao redor das colinas. Amarraram os cavalos nas árvores e subiram a encosta. Levaram quase uma hora para chegarem no ashram de Jamadagni. Como tinham previsto, o ancião estava só, sentado na posição do lótus, enquanto olhava o vale. Ujahini não tinha nem tempo nem paz na mente para apreciar uma vista tão deslumbrante. Então ele e o irmão rastejaram para perto de Jamadagni. Ujahini deu uma olhada para se assegurar de não ser surpreendido por ninguém. Ao ver o ancião sozinho, atacaram.

Agarraram Jamadagni. Para impedir seus gritos, Surmani tampou sua boca com a mão. O velho tentou lutar, mas ele não era páreo para um abrutalhado e enfurecido Surmani. Eles o arrastaram a um arbusto próximo e arrancaram suas roupas.

Ao ver Jamadagni em suas mãos, eles não tinham mais nenhuma pressa em matá-lo. Seria fácil demais. Desejavam, antes, quebrar seu espírito. Vyasu dera instruções precisas e agora Ujahini estava disposto a segui-las. Começaram decepando seus dedos um por um. A ideia era infligir uma dor insuportável e quebrar sua vontade, humilhá-lo. De onde estavam, ninguém ouviria os gritos do homem. Podia urrar toda sua dor, raiva e frustração. Para Ujahini, os gritos de Jamadagni era música aos seus ouvidos.

Durante um quarto de hora, eles o mutilaram tanto quanto puderam. No afã de machucá-lo, Surmani cortou inadvertidamente uma de suas veias principais. O sangue jorrava aos borbotões e Ujahini deu ao irmão a ordem final: decapitar Jamadagni. O gigante o fez sem mesmo uma piscadela de olhos. Quando Jamadagni morreu e eles estavam a ponto de partir, Ujahini teve uma ideia.

– Se o deixarmos aqui, os animais selvagens o comerão. Não quero isso. Seu povo deve achá-lo da maneira mais humilhante possível. Quanto mais furiosos ficarem, mais facilmente cairão em nossa emboscada.

Arrastaram o corpo inerte de volta ao ashram. Cortaram uma pequena árvore, afiaram bem a ponta, levantaram o corpo do ancião e o empalaram. Depois o cobriram com um manto e partiram, levando sua cabeça. Vyasu fora taxativo: queria a cabeça de Jamadagni para fazer um ritual mágico. Tiraria seu asu – o poder espiritual – e toda sua santidade, e transferiria a força e a coragem do santo para Ujahini.

Às seis horas da tarde, uma menina sempre trazia o jantar de Jamadagni. Naquela tarde, quando ela o encontrou, teve um colapso nervoso. Desceu a colina gritando como uma possessa. Em questão de minutos, a aldeia inteira subiu a colina para ver Jamadagni. Quando o viram decapitado e empalado, ficaram parados em estado de choque. Se os assassinos levaram a cabeça do homem santo, tinham levado também seu asu e, com isto, o poder da própria aldeia. Eles não tinham mais nada a fazer a não ser fugir: uma tribo sem asu estava sentenciada a desaparecer.

Vasuman tentou nos dias seguintes juntar seus guerreiros, mas eles se recusaram a lutar contra os haihayas. Alegaram a falta de asu para enfrentá-los. Podia ser uma estupidez, porém mais da metade das pessoas deixou a aldeia nos dias seguintes. A maioria procurou refúgio em tribos arianas vizinhas. Foram bem recebidos; vinham com gado, a maior riqueza de um ariano.

Com menos de oitenta guerreiros, Vasuman não podia enfrentar os haihayas e ainda havia o perigo de um ataque a qualquer hora. Assim, com o coração quebrado, abandonou o vale com os remanescentes e dirigiu-se ao norte para a Cachemira. Achariam um bom esconderijo e, quando ficassem mais fortes, Vasuman tencionava reunir um exército para vingar a afronta. Para evitar ser seguido, ele ateou fogo ao vale. Partiram vendo as labaredas destruirem as casas e as colheitas.

Vasuman nunca saberia quão sábio fora. Quinze dias depois de sua partida, Ujahini chegou com três mil guerreiros para encontrar o vale em cinzas. Seus exploradores não puderam achar os rastros, e ele enviou destacamentos de norte a sul, mas nenhum deles achou os brighus. Era como se tivessem sido tragados pela terra.

14

Para alguém se tornar um rishi, é preciso alimentar o corpo com comida antes de alimentar a alma com conhecimento. Na aldeia Kailash, todos trabalhavam duro e Rama não era exceção. Como era um jovem mimado, acreditou estar sendo castigado.

– Não entendo os motivos de suas constantes reclamações – comentou Hanatra. – Você parece infeliz. Se não está contente, pode partir quando quiser.

– Estou aqui há mais de um mês e só fiz plantar arroz, lavar os estábulos, aparar as ovelhas e levar pedras pesadas de um lugar para outro e então você me diz para levá-las de volta para o lugar de origem. Eu não estou aprendendo nada de sua magia.

– Jovem Rama, quando você chegou aqui era um homem magro e fraco.

– Nunca notei nada de errado comigo.

– Bem, seus ossos estavam à mostra e não tinha forças para nada. Você não é muito alto, mas tem ossos largos. Portanto, tem estrutura para se tornar mais forte. Qual era a sua alimentação na sua aldeia?

– Sempre fui uma pessoa frugal.

– Não notei isso. Você come como um tigre – respondeu Hanatra sorrindo.

– Tenho direito, não? Pelo trabalho realizado.

– Esse não é o ponto. Para se tornar um rishi, você tem de se tornar saudável primeiro. Como uma mente saudável pode existir em um corpo doente? Quando você chegou, sua cor de pele era pálida. Provavelmente você se alimentava de comida imprópria para seu corpo. Devia se alimentar com carne fervida em leite e mel como sua raça gosta. Nem todos estão aptos a comer carne e leite juntos, e seu corpo deve ter se revoltado contra tal costume. Agora você está trabalhando duro, seu apetite voltou e está ficando mais forte. Em alguns meses, se tornará um homem forte e bem mais saudável. Então, quando você puder aplacar sua ira, eu lhe ensinarei como dominar o vak. Enquanto isso, volte a trabalhar e a sorrir: os olhos de Shiva estão em você.

Ao ver Hanatra se afastar, Rama meditou. O mestre devia ter razão. Ele sempre se sentira fraco e, muitas vezes, quando tentara fazer um esforço maior, o corpo parecia se recusar a obedecê-lo. Algumas pessoas o taxavam de preguiçoso, mas agora entendia se tratar de fraqueza. Lembrava-se de não comer muito, qualquer comida logo o satisfazia. Mas agora estava comendo um tipo diferente de comida, muito mais picante, e seu apetite se tornara voraz e um único prato era insuficiente para aplacar sua fome. Estava ficando mais forte e as pedras já não pareciam tão pesadas. Hanatra tinha razão: provavelmente o tipo de comida feita com leite o estava intoxicando de alguma forma.

A partir daquele dia, ele trabalhou mais duro e, quando Hanatra lhe dizia para mover uma pedra de um lugar para outro, ele o fazia sorrindo. Sem esperar por uma nova ordem, ele a trazia de volta, feliz. Depois de seis meses, Prabhu decidiu partir. Logo antes de viajar, perguntou a Rama se gostaria de ir embora com ele, mas o jovem respondeu que preferia ficar. Não tinha ainda começado a aprender a magia dos rishis.

– Magia? Qual magia, Rama? – perguntou Prabhu.

– Contaram-me sobre rishis voando pelos céus, enquanto outros prevêem o futuro. Ouvi falar tantas maravilhas sobre os rishis e estou disposto a passar por todos os sacrifícios para aprender tais magias.

– Meu Deus, como você é ingênuo? Como você pode acreditar em tais asneiras? Algumas vezes duvido de sua inteligência. Vejo agora o motivo pelo qual Hanatra não lhe ensinou nada. Você não está preparado para ser um rishi.

– Sim, estou preparado – gritou Rama. – Tenho feito exercícios como vi outros fazerem e estou certo de poder fazer maravilhas.

– Esse não é o ponto. Ser um rishi é ajudar as pessoas a enfrentarem seus problemas, seus medos e suas necessidades. Não é voar pelo céu –

nunca ouvi falar de ninguém capaz disso – ou qualquer outra maravilha. Você tem de se controlar antes de ajudar as pessoas.

Rama estava a ponto de retrucar; não pretendia ajudar ninguém. Pelo seu semblante, Prabhu leu seus pensamentos.

– Entendo. Você não está preocupado em ajudar as pessoas. Seu desejo é se tornar poderoso de forma a demonstrar aos seus parentes o quão maravilhoso você se tornou. Mas, se é essa sua intenção, nunca terá sucesso. O homem é julgado pelas suas ações. Pode ser uma forma injusta de avaliar as pessoas, pois basta um único ato errado para comprometer uma existência inteira de ações maravilhosas. Contudo, a vida é assim e você não vai mudar isso. Se você quer ser respeitado pela sua gente, dedique sua vida a realizar ações, ajudando as pessoas a viverem melhor. Mostre-lhes um caminho seguro para o paraíso interior, salve suas vidas, conduza-os à felicidade e à paz, e eles louvarão seu nome. Mas, se você quiser ser amado, então terá de sacrificar sua vida e suas ambições a uma causa maior. Então o verão como um deus.

Ao vê-lo calado, Prabhu perguntou:

– Você deseja se tornar um deus?

– Claro. Quem não deseja?

– Então primeiro torne-se humano.

15

Quando Kartaverya era vivo, os haihayas tinham desejos limitados. O rei, mesmo sendo tirânico, só esticava seus domínios até onde seus olhos podiam alcançar, mas agora, com Ujahini no trono, eles tinham planos mais ambiciosos. Não só era uma questão de ambição, mas principalmente de sobrevivência. Ujahini tinha seis irmãos e um número quase igual de irmãs casadas com chefes guerreiros importantes. Todas essas pessoas da corte queriam ser ricas, e ser rico na sociedade ariana era ter tanto gado quanto possível. Como consequência da necessidade de um rebanho maior, eles precisavam de cada vez mais pasto e, onde eles viviam, pastos bons eram escassos.

Depois de procurar sem sucesso pelos brighus, Ujahini desviou sua atenção para o sul: para o outro lado do rio Ravi. Ele enviou exploradores e, ao mesmo tempo, fez alianças com outras tribos menores. Esses também precisavam de bons pastos. Quando os observadores voltaram, Ujahini reuniu seus aliados e sua corte.

– Pelas informações dos meus homens, há terra boa do outro lado do Ravi, mas teremos de conquistá-las dos dasas. Há cinquenta aldeias e uma cidade grande chamada Haryupyah (Harapa) – e, mudando para um tom intimista, complementou: – Tenho um plano para conquistá-los.

Todos se aproximaram para escutar melhor, enquanto as mulheres lhes serviam cerveja.

– Nós atacaremos as aldeias ao redor de Haryupyah e tomaremos suas terras. Os homens e mulheres aptos ao trabalho serão escravizados, mas as demais pessoas terão de ser postas à morte: nós não podemos alimentar pessoas inúteis – e ao ver a concordância expressa de todos, prosseguiu: – Nós dividiremos nossos guerreiros em cinco grupos. Quatro grupos atacarão as aldeias ao redor de Haryupyah, enquanto o quinto grupo, conduzido pelo meu irmão Iskuman, impedirá os aldeãos de se refugiarem em Haryupyah. Sua tropa também impedirá qualquer um de sair da cidade. Desse modo, quando decidirmos tomá-la, eles estarão famintos e será uma tarefa fácil.

– Como você pretende dividir a terra conquistada? – perguntou um dos chefes de um clã ariano.

– Nós temos dez tribos conosco. Cada um dos meus cinco contingentes receberá duas tribos aliadas. Cada grupo conquistará uma região. As tribos receberão terra para pasto, mas jurarão aliança perpétua aos haihayas. Terão de pagar tributo: uma vaca em cada dez, todos os anos.

– Não é demais? – perguntou o mesmo chefe.

– Se você tem bons pastos para seu gado e ninguém vem e os rouba, um em cada dez será um tributo razoável.

– As vacas dão uma cria por ano – disse um dos chefes. – A maioria de nossas vacas está doente e, nos primeiros anos, não serão muito prolíficas. Você deveria estabelecer para os primeiros cinco anos, uma vaca em cada vinte. Após o quinto ano, tal número aumentaria gradualmente.

– Estabeleçamos uma vaca em cada quinze, durante os primeiros cinco anos, mas têm de ser vacas de nossa escolha. Não aceitaremos bois velhos.

– Bem, pelo menos, terá de aceitar um boi velho em cada dez vacas, ou então nunca teremos um bom rebanho.

A próxima hora foi gasta discutindo o assunto em profundidade. A guerra ia ser uma tarefa fácil e nenhum deles discutiu quantos guerreiros participariam de cada grupo. Na mente de Ujahini, cada chefe enviaria todos seus guerreiros, mas, na realidade, eles nunca imaginaram isso. Como eram clãs menores, eles não tinham homens especializados para a guerra e outros para guiar o gado. Em suas tribos, os homens faziam ambas as atividades e eles só podiam enviar dois homens em cada dez. Pensaram em mandar os pastores menos hábeis e, algumas vezes, esses homens também não eram os melhores guerreiros. Mas Ujahini não discutiu tal assunto, pois estava mais preocupado com futuras rendas.

Ao término da reunião, a maioria estava bêbada e, quando um deles começou a cantar, a reunião terminou. Passaram a comer e beber ainda mais. Ujahini era um dos mais bêbedos: estava felicíssimo de ir à guerra.

16

Desde a idade dos doze anos, Rama sentia uma angústia invadir seu peito, um calor insuportável vindo de entre suas pernas, uma sensação incontrolável. Às vezes o ardor surgia à garganta e ele não conseguia respirar; desfalecia ou então, prostrado, rezava a todos os deuses. Agora com dezessete anos, a sensação piorara. Quando começou a trabalhar duro entre os rishis, a sensação tornou-se menos intensa e ele não teve mais nenhum ataque.

Hanatra o chamou uma manhã e, sem muitas explicações, disse-lhe como deveria respirar. Ele lhe deu um exercício simples para começar. Sentar-se-ia sobre as pernas, na posição do lótus, as costas eretas e as mãos descansando sobre as coxas. Fecharia os olhos e respiraria lentamente, com três inalações curtas pelo nariz e uma exalação longa pela boca. Não pensaria em nada. A mente vazia. Ficaria assim até Hanatra lhe chamar.

Aquele exercício simples foi um tormento para sua mente conturbada. Ficar quieto sem pensar em nada era insuportável. Como não podia pensar em nada? Sua mente devaneou sobre tudo e não se fixou em nada. Ficou em tal posição durante dez minutos, mas lhe pareceu uma eternidade.

– Então sua mente não foi mantida vazia nem quieta?

– Você pediu uma tarefa impossível, mestre Hanatra.

– Realmente. É muito difícil fazer sua mente ficar em branco. Assim o recurso é focalizar sua mente em um único assunto e deixá-la trabalhar sobre isso. Façamos isso amanhã. Começaremos com algo fácil.

– É isso? Estou começando meu treinamento como um rishi?

– Decepcionante, não é? Passar todos esses meses de espera para fazer um simples exercício.

Hanatra o ajudou a se levantar e, com uma tapinha amigável nas costas, mandou-o de volta ao campo para o trabalho do dia.

Nos dias que se seguiram, Rama fez os exercícios com os outros. Hanatra não lhe prestou atenção especial. Mas ele se sentia mais seguro; os outros aprendizes também comentaram sobre a dificuldade de tal disciplina. Suas mentes também flutuavam enquanto tentavam se concentrar em um assunto.

Hanatra ensinou aos nove homens sobre Shiva e como ele viera à terra e caminhara entre homens e demônios. Todos os deuses e seus obreiros o ajudaram. A cada novo dia, Hanatra ensinava um ponto da doutrina de Shiva.

Falou sobre as discussões entre Parvati e Shiva e como ela teve a intuição sobre reencarnação. Para Rama, foi a primeira verdadeira revelação; nunca ouvira nada parecido. Os arianos não tinham tais convicções e para eles só existia uma única vida. Após tal período na terra, os espíritos iam a lugar divino onde viviam em permanente banquete de leite e carne. Os perversos eram enviados ao inferno subterrâneo, em completo abandono na escuridão, onde sofreriam pela eternidade.

O choque de ouvir sobre várias existências o fez ficar tenso e excitado. Certa manhã, quando fazia suas posturas físicas, sentiu o fogo acender novamente entre suas pernas. Até mesmo sem qualquer comando especial, o calor subiu pela coluna e explodiu no cérebro. Ele não sentiu dor ou angústia, mas uma sensação de intensa felicidade, como se possuísse o conhecimento e o poder do universo. Imaginou mover objetos à distância e ler o pensamento das pessoas ou mandá-las executar suas ordens. Era um sentimento de possuir o verdadeiro poder, na sua concepção.

De repente, sentiu alguém o sacudindo e uma voz muito distante o chamando. Lentamente, com grande esforço, começou a voltar à realidade. Abriu os olhos e viu um lívido Hanatra, falando algo. Tomou certo tempo para entender suas palavras.

– Desperte. Você tem de prevalecer sobre seu vak.

Ao recuperar sua consciência, observou seus oito amigos caídos ao chão como se tivessem desfalecido. Os recipientes usados para guardar água e perfumes haviam sido arremessados à considerável distância e se espatifaram. A casa ao lado teve o telhado quase completamente arrancado como se como um furacão tivesse passado.

– Como aconteceu isso? – perguntou Rama.

– Você fez isto – respondeu Hanatra, enquanto massageava seu peito.

– Como poderia fazer isso? – perguntou Rama.

– Você fez isso manipulando sua força vak. Teremos de ensiná-lo a dominar esse poder ou você poderá ferir alguém. Ajude-me com seus amigos.

Eles sacudiram cada um e, lentamente, voltaram ao normal. Estavam ainda atordoados e fracos, e permaneceram no chão mesmo após serem despertados.

– Qual foi a sensação? – questionou a um deles.

– Não sei, mestre. Estava com os olhos fechados quando, de repente, eu me vi no meio de um grande fogo. Não me queimou; mas mexeu com minha cabeça a ponto de ficar atordoado e, então, desmaiei.

Após a recuperação dos aprendizes, cada um falou sobre sua experiência. Com pequenas diferenças, eles sentiram praticamente o mesmo. Mas Rama estava confuso: ele não podia ser a causa de tal perturbação. Ele não comentou nada, mas tentou recordar se algo parecido já acontecera antes. Nunca dessa forma, mas alguns objetos já haviam caído do nada quando estivera enfurecido. Quando discutia acerbamente com alguém, a pessoa ficava abatida e se afastava com sinais de dor de cabeça.

Jamais imaginara ser o causador daquilo. Todavia, após o relato dos amigos, constatou ser dotado de um poder do qual deveria ter extrema cautela, pois era algo destruidor. No passado, quando ficara aborrecido com alguém, jamais desejara o mal à pessoa. Quais seriam as consequências se desejasse algo terrível? Teria o poder de matar? Imediatamente tal ideia o repugnou: nunca usaria seus poderes para machucar pessoas ou animais. Será?

17

Os haihayas atacaram com todo seu poder as aldeias ao redor de Harypyah. As tribos dravídicas não puderam se defender e os arianos não demonstraram piedade. Conquistaram as aldeias facilmente e, em cada vilarejo, separaram as pessoas de acordo com sua capacidade de trabalho. Eles só pouparam os jovens, homens e mulheres, enquanto o resto foi morto.

Em cada acampamento dos haihayas, os arianos construíram um curral e aprisionaram os dravídicos. Postaram cães de guarda para dar o alarme em caso de fuga. Os fugitivos foram apanhados, torturados de modo selvagem e mortos na frente dos amigos como exemplo. Com tantas pessoas à disposição, Vyasu, o purohita da tribo, os usava para seus purushamedha e quase toda semana alguém era morto para maior glória dos gandharvas e dos haihayas.

Ujahini não gostava particularmente dessa prática. Ele se via como um guerreiro e um conquistador. Seus objetivos eram bastante claros: conseguir o máximo de pasto possível e o máximo de gado para tais pastos. Ele via o ato de conquista como um esporte, algo para mantê-lo ocupado. Quando não estava em guerra, o acampamento não necessitava de administração; todos conheciam suas tarefas. Não havia necessidade de um chefe dizer às pessoas como deviam se comportar. Ele tinha pastores para cuidar do gado e mulheres para alimentá-lo, coser suas roupas e cuidar de seus filhos. Então, tinha tempo para fazer outras atividades e não havia nada melhor a montar a cavalo, lutar contra outros guerreiros, roubar algum gado e vencer uma batalha.

Mas Vyasu tinha outras ideias. Sempre vira a conquista com outros propósitos. Falara com os cativos e, mesmo menosprezando-os, passou a gostar da ideia de morar em cidades. Odiava empacotar seus pertences pelo menos duas vezes ao ano e mudar-se de um lado para o outro. Se pudesse ter um lugar seguro, construiria um altar definitivo em um templo destinado aos deuses e aos gandharvas. Não obstante, tal plano sempre colidia com o modo de vida de Ujahini. Ele nascera nômade e morreria assim.

Quando o inverno estava para chegar e uma vez mais a tribo teria de se mudar, Vyasu foi falar com Ujahini. O mesmo assunto foi discutido: a fundação de uma cidade.

– Consultei os deuses e nos dizem da necessidade de morar em cidades – afirmou Vyasu.

– Você não vai começar essa história de novo. Nós somos nômades e...

– Você parece não entender. O estilo nômade de vida era bom quando vivíamos nas pradarias. Éramos um grupo pequeno correndo atrás de bons pastos, mas agora somos uma grande nação. Temos mais de cinquenta mil pessoas e, a cada mudança, cansamos o gado, e os velhos e crianças morrem. É um tumulto infernal. Perdemos tempo e energia demais.

– Sua ideia é de vivermos como os miseráveis dasas?

– Nós não precisamos viver tão mal quanto eles vivem. Em vez de cinco famílias numa única casa, nós podemos ter uma família em cada casa.

– Teríamos de mudar completamente nosso estilo de vida. Seria necessário plantar arroz, trigo e outros grãos. Não somos fazendeiros. Somos pastores e guerreiros.

– Meu querido Ujahini, acima de tudo, somos pessoas necessitadas de um lugar para crescer ainda mais. Se você usar os dasas para plantar, você ainda será um guerreiro. Temos nossos pastores para cuidar do gado, enquanto você e seus guerreiros podem conquistar as terras que desejarem.

– Não estou inteiramente convencido.

– Sugiro reunirmos o conselho e discutirmos o assunto.

– Você quer dizer reunir as mulheres as quais domina e obedecem – respondeu Ujahini com desdém. – Não vou fazer isso. Em nossa tribo, eu sou o rei e minha palavra é lei.

Pela forma bombástica de Ujahini proferir tais palavras, Vyasu preferiu aguardar um momento mais propício. O purohita curvou-se levemente.

– De fato, ishvara (senhor) Ujahini. Você é o chefe supremo dos haihayas.

Enquanto Ujahini enchia o peito, Vyasu partiu com um sorriso.

Naquele momento, se Ujahini pudesse ter olhos espirituais ficaria surpreso de ver como Vyasu se parecia com um réptil. Ujahini nunca dera o devido crédito àquele homem miúdo. Sempre o vira como alguém insignificante. Um apreciador de assassinatos rituais. Ao ver Vyasu partir, Ujahini murmurou:

– Se esse espantalho continuar a me aborrecer, gandharva ou não, vou cortar sua cabeça fora.

Pelo seu lado, Vyasu conhecia bem Ujahini. Era um homem perigoso, mas ver-se livre dele não seria muito difícil – seus gandharvas resolveriam isso. Contudo precisaria pôr alguém no seu lugar. Como purohita, jamais poderia ser rei; os guerreiros nunca o aceitariam. Tinha de ser alguém na linha de sucessão; alguém estúpido o suficiente para não discutir suas ordens.

Determinado em não perder tempo com tal assunto porque teriam de se mudar em menos de dois meses, Vyasu foi consultar seus gandharvas. Chamou seu escravo dasa e lhe ordenou trazer uma cabrita. O dasa caminhou ao curral, escolheu um belo animal, correu atrás dele, agarrou-o e o levou a Vyasu. Foram até uma floresta vizinha. Vyasu achou um lugar satisfatório e disse ao escravo para segurar o animal. Fez suas preces e, quando sentiu os gandharvas próximos, com um único golpe, cortou a garganta da cabrita e observou o sangue jorrar do profundo talho na jugular.

Um vento forte soprou durante alguns segundos. Os gandharvas ouviram suas preces, concluiu Vyasu e, satisfeito com a cerimônia, cortou fora a cabeça, as patas e o rabo do animal e os depôs no chão com cuidado. Então, disse ao escravo para levar de volta a carcaça e dar ordens aos cozinheiros para prepará-la para a ceia. O dasa partiu apressado e Vyasu viu o negro tremendo de medo. Isso é bom, pensou Vyasu, as pessoas devem temê-lo e, quanto mais amedrontados, mais o obedeceriam.

Dois dias se passaram sem qualquer novidade. Na noite do segundo dia, alguém veio correndo solicitar a visita de Vyasu à tenda de Surmani, o segundo irmão de Ujahini. Quando Vyasu entrou na barraca, viu um gandharva colado no corpo do menino. O espírito sorriu para ele e Vyasu entendeu a menção. O espírito fizera a criança adoecer. Se Vyasu o curasse teria uma influência sobre Surmani. Mentalmente, solicitou como proceder ao gandharva. O espírito lhe respondeu em um tom zombeteiro para fazer grandes gestos, proferir orações e pedir a ajuda dos gandharvas.

Surmani poderia ser uma pessoa rude, mas era apaixonado pelos filhos, especialmente o filho de sua mais nova e mais bonita esposa.

– Você pode curá-lo? – perguntou um visivelmente preocupado Surmani.

– Você está falando com Vyasu, o purohita. Não há nada impossível com a ajuda dos poderosos gandharvas.

Aproximou-se do menino e procedeu como o gandharva lhe ordenara. Fez todas as pantomimas e entoou cantos, e o gandharva retirou sua influência de cima da criança. Vyasu continuou sua súplica, enquanto proferia palavras de louvor aos gandharvas e, então, quando terminou as orações, deu algo de beber ao menino. A criança fez uma careta e se levantou da cama. A jovem mãe se apressou para abraçá-lo. Com o menino visivelmente melhor, Vyasu saiu da tenda seguida por Surmani.

– Nós não deveríamos nos mudar – disse Vyasu. – O menino pode não resistir.

– Você acha? – perguntou um amedrontado Surmani.

– Estou certo disso. Você deve ter notado quantos velhos e crianças morrem nas mudanças.

– Realmente, mas é a tradição. Nós sempre fizemos isso – respondeu um contrafeito Surmani.

– Isso era bom quando éramos uma tribo pequena, mas agora somos uma nação enorme. Quando levantamos acampamento e caminhamos por léguas, muitos ficam doentes e morrem Além disso, cada mudança é um transtorno medonho.

– Não posso fazer nada sobre isso. Ujahini já emitiu ordens para mudar o acampamento dentro de uma semana.

– Tudo bem, mas eu o adverti. Se a tradição é preferível ao bem-estar de seu filho, está bem para mim. Não venha depois chorar por ajuda.

18

– Partirei imediatamente – disse Rama a Hanatra. – Não posso arriscar suas vidas novamente.

– Você não fará nada disso. Uma arma viva como você não pode andar livremente por aí. Temos de treiná-lo para dominar seu vak e, se Shiva o dotou de tal poder, deve ser por uma justa causa.

– Mas, mestre...

– Escute, Rama, escute bem. Você pode partir quando desejar, mas levará sua habilidade para onde for – e vendo Rama meditar sobre isso, prosseguiu: – Eu o tenho observado. No princípio, eu o achei um jovem mimado e deprimido. Porém, quando começou a trabalhar e passou a entender melhor o significado de nosso trabalho, você se tornou uma pessoa jovial. Você trabalha com afinco e sua ajuda aos demais aprendizes o transformaram numa pessoa apreciada na comunidade. Tenho observado com felicidade crescente como recebe as pessoas doentes. Sua preocupação para com os pobres e inválidos faz meu coração cantar de felicidade. Você é um homem com muito amor no peito e, agora, ao descobrir seus poderes, indubitavelmente é predestinado à grandeza. Você se tornará alguém notável ou cairá em desgraça. A escolha é sua.

– Suas palavras de elogio me confundem. Como posso me tornar uma pessoa notável quando tenho o poder de esmagar pessoas e casas? Quero saber mais a respeito do vak.

– Nosso senhor Ganesha detectou uma força interior comum a todas as pessoas. Ela nasce entre nossas pernas. Não é apenas o poder sexual, mas, na maioria das pessoas, permanece nas partes mais baixas do corpo. Essa força lhes dá vitalidade e resistência para enfrentar a vida. Algumas pessoas podem levar esse poder para a parte superior do corpo. É onde começam as dificuldades. Ganesha detectou vários problemas. Para tal, desenvolveu uma técnica especial de posturas e meditações chamada a

Disciplina. Nós temos lhe ensinado algumas das posturas principais, mas há várias técnicas. Uma das mais importantes é, usando a imaginação e a vontade, conduzir o vak até a cabeça. Quando essa força invade a mente, a visão da natureza e do mundo espiritual se amplia enormemente.

– Eu não vi nada especial nem entrei em comunhão com deuses. Senti-me bem e poderoso e sonhei. Depois disso, para meu horror, tudo aconteceu como fora sonhado.

– Realmente, as pessoas ansiosas em compreender os mistérios de vida podem despertar o vak. Todavia, no seu caso aconteceu algo especial. Estava observando os aprendizes quando minha atenção foi atraída sobre você. Vi quando você, através do terceiro olho, começou a brilhar um pequeno sol. Mesmo com minha experiência, nunca vira nada parecido e levei alguns momentos para entender o fenômeno. Então, quando compreendi, procurei me proteger e corri para acordá-lo. Mas, mesmo sendo rápido, você foi capaz de, em uma única emissão, enviar sua vontade sobre as pessoas e a casa vizinha.

– Tudo aquilo aconteceu em uma fração de segundo? – perguntou um Rama visivelmente surpreso.

– Exatamente. Se mantivesse seu desejo um pouco mais, ou destruiria nossa cidade ou você teria morrido, devido ao intenso calor provocado em seu corpo.

– Como minha imaginação pode produzir tais efeitos físicos?

– Não estou certo de como funciona, mas nosso senhor Ganesha alertou-nos quanto ao pensamento. É como se fosse uma onda propagando-se no espaço. Se for bastante poderosa, cria um turbilhão de poder material. As forças materiais então se adensam ao redor dos pensamentos e tomam formas. Como as pessoas não conseguem controlá-lo, a forma é apenas um turbilhão de poder destrutivo. Os deuses, cujo controle da vontade é perfeito, criam os mundos por meio de pensamentos. As energias materiais se amalgamam em torno de sua vontade exteriorizada. Todavia, tudo acontece de modo correto, pois os deuses têm perfeito controle sobre suas mentes. Eles sabem usar uma elevada ciência para atingir os objetivos.

– Ainda não entendi.

– Tudo que existe no mundo material é uma emanação do poder de Shiva. É a energia dele vivificando o mundo. Tal energia é então manipulada pelos deuses, pelos anjos e, eventualmente, também pelos demônios em menor escala.

– Minha gente acredita em tal energia. É chamada de 'brahman' e vivifica o espírito, o 'atman'.

– Você pode mudar os nomes, mas, como pode ver, isso é conhece por muitas pessoas. Essa energia pode ser manipulada por nossa mente. A maioria das pessoas não o consegue, pois ainda tem uma mente primitiva. Shiva foi sábio em não deixar pessoas primitivas controlarem tal poder: elas se destruiriam. Você parece gerar uma energia mental poderosa a ponto de produzir mudanças no plano material. Nossa função é ensiná-lo a controlar tal poder por intermédio da Disciplina e usá-lo para um propósito superior. Você quer tentar?

Rama concordou com a cabeça. Hanatra tinha razão. Se ele pudesse aprender a tal Disciplina, denominada por ele de 'yoga', em sânscrito, então seria de alguma valia à sua tribo. Poderia partir a qualquer momento, mas, se não aprendesse a controlar o poder, seria uma ameaça a si próprio e aos demais. Após tomar gosto em ajudar as pessoas, queria usar tal força no benefício dos doentes. As palavras do velho Prabhu lhe assomaram a mente: um homem é julgado e adorado pelas suas boas ações. E, se Shiva ou qualquer outro dos deuses lhe tinha dado esse poder, ele o usaria para realizar todas as boas ações possíveis.

19

Ujahini estava aborrecido com a atitude de seus dez aliados. Sua ideia era conquistar as aldeias dos dasas e então juntar suas forças contra Haryupyah, mas, quando seus aliados conquistaram os vilarejos vizinhos, eles se estabeleceram nas novas terras e adiaram o avanço contra a principal cidade da região. Só com suas tropas, Ujahini não poderia conquistar Haryupyah, pois era fortemente guarnecida. Agora, ao decidir se mudar para um lugar mais distante para evitar a inundação, tinha de adiar seu ataque a Haryupyah. Até mesmo os portões principais bloqueados pelos seus esquadrões ficariam desguarnecidos. Assim, Haryupyah estaria livre do sítio e poderia se reabastecer de víveres.

Quando o dia da mudança chegou, os haihayas empacotaram seus pertences em carroças e começaram a se mover. Naquele momento, Ujahini lembrou-se das palavras de Vyasu. Eles não eram mais uma tribo pequena. Nos últimos anos, muitos clãs haviam se unido a eles e agora eram numerosos. Para fazer aquela massa das pessoas, gado e carroças se movimentarem juntos era uma tarefa dificílima e tomou muito mais tempo para irem até um lugar mais seguro. No futuro, Ujahini teria de mover seu acampamento por etapas: nem todos partiriam ao mesmo tempo. Dividiria seu grupo em três e cada porção se mudaria num dia.

Naquela vez, ele enfrentou outro problema: as moções. Chovera pesadamente durante vários dias e as carroças atolaram na lama. No segundo dia, várias carroças quebraram ao cruzar os riachos e algumas pessoas se machucaram. O passo era lento. Ujahini estava nervoso e gritava com seus homens. Mas nenhum grito ou ordem poderia fazê-los se movimentar mais rapidamente; simplesmente o terreno não era propício para tal deslocamento.

No terceiro e quarto dia, a chuva caiu novamente e o céu pareceu estar vindo abaixo. Os trovões e coriscos deixaram o gado irrequieto e, quando um raio caiu muito perto deles, eles desembestaram. Quando isso aconteceu, parte do gado desorientado e amedrontado invadiu o acampamento principal. Nenhuma morte foi registrada, porém muitos se machucaram e a agitação no acampamento os impediu de dormir. No outro dia, não puderam se movimentar: a maioria dos homens tinha deixado o acampamento para reunir o gado fugitivo.

Quando finalmente chegaram ao lugar escolhido para se estabelecer durante o verão, a água do rio engrossara com a chuva e inundara parte de onde ficaria o acampamento. Eles se estabeleceram mais distantes do lugar, mas, com o passar dos dias e as águas voltando ao seu curso natural, estavam muito longe do rio. Tinham duas opções: ou se movimentar uns mil metros mais próximos do rio ou caminhar uma distância muito maior do que a normal para ir buscar água. Como não tinham nenhuma intenção de mover o acampamento novamente, eles optaram em ficar longe do riacho e as mulheres iriam buscar a água diariamente.

Tal empreendimento não só era cansativo, mas também arriscado: animais selvagens poderiam atacá-las. E realmente tal evento aconteceu: uma mulher foi atacada por um tigre e dilacerada em pedaços. O acampamento foi novamente assaltado por um clamor e Vyasu não teve dificuldades em culpar Ujahini. A cada inconveniência, ele censurava acerbamente o líder. Não obstante nunca o fazia abertamente, mas sempre de forma discreta. Conseguia convencer as pessoas da inconveniência de tais deslocamentos. Os tempos mudaram e deveriam construir uma cidade fortificada, onde viveriam abrigados. Com forte influência sobre as mulheres, Vyasu as foi convencendo de seu propósito.

Para complicar ainda mais a situação, as monções castigaram a região e o calor, os mosquitos e a umidade fizeram o trabalho de convencimento para Vyasu. Uma gripe se alastrou e, em menos de cinco dias, os haihayas contaram mais de duzentas mortes. Tal situação foi levada ao conselho e os anciões exigiram uma reunião com Ujahini. Era o costume deles em tempos de crises reunirem a tribo e discutirem o assunto. Ujahini não teve alternativa a não ser autorizar a reunião. Poderia ter sido um sistema saudável quando a tribo era pequena e só vinte a trinta adultos tomava as decisões, mas agora, com quase cinquenta mil pessoas, Ujahini esperava por uma completa baderna.

Não foi permitida a presença de crianças e adolescentes, mas as mulheres era a esmagadora maioria. Ciente de tal fato, Vyasu preparou bem o terreno entre as mais velhas. Podiam não ter força política no conselho, mas tinham influência sobre os maridos.

– Querem se estabelecer em cidades como os dasas? É esse nosso modo de vida? – perguntou Ujahini.

– Quem se preocupa com tradição? Nós queremos morar em cidades e é só isso.

– Nós nunca moramos em cidades – disse Ujahini, numa tentativa de mudar a opinião das pessoas. – Nós não sabemos construir uma.

– E daí? – respondeu a mesma velha. – Expulsemos os dasas de suas cidades e vamos morar em suas casas.

– Já viram como eles vivem? É repugnante. É uma maldita sujeira.

– Uma boa limpeza resolve esse assunto – respondeu a velha com um sorriso irônico.

Era difícil resistir aos argumentos da velha, especialmente se tratando da própria mãe de Ujahini. Pensou por um momento, e depois disse:

– Se é o desejo de todos, faremos isso. Tomemos Haryupyah, expulsemos os dasas e nos estabeleceremos nas suas casas. Forçaremos os dasas a construir mais casas. Assim, cada família poderá ter a sua própria.

Todos aplaudiram e gritaram ‘ya, ya’ em concordância.

De certo modo, Vyasu estava satisfeito. Ele teria sua casa, seu templo e seus criados. Não precisaria mais mudar seus ídolos e estátuas duas vezes por ano. Ainda não se livrara de Ujahini, mas isso não era preocupação imediata. Tudo viria no devido tempo, ele pensou. Se Ujahini se comportasse bem, ele até lhe permitiria continuar sendo rei, mas, se começasse a incomodá-lo, livrar-se-ia dele.

Depois da reunião, todos voltaram às tarefas diárias, Ujahini reuniu os principais chefes guerreiros para um conselho de guerra. Nenhum deles parecia satisfeito. Tinham de concordar com a maioria, mas eram guerreiros ansiosos em vencer os dasas em campo aberto. As bigas de batalha, a cavalaria e os arcos e flechas poderiam dizimar qualquer força, inclusive grupos arianos menores, mas assaltar uma cidade fortificada era outro assunto.

– Bem, agora demos nossa palavra. Vamos ter de tomar Haryupyah. Alguém tem uma sugestão? – perguntou um dos principais comandantes.

– Haryupyah é um objetivo muito difícil – disse outro. – Deveríamos tentar conquistar algo mais fácil.

– Não há nenhuma outra cidade ao redor daqui grande o bastante para abrigar toda nossa gente – respondeu Surmani.

– Como sabemos disso? – respondeu o primeiro chefe guerreiro. – Nós nunca mandamos nossos guerreiros vasculharem a região. Talvez haja uma cidade grande e não seja tão bem guardada. Deveríamos procurar melhor.

– De qualquer maneira, nós podemos procurar outra cidade e nos preparar para assaltar Haryupyah.

– Gostaria de explicar como Haryupyah se parece – disse Iskuman, o irmão mais jovem de Ujahini. Ele recebera a incumbência de sitiar a cidade, mas sem tentar tomá-la. Ujahini concordou. Seria bom ter um relatório das muralhas da cidade.

Durante os próximos cinco minutos, Iskuman relatou sua experiência. A cidade fora construída em um planalto cerca de quinze metros acima da planície. Pelo seu lado oriental, o rio Ravi oferecia uma boa proteção. Seria difícil reunir um contingente para atacá-la, pois o rio impedia o acesso. No lado ocidental da cidade, onde se abria uma vasta planície, havia uma muralha de oito metros de onde os defensores poderiam atirar flechas, pedras e lanças, além de despejar óleo fervente sobre eles. Se pretendessem atacar por esse lado, precisavam de escadas e algum tipo de proteção contra setas, pedras e óleo quente.

– E os portões? – perguntou um dos líderes.

– Enormes e volumosos construídos de madeira maciça. Há três portas e esse é o ponto mais fraco da cidade. Mas também será o pior lugar para atacarmos, pois há ameias por cima dos portões. De lá, será fácil derramar óleo fervente sobre nós.

– E quantos guerreiros Haryupyah tem? – perguntou Surmani, um dos assassinos de Jamadagni.

– A cidade inteira tem pelos menos o dobro de nossa gente e, provavelmente, devem ter o dobro de guerreiros.

– Sim, mas eles não são tão bons quanto nós – respondeu um deles.

– Não precisa de muita técnica para jogar pedras ou derramar óleo fervente sobre nós – respondeu Iskuman.

Tal resposta fez todos do conselho emudecer. O jovem tinha razão: não era uma batalha campal e até mesmo uma mulher poderia ocupar com sucesso um lugar nas muralhas.

– Em primeiro lugar – disse Ujahini, tentando animá-los –, deveríamos esperar pela inundação baixar para reunir nossos aliados e informar às demais tribos arianas da nossa disposição de atacar a cidade. Precisamos de mais guerreiros e podemos pagá-los com a pilhagem da cidade. Então, após conseguirmos reunir uma grande força, nós os sitiaremos. O melhor meio de vencê-los é levá-los à fome e à morte.

– Ainda temos pelo menos quatro meses pela frente para preparar o sítio – disse Iskuman. – As árvores nos bosques deverão ser cortadas a fim de preparar escadas e muitas flechas.

– E onde ficará nossa gente? – perguntou um dos guerreiros mais velhos.

– Esse é um problema – respondeu Ujahini. – Se ficarem conosco, nós poderemos protegê-los e as mulheres nos alimentarão. Mas o lugar ao redor de Haryupyah inundará. Teremos de suspender o sítio e nos mover para outro lugar enquanto as águas estiverem altas. Mas, por outro lado, se não levarmos nossa gente conosco, elas podem ser atacadas por um de nossos inimigos.

– Quem ousaria nos atacar? – perguntou Surmani.

– Você esqueceu da incursão dos brighus? Não temos a menor ideia de onde estão. Eles podem estar nos vigiando e, se virem nossos guerreiros partirem, podem nos atacar, raptar nossas mulheres, matar os velhos e roubar o gado. De qualquer maneira, os brighus não são os únicos a temer; nos últimos anos temos colecionado inimigos igualmente entre os arianos e os dasas. Um acampamento sem proteção é um convite para qualquer um atacá-lo. Teremos de escolher: ou levamos todo o mundo e, quando a inundação vier, levantaremos o sítio e nós nos retiraremos a um lugar seguro; ou não os levaremos, mas separaremos um grupo de guerreiros para protegê-los. Nesse caso, precisaremos de mais ajuda dos nossos aliados.

– Podemos confiar neles? – perguntou Kuru, um dos mais jovens comandantes, mudo até então.

– Eles são aliados de momento. Eles não nutrem verdadeira devoção por nossa causa, mas são nossos parentes e, como tal, não nos atacarão à traição. Mas não conto com eles como conto com vocês. Eles podem enviar alguns de seus guerreiros, mas eles terão de proteger seu próprio gado e sua gente também.

– Isso é um mais um aborrecimento – disse Justafin, um dos irmãos de Ujahini. – Se informarmos a outras tribos arianas o nosso ataque a Haryupyah, eles podem inadvertidamente informar aos nossos inimigos. E até mesmo se levarmos nossa gente conosco, eles podem esperar até estarmos ocupados na batalha e atacar nosso acampamento. Não seria preciso muito para matar os guardas e roubar nosso gado.

– Estamos numa frigideira – proferiu Ujahini. – Se pularmos fora, cairemos no fogo, mas, se ficarmos, estaremos fritos.

– Qual a solução? – perguntou Iskuman.

– Preparem-se para queimar a pele. Sitiaremos Haryupyah e faremos os haryupyahs passarem fome, mas não levaremos nossas famílias conosco. De qualquer maneira, teremos de levar algum gado e algumas mulheres. Não quero depender de comida obtida em volta de Haryupyah.

– Isso é uma boa política, mas teremos de levar alguns pastores também – concordou Surmani. – E quem ficará aqui para vigiar o rebanho principal?

– Iskuman – respondeu Ujahini. Estava tentando proteger o irmão mais novo, mas nenhum deles pareceu se preocupar com isso, pois o rapaz era um guerreiro de pouco mais de quinze anos de idade.

– Isso não é justo – respondeu Iskuman. – Eu sou quem mais conhece Haryupyah. Eu quero ir.

– Iskuman deve ter a chance de lutar – disse Surmani.

– Certo, então – respondeu Ujahini, concordando com a cabeça. – Alguém terá de ficar para trás. Quem ficará?

Como ninguém respondeu, Ujahini disse:

– Então Surmani terá de ficar com cem homens para proteger o acampamento.

– Logo eu? – respondeu Surmani.

– Escute, meu irmão, ninguém quer ficar, mas a tarefa de proteger nossa gente não é pequena. Você será o rei enquanto eu estiver fora. Não está bom para você?

– Ser rei nunca foi meu desejo. Mas permita-me sugerir. A cada mês um de nossos irmãos substituirá o outro, assim todos poderão lutar em Haryupyah.

– É uma boa ideia – concordou Ujahini. – Começaremos com você primeiro e depois, a cada lua nova, um de nossos irmãos substituirá o antecessor. Agora, meus bravos, vamos nos preparar para sitiar e tomar Haryupyah.

20

Mesmo tendo o bom senso de se mudar para o vale de Cachemira, Vasuman mandara vigiar os haihayas. Colocara dois homens sempre observando seus movimentos e, de tempos em tempos, vinha espionar pessoalmente de uma distância segura. Por outro lado, não só Vasuman, mas também a tribo jurara vingança: seu rei não podia ter sido morto de maneira tão vil e tal crime esquecido. Mas, até mesmo com todo ódio, os brighus não eram tolos de atacar uma força dez vezes superior. Haviam de esperar por um momento propício.

Quando os haihayas começaram a propagar as notícias do ataque a Haryupyah e de sua necessidade de guerreiros, Vasuman recebeu a informação de uma tribo ariana vizinha. Um dos seus homens se casara com uma mulher daquela tribo e vivia entre eles. Quando os arautos dos haihayas entraram naquela aldeia e anunciaram sua luta contra Haryupyah e sua necessidade de guerreiros, o membro de tribo de Vasuman lhe reportou o fato. Vasuman aproveitou a oportunidade. Deu ordens ao homem de se unir aos haihayas e mantê-lo informado. O homem foi ao acampamento dos haihayas como se pertencesse a um dos aliados de Ujahini e ninguém suspeitou dele.

Durante alguns meses, o espião trabalhou com os outros, cortando madeira para construir escadas, flechas e lanças. Quando a tropa de Ujahini estava pronta para se movimentar, ele solicitou ao seu líder de esquadrão se podia visitar a esposa que estava a ponto de dar à luz. O comandante lhe autorizou ficar fora por três dias. Ele partiu, mas não foi para a tribo da esposa. Dirigiu-se à região da Cachemira onde encontrou Vasuman e lhe relatou os planos dos haihayas. Depois disso, retornou e se integrou às forças de Ujahini já no caminho para Haryupyah.

Na véspera, Surmani implorou para ser o primeiro a atacar Haryupyah e Ujahini deixou para Iskuman, seu irmão mais novo, a tarefa de defender o acampamento principal. Mesmo escutando os argumentos de Iskuman, explicou necessitar de um chefe guerreiro mais experiente para comandar a primeira onda de ataque contra as muralhas de Haryupyah. Ele tinha de ficar, mas, dentro de um mês, outro irmão o substituiria.

– A guerra terminará em menos de um mês e eu não me cobrirei de glória – respondeu Iskuman.

– Você é jovem e haverá mais batalhas. Fique e proteja nossas riquezas.

No dia seguinte, Iskuman viu seu irmão partir com quase quinze mil guerreiros para Haryupyah. Levavam muitas carroças com escadas e comida. Os homens pareciam felizes em seus cavalos, enquanto o resto do acampamento os aclamava com saudações e cantos de vitória. Afinal de contas, eles iam tomar Haryupyah e, em alguns meses, estariam vivendo em uma cidade; o sonho longamente acalentado.

Cauteloso, Iskuman dobrou a guarda e cavalgou ao redor do acampamento para ver se havia algum perigo no horizonte. Depois de fazer uma volta completa, ficou mais tranquilo: nenhum inimigo à vista e, ao olhar para o acampamento, entendeu o motivo de as mulheres desejarem abandonar o velho estilo de vida: era um amontoado imundo de barracas e carroças sem qualquer espaço para se mover.

Quando o acampamento era pequeno, era fácil sair e fazer as necessidades fisiológicas, mas com um acampamento enorme, era demorado atravessar todas aquelas tendas, carroças e cavalos para achar um arbusto para se aliviar. Então, as pessoas começaram a fazer suas necessidades debaixo das carroças e no pé das árvores vizinhas. O fedor se tornara insuportável e, com o calor crescente, as moscas, mosquitos e ratos fizeram o acampamento se tornar um verdadeiro inferno. Haryupyah era a solução, concluía Iskuman, enquanto cavalgava lentamente entre as barracas em direção à sua.

Haryupyah estava esperando pelos haihayas. Os dasas das aldeias vizinhas tinham falado sobre como os diabos brancos haviam destruído seus vilarejos. O chefe de Haryupyah não era um simplório e se preparou para um sítio prolongado. Juntou quantos grãos e carne defumada pôde. Reforçou as muralhas e treinou seus homens para jogar pedras, arremessar flechas e derramar óleo fervente, estocados em milhares de barris à espera da ocasião.

No princípio, quando encontraram os primeiros invasores arianos, eles usaram seus arcos primitivos, mas seus inimigos brancos tinham um arco maravilhoso. A partir de certa data, adotaram-no e treinaram com ele. Também tinham aperfeiçoado suas espadas e lanças. Como eram mais baixos em relação aos arianos, compensaram esse fato com lanças sessenta centímetros mais longas. E, como último recurso, o rei de Haryupyah mandou murar os portões por dentro. Quem estava de fora veria apenas portões de madeira, mas logo após havia uma parede dupla de tijolos. E, finalmente, foram escavadas valas no caminho aos portões. Com isso, os arianos não poderiam trazer dispositivos para derrubá-los. Poderia resistir durante pelo menos seis meses; tempo suficiente para a chegada de uma nova inundação.

Quando as forças de Ujahini viram Haryupyah e começaram a cercá-la, constataram ser muito pior do que os relatos feitos por Iskuman. As muralhas pareciam mais altas e realmente haviam se tornado, pois o chefe dos dasas levantara certas partes para ficarem ainda mais altas. Em alguns lugares, a muralha era imponente. Havia uma colina de quinze metros a ser vencida antes de chegar aos muros. Tal visão trouxe desânimo entre os arianos antes mesmo de a batalha começar.

Em seu garanhão cinzento, Ujahini cavalgou ao redor das muralhas, tentando encontrar um ponto fraco. Depois de duas horas, reuniu seus chefes guerreiros e planejou sua estratégia.

– Posso estar equivocado, mas ficaremos aqui por muito tempo. Meu plano é ficar firme onde estamos e vê-los morrer de fome. Eles podem ter comida por um ano, mas, depois disso, cairão em desespero e começarão a se devorar uns aos outros. Se tivermos paciência, essa cidade será nossa em dois ou, no máximo, três anos.

– Se me permite dizê-lo, então nunca conquistaremos Haryupyah – disse Surmani. – Nossos homens e principalmente nossos aliados não esperarão tanto tempo. Todos estão dispostos a atacar essa fortaleza e tomá-la o mais rápido possível. Devemos atacar amanhã.

A maioria do conselho de guerra apoiou Surmani com meneios de cabeças e muitos 'ya, ya' de concordância.

– O único com bom senso aqui parece ser eu – respondeu Ujahini –, mas se meus comandantes estiverem dispostos arriscar a vida de seus homens em uma manobra fútil, não lhes negarei a chance de uma boa luta. Atacaremos amanhã.

Embora todos estivessem risonhos, Ujahini estava taciturno; tinha certeza de sua tática.

As ordens do dia seguinte foram expelidas e duas ondas de ataque seriam lançadas simultaneamente. A primeira golpearia um dos portões, aparentemente o mais fácil de ser alcançado, enquanto a outra tentaria entrar pelo rio, onde a muralha tinha uma larga brecha para permitir aos navios entrarem no pequeno porto. Naquele lugar, não havia como os homens entrarem montados, mas, se alguns guerreiros pudessem nadar, capturar os barcos e trazê-los, o grupo principal poderia ser levado para dentro da cidade pelas embarcações.

De manhã, as cornetas deram a ordem de atacar e os haihayas lançaram-se com gritos e maldições. Depois de três horas de duro confronto, as forças arianas se retiraram para se reunir em torno de seus comandantes. Assistindo os combates de uma posição segura, Ujahini reuniu os líderes e perguntou:

– Estão satisfeitos agora?

Nenhum deles ousou responder. Quase nenhum ariano alcançara os muros e os poucos que tiveram sucesso foram queimados com óleo fervente. O grupo do porto fora igualmente derrotado. Alguns deles se afogaram no rio enquanto tentavam atravessar a nado: como mal-nadadores poderiam atravessar uma correnteza forte com armaduras de couro e espadas de bronze na cintura? Alguns tiraram a armadura e nadaram até o porto, onde foram facilmente mortos a flechadas pelos dasas.

– Montem as tendas e construam uma cerca de madeira em torno da cidade. Se nós não pudermos entrar, eles também não poderão sair. Veremos quem tem mais comida e paciência para manter o assédio.

– É uma completa loucura – respondeu um dos reis aliados. – Eu não vou ficar aqui por meses. Eu vim para uma batalha e não para viver longe de minha família. Quem cuidará do meu gado e de minha família enquanto estiver aqui?

– Escute, Duramata, você empenhou sua palavra numa aliança com os haihayas e a manterá. Você ficará aqui até a próxima inundação.

Duramata não era nenhum tolo para perguntar a um furioso Ujahini qual seria o resultado de sua defecção. Mesmo contra sua vontade e da maioria de seus homens, ele permaneceu.

A reunião do conselho terminou depressa: havia muito a fazer para montar um bom acampamento e protegê-lo contra eventuais ataques dos haryupyahs.

Contudo, Ujahini se via encurralado: após os primeiros relatórios do irmão mais novo, ele desistira de conquistar Haryupyah, pois parecia inexpugnável. Por outro lado, nunca imaginara viver em cidades: via-se como um guerreiro ariano livre, cavalgando pelas pradarias, caçando animais selvagens, lutando contra inimigos em um campo aberto e não atrás de muralhas e cercas.

Sentou-se sobre uma pele de carneiro, na frente da vasta tenda, e meditou: seria um longo sítio para tomar Haryupyah.

21

O mestre dos rishis em Kailash fora precavido com o treinamento de Rama. Hanatra preferiu excluí-lo dos demais para evitar novos problemas, pelo menos até Rama dominar suas habilidades. E ele agradeceria a todos os deuses por aquela precaução: no princípio, Rama era um touro bravio solto no pasto. Por meses, ele levou Rama a um lugar isolado e lhe disse como proceder, mas o poder de Rama era difícil de dominar. Havia dias de realizações, mas havia momentos de absoluta nulidade.

– Não entendo o motivo de não conseguir hoje quando ontem o fiz tão bem.

– Rama, fique tranquilo. Seu poder depende de seu estado de mente. Quando fica ansioso, não consegue fazer nada – e ao ver Rama mais calmo, sugeriu: – Tentemos novamente.

Ele fechou os olhos e, como Hanatra o ensinara, imaginou uma cobra entre suas pernas, rastejando pela sua coluna. Quando sentiu o calor, ele amplificou a sensação usando a imaginação. Agora já não era mais uma pequena víbora, mas uma enorme cobra avermelhada. Quanto mais ele punha sua imaginação para trabalhar, trazendo a serpente à vida, mais ela crescia forte. Quando o calor entrou na cabeça, ele mudou o foco da concentração para o objeto à sua frente. Imaginou a cobra vaporosa envolvendo o objeto e o erguendo, conduzindo-o de um lugar para outro.

Hanatra observava as atividades de Rama. Ele viu primeiro quando seu discípulo ficou lívido como a neve. Depois de um tempo, observou sua testa começar a esquentar e, então, um ponto luminoso apareceu entre suas sobrancelhas. O foco de luz iluminou o objeto de bronze distando uns três metros dele. O objeto começou a tremelicar e, depois de alguns instantes, ergue-se como se estivesse sendo conduzido por mãos invisíveis. O objeto foi levado suavemente de um lugar ao outro numa distância de uns seis metros. Sempre olhando para Rama, Hanatra observou seu rosto avermelhado, como se o sol o tivesse bronzeado. Suava como se estivesse fazendo um tremendo esforço e um rictus de dor apareceu no rosto. Ele já perguntara por várias vezes se Rama sentia dor e ele lhe respondera nada sentir. Todavia, depois da sessão, ficava exausto e precisava de uma boa hora de sono para se recuperar.

– Está vendo. Não lhe disse. Quando você fica ansioso e quer superar seu próprio poder, os resultados são desprezíveis. Esteja seguro e você consegue alcançar o desejável. Só não pode perder a confiança em si ou nada acontecerá.

Um jovial Rama concordou com a cabeça.

– Agora vamos tentar outra atividade – disse Hanatra. – Desde ontem os peregrinos estão chegando. Muitos deles têm pouco tempo de vida. Você tentará curá-los.

– Como posso fazer isso, mestre Hanatra? Parece...

– Com tal atitude você não alcançará nada – atalhou Hanatra. – Pelo amor de Shiva, confie em você.

– Como devo proceder?

– Não sei, mas faremos isso junto. Vou selecionar alguém muito doente. Nosso bom senhor Shiva nos mostrará o caminho.

Enquanto Rama permanecia sentado, Hanatra caminhou até onde os peregrinos estavam reunidos. Conversou com um e com outro, até observar uma garotinha de provavelmente sete ou oito anos que tinha, porém, o tamanho de uma criança de quatro.

– De qual doença ela sofre? – perguntou à mãe.

– Ninguém sabe, mestre rishi. Ela ficou doente há alguns anos e agora não caminha mais. Mal fala e está em constante sofrimento. Eu a trouxe aqui como último recurso. Shiva a curará ou ninguém mais o fará.

– Traga-a.

Com extremo cuidado, a mãe a levantou e o seguiu. Ao chegarem onde Rama estava sentado, Hanatra disse à mãe para colocar a criança deitada na frente dele.

– Olhe para ela e me diga qual é seu mal. Não olhe para ela com os olhos da carne, mas com os do espírito.

– Como farei isso, mestre?

– Feche seus olhos e imagine poder ver dentro dela. Caminhe dentro do seu corpo como se fosse um homem do tamanho de um grão de areia. Use a imaginação.

Nunca fizera isso, mas não custaria tentar. Antes de fechar os olhos, ele olhou para o rosto da mãe. Viu tanto desespero e esperança mesclados em uma expectativa ansiosa. Comoveu-se.

– Possam Shiva, Parvati e Ganesha ajudá-lo, meu jovem rishi – ela disse com os olhos invadidos por incontroláveis lágrimas, enquanto esfregava as mãos nervosamente.

Ele fechou os olhos e tentou invadir o corpo da criança. De imediato nada aconteceu. Então escutou a voz de Hanatra lhe dizendo para respirar. Obedeceu e continuou examinando a menina. Nada aconteceu.

– Pare – ordenou Hanatra. – Abra os olhos. Respire profundamente. Agora me escute. A cura dessa criança não se fará pela compaixão. Terá de usar a vontade. Não envolva a emoção nisso. Não a veja como uma criança necessitada. Ela não é um bebê agonizante, mas um objeto. Você a invadirá com olhos espirituais e achará a doença, e pela sua energia vak irá curá-la. Entendeu? Você a curará.

Fechou os olhos novamente e dessa vez não era uma menina, mas um pedaço de carne à sua frente. Para entrar no corpo tinha de penetrar pela boca. Imaginou ser um vento insuflando-se para dentro dela.

Numa espécie de tela surgindo dentro de sua mente, ele viu carne e ossos, veias e cavidades, sangue fluindo e luzes percorrendo feixes de nervos. Ficou surpreso em ver de modo tão claro e deslizou por dentro dela como se estivesse passeando. A beleza e a incomum visão o distraíram por um momento. O tempo não parecia se mover, mas a voz distante de hanatra lhe disse para procurar algo estranho, fora de lugar. Teve a consciência de o mestre estar olhando para a mesma cena através de sua mente. De algum modo, Hanatra conseguiu se amalgamar com seu espírito.

Sua mente foi conduzida a um órgão do qual nada sabia; seu conhecimento de anatomia era próximo ao nada. Se tivesse algum conhecimento saberia se tratar do fígado. Ele não pôde estimar se era um órgão saudável ou não, mas uma intuição o direcionou para vários nódulos negros no interior do órgão. Ouviu uma voz diferente da voz de Hanatra mandando focalizar os nódulos.

– Destrua-os – ordenou a voz em um tom suave.

Como poderia destruí-los, se perguntou. Então a resposta lhe veio como uma visão. Viu um raio golpeando uma árvore e a destruindo. A voz lhe ordenou imaginar a mesma situação com os nódulos. Obedecendo da melhor maneira possível, focalizou um dos nódulos e imaginou um raio o atingindo. Ele o fez lentamente, mas com vigor, e um após o outro, os nódulos foram sendo destruídos por descargas de luz emanadas de Rama.

Quando já não tinha um nódulo sequer, a voz emudeceu. A tarefa fora cumprida. Por um breve instante, perdeu a visão e a escuridão o engolfou. Sentiu alguém o esbofeteando suavemente e abriu os olhos. Suava frio e viu Hanatra sorrindo para ele.

– Você está se sentindo bem?

Com fraqueza extrema, sacudiu a cabeça para dizer não. Sentia-se atordoado e fraco. Queria dormir. Sussurrou o fato a Hanatra. Fechou os olhos e deitou-se onde estava. Sentiu quando o mestre o cobriu com uma manta grossa e, em instantes, adormeceu.

Quando acordou não sabia se tinha dormido ou se morrera.

– Já era hora de acordar, vagabundo – disse Hanatra num tom jocoso. – Você dormiu durante quase um dia inteiro. Está na hora de trabalhar.

Levantou-se e se viu na sua cama. Lembrou-se de ter adormecido no campo, mas alguém o carregara para a casa dos aprendizes. Ele sentiu o estômago roncar de fome.

– A menina está passando bem – disse Hanatra.

– É mesmo? São ótimas notícias.

– Ela voltou a comer. Pouco, é verdade. Para uma pessoa sem alimento há três dias, já é um avanço.

– Nós a curamos?

– Pode tirar o nós dessa história: você a curou.

Estava a ponto de retrucar, quando um do rishis entrou com um prato de comida.

– Aqui, Rama, coma. Você precisa.

Ele olhou para a face risonha do amigo e não viu inveja ou desdém, apenas uma expressão alegre de amizade sincera.

Depois de uma semana, a menina estava mais forte e veio vê-lo acompanhada da mãe. Já não parecia tão triste ou fraca. Não obstante, ainda estava se recuperando de uma longa doença e não podia fazer muito esforço. Sorriu timidamente e esticou seus braços para ele. Ele a tomou dos braços da mãe e beijou suas bochechas. Perguntou pelo seu nome e ela respondeu. Ela o abraçou mais forte e sussurrou em seu ouvido:

– Eu o amo.

Alguém poderia ser mais gentil ou dito algo de maior importância? Rama tentou sorrir para ela, porém, ao invés disso, chorou. Hanatra e a mãe o acalmaram com palavras gentis. Naquele instante, lembrou-se das palavras de Prabhu: o homem é julgado pelas suas ações.

22

Quando os guerreiros haihayas foram a Haryupyah, Vasuman reuniu seus brighus e decidiu atacar o desprotegido acampamento. Ao chegar próximo e observar a rotina do ajuntamento, viu se tratar de algo gigantesco onde reinava a confusão. Se tudo saísse como imaginara, sua vingança seria levada a cabo.

Às três horas da manhã, quando o acampamento estava adormecido, Vasuman se moveu. Atacou e matou os guardas silenciosamente. Dirigiu-se aos currais. Tinham visto nove currais e três deles estavam perto do acampamento principal. Assim esses três currais foram atacados com homens a cavalos segurando tochas, assustando os animais para dentro do acampamento. O fogo e os gritos resolveram seu problema: o gado desembestou.

Como Vasuman planejara, os quase dois mil animais entraram no acampamento, correndo e derrubando tudo no caminho. As tendas foram derrubadas e as pessoas adormecidas foram pegas de surpresa. Alguns bois colidiram com as carroças e as derrubaram. Outros pisotearam fogueiras e as brasas incendiaram as tendas. O fogo se alastrou rapidamente. Um acampamento enorme como aquele logo se tornou num pandemônio. O gado correndo assustado, a escuridão da noite, o fogo lavrando solto e a correria das pessoas trouxeram morte e destruição.

Com o som de gritos de dor, berros e do tropel dos animais, Iskuman acordou e saiu da tenda. Ainda estava muito escuro e ele não conseguia enxergar direito. Ouviu o barulho do gado desembestado. Gritou à jovem esposa para levar o bebê ao outro lado do acampamento, mas, quando ele se virou, o gado já estava em cima dele. Em pânico, tentou voltar à barraca para proteger sua família, mas era muito tarde. Vários bois o atropelaram e ele caiu. O resto do gado pisoteou seu corpo, transformando seu rosto numa massa disforme de carne e ossos.

Ter um pouco de ganho pessoal também era importante para Vasuman. Assim ele dera ordens aos seus pastores para recolher o gado nos demais currais e levá-los à aldeia dos brighus. Como não conseguiria levar um rebanho tão grande, ele os levou a uma direção diferente. Ujahini seguiria o gado e perderia tempo, enquanto eles iriam para outra direção. Ele levaria só parte do gado, mas a maioria teria de ser sacrificada ou abandonada.

A ação inteira levou menos de meia hora e, ainda à noite, Vasuman se retirou depois de ter dividido seus homens em dois grupos. Um grupo conduziu parte do gado em direção ao nordeste e o outro fez um desvio para levar o restante do rebanho à aldeia brighus. Não sabia a extensão dos danos e não tinha nenhuma intenção de atacar um lugar tão grande com pessoas correndo e gritando, e sem espaço para seus cavalos manobrarem. Não obstante, ele se alegraria se soubesse do destino do irmão mais jovem de Ujahini. Fora morto e agora se encontrava deitado no chão, irreconhecível de tanto ter sido pisoteado pelo rebanho desembestado.

Ao amanhecer, alguns pastores haihayas tentaram reunir o gado espalhado por uma vasta área, enquanto dois guerreiros correram a Haryupyah para informar Ujahini. Chegaram no dia seguinte e informaram tudo ao rei. Quando soube da morte horrenda do irmão mais jovem, ele entrou em sua tenda e chorou de dor e impotente raiva.

Quando a tristeza e raiva se desvaneceram, ele pensou na situação. Ele não podia levantar o sítio. O gado fora roubado e era uma razão em conquistar a cidade e se estabelecer. Precisava reunir seus comandantes e planejar algo novo, e não estava com bom humor para longas discussões.

Naquela noite, o conselho de guerra se reuniu para discutir a situação. Por horas, discutiram o mesmo assunto repetidas vezes. Finalmente decidiram trazer o acampamento principal próximo a Haryupyah. Assim os guerreiros não ficariam preocupados com suas famílias.

No auge da discussão, os aliados encontraram coragem. Partiriam para proteger suas próprias aldeias. Eles não sabiam por onde andavam os brighus e temiam um ataque a qualquer momento.

Ujahini propôs trazerem seus acampamentos para perto deles, mas recusaram. Era muito perigoso e o esforço não seria compensador. Seus irmãos concordaram em manter o sítio sem os aliados. Era melhor deixá-los ir a ficar com pessoas não confiáveis.

No dia seguinte, os aliados partiram e Ujahini perdeu um terço das tropas. Por outro lado, ele enviou a metade de seus homens para o acampamento principal a fim de ajudá-los a se mudar para perto da tropa em Haryupyah e protegê-los contra novos ataques. Mas para Surmani, seu gigantesco irmão, confiou a mais importante das tarefas: achar a aldeia dos brighus a qualquer preço.

23

– Rama, chegou o tempo de você cumprir seu destino. Você tem de partir e perseguir seus sonhos.

Com um semblante severo, Hanatra falou com Rama. Não estava zangado com aquele homem de vinte e um anos; pelo contrário, não podia estar mais satisfeito. Desde sua chegada há quatro anos, Rama tinha se tornado uma pessoa diferente: muito mais agradável no conversar, risonho e maduro nas relações com outras pessoas. Não era mais o rapaz choroso e mimado, mas um homem forte em corpo e alma. O trabalho físico tinha operado milagres: seu corpo se tornara robusto e seus músculos conseguiam realizar as tarefas diárias com facilidade.

– E qual será meu destino, mestre Hanatra?

– Destino é algo forjado diariamente, não obstante, circunstâncias e outros fatores nos influenciarem grandemente. Você está pronto para ir à caverna e entrar em comunhão com Shiva.

Ao ouvir a palavra caverna, Rama sentiu um nó gelado no estômago. Ouvira falar de eventos terríveis na experiência de outro rishis na caverna de Shiva e não se entrava na caverna há muitos anos. Hanatra fora um dos poucos a entrar, mas nunca falava sobre isso.

– Você acha prudente? Tive uma experiência com tais forças e vi um carneiro enorme. Fiquei terrificado a ponto de desmaiar.

– Você já me falou sobre isso, mas há uma diferença entre sua experiência com cogumelos e a caverna. Nessa experiência, você não ingerirá nada. Você pode ter uma grande variedade de efeitos, desde dormir profundamente até alguns muito particulares. Confie em mim e, sobretudo, não tenha medo, pois ele é nosso pior inimigo.

Para poder entrar na caverna, a pessoa deveria jejuar durante três dias e, na véspera, não beberia nada. Rama fez todos os procedimentos com um espírito elevado e, no momento certo, entrou na caverna com Hanatra, sem medo ou ansiedade. Não obstante, ele tinha altas expectativas sobre ver Shiva. O grande deus, às vezes, aparecia com muitos braços e, em outras ocasiões, apresentava-se como um espectro amedrontador, mostrando o lado terrível da destruição e da morte. Mostrava-se também como uma mistura de homem e mulher, pois Deus não é nem um nem outro, mas ambos plenamente amalgamados.

Durante vários minutos, Rama esperou ver algo aparecer na completa escuridão da caverna, mas nada aconteceu. Sentiu-se sonolento e encontrou entre as pedras um modo confortável de se deitar. Cobriu-se com uma pele de carneiro e fechou os olhos.

Quanto tempo dormiu e se estava sonhando jamais saberia. Estava em um lugar extraordinário, de uma beleza jamais sonhada. Uma vasta planície se descortinava à sua frente. Flores, jardins, rios e cataratas podiam ser vistos à distância.

– Lindo, não é? – comentou uma voz atrás dele.

Ele se virou em direção à voz e deparou-se com um homem jovem sentado debaixo de uma varanda. Aproximou-se hesitante. O homem estava vestido com uma túnica colorida e seus cabelos longos eram tão pretos quanto o dos dravídicos, mas sua pele era branca como os arianos, embora o sol o tivesse bronzeado. Era um espírito de beleza estonteante. Ao se aproximar mais, viu seus olhos azuis profundos e um ponto vermelho na testa, como a maioria dos dravídicos usava.

– Você é Shiva? – perguntou Rama.

– O grande Deus? Não. Sou apenas um deva.

Como um deus podia aparecer com tal singeleza? Não deveria se mostrar a ele com todo o seu poder?

– Sim, provavelmente com coriscos a riscar os céus, com luzes e sons tonitruantes e uma expressão feroz – respondeu sorrindo o jovem deus, como se tivesse escutado as inquietações de Rama. Então ele apontou a uma cadeira e pediu para Rama se sentar. Ofereceu-lhe frutas e Rama as comeu avidamente; estava faminto devido aos dias de jejum. O gosto era delicioso e nunca provara algo assim antes.

– Você pode me chamar de Vishnu.

– Já ouvi falar do seu nome. Dizem ser um acompanhante de Surya, nosso deus-sol. Os panchalas o têm na mais alta estima, mas, afora eles, poucas tribos arianas lhe conhecem – disse Rama, tentando ser o mais cortês possível.

– E isso importa? – respondeu o belo deus. Rama meneou a cabeça como se dissesse não ter importância. Então Vishnu prosseguiu: – Deixe-me lhe contar um pouco de minha história. – Ele verteu num copo algo parecido com um suco de frutas e convidou Rama a bebê-lo.

– Há muitos anos, vim a esta Terra com muitos outros espíritos e deuses de um mundo distante. Vim ajudar meus irmãos a superar seus problemas íntimos. Durante muitos séculos, trabalhei com vários grandes espíritos e agora recebi uma tarefa. Isso enche meu coração de felicidade, mas também de preocupação. Sou o responsável pela evolução dos espíritos do vale do Hindu, e também do todo o subcontinente.

– Parece uma tarefa gigantesca – respondeu Rama, tentando ser agradável.

– Para ser honesto, é uma missão à qual me candidatei e, portanto, acho-a extremamente divertida – e como viu o assombro no rosto de Rama, ele sorriu e disse: – Sim, divertido. O trabalho para ser bem feito bem tem de ser lúdico. A pessoa tem de fazê-lo com alegria no coração e não como se fosse um terrível fardo. Mas não estou só em meu trabalho. Milhares de bons espíritos trabalham sob meu comando, tentando estabelecer lei e ordem em um mundo conturbado. Você gostaria de ser um dos meus mensageiros?

– Só posso aquiescer, ishvara Vishnu, mas como devo proceder para estar à altura de sua pessoa?

– Antes de lhe responder, deixe-me lhe contar um pouco sobre a região.

Levantou-se e, com um gesto elegante, convidou Rama a segui-lo. Ao chegar à sacada e olhar para baixo, Rama ficou atordoado. Viu do alto uma imensa área e o rio Hindu parecia uma fita serpenteando em direção ao mar.

– Há alguns milênios, um grande espírito veio de uma região distante e implantou uma civilização maravilhosa. Como era uma criatura pacífica, ele saturou seu trabalho com sua paz e todos se tornaram pessoas amorosas. Não obstante, não seguiram suas recomendações; plantar duas árvores para cada árvore cortada. A ganância os venceu e assim devastaram o esplendoroso vale. Então, os arianos invadiram o lugar. A maioria desses homens são espíritos cruéis vindos daquele mundo distante de que lhe falei.

Vishnu fez uma pausa e depois prosseguiu:

– Precisamos entrosar os arianos com os meluhhans. Juntos, construirão uma nova sociedade. Porém os deuses planejam, mas os homens são livres para agir. Como os arianos se crêem seres superiores, a maioria de suas tribos conquistou os pacíficos dravídicos e os escravizou. Poucos arianos se misturaram com eles, criando uma nova sociedade. Agora, esses invasores arianos estão ficando mais fortes e, com o aumento de seu poder, seus reis estão ficando cada vez mais despóticos. Em alguns anos, destruirão completamente os meluhhans e nada daquela excelente sociedade sobreviverá. É onde preciso de você.

– Estou completamente à sua disposição, ishvara, mas não sei como agir. Sou um simples mortal e não tenho poder para mudar nada.

– Aumentarei seus poderes. Use seu poder para ser apreciado entre sua gente e para guiá-los a um novo lugar.

– Um novo lugar, meu senhor?

– Você se lembra da visão do seu animal totêmico?

– Como alguém pode esquecer tal instante de terror?

– O carneiro é um rei num manso rebanho de ovelhas, conduzindo-os com dignidade e bondade. Lembre-se de sua visão. Seu carneiro não se virou ao leste? Esse o sinal para levar seus seguidores; ao leste é onde acharão um vale para viver. Deseja ser esse carneiro?

– Sim, ishvara, mas não tenho seguidores.

– Ainda não, mas, se agir como um carneiro, logo terá muitos adeptos ansiosos por segui-lo.

Mesmo olhando para o rosto sorridente de Vishnu, Rama estava em dúvida. Seus irmãos nunca o seguiriam e a maioria das pessoas conhecidas nunca abandonaria suas terras para irem ao leste numa aventura de resultados incertos.

– Conheço suas dúvidas quanto ao seu poder, mas, se seguir minhas instruções, as pessoas o seguirão de bom grado. Mas para conseguir isso terá de se transformar em um guerreiro.

– Meu senhor está me pedindo para ser algo para o qual não tenho nenhuma aptidão. Não só tenho medo da guerra e de combates como também meu coração se aflige com tal possibilidade. Eu nunca me tornaria um poderoso guerreiro, pois não tenho apetite para batalhas e matanças.

– Quem lhe pediu para se tornar um assassino? Para se tornar um guerreiro a pessoa deve estar disposta à matança? Esse é o modo errado de ver uma característica maravilhosa da personalidade divina. Guerreiro, caro Rama, é o vencedor de obstáculos sem usar de força contra os homens, mas usando-a contra o ser interno. Quero vê-lo como um guerreiro da paz e não um líder assassino. Será um condutor de homens para uma vida nova.

– Muitos não me seguirão. Como agir com eles?

– Os deuses têm modos estranhos de tratar os obstinados.

Havia uma ameaça implícita nas palavras de Vishnu. Rama se sentou e, de repente, começou a chorar. A missão proposta era muito árdua. Ele não tinha os meios para ser um condutor de homens. Nunca se vira como um guerreiro: mal conseguia cavalgar e jamais tocara numa espada.

– Shiva lhe dará um machado – respondeu Vishnu, como se lesse seus pensamentos e respondesse às suas dúvidas. – Com esse machado, as pessoas o seguirão. Será reconhecido entre os dravídicos como um enviado de Shiva e, entre os arianos, será avataara, uma extensão de Vishnu.

Com mil perguntas em sua mente, ele estava a ponto de questionar algo, quando sentiu um puxão pelas costas e, tão rápido quanto um raio, acordou no corpo. Abriu os olhos e viu Hanatra segurando uma lamparina, enquanto o sacudia e o chamava pelo nome. Despertou por completo e respirou profundamente: Graças aos céus, foi apenas um sonho.

24

Enquanto o sítio de Haryupyah prosseguia, Surmani, com um pequeno grupo de cavaleiros, procurava pelos brighus. Ele seguiu o rastro do gado ao norte e, enquanto cavalgava, deparou-se com uma nova cidade. Era quase tão grande quanto Haryupyah, mas não tinha muralhas para protegê-la. Observou à distância e viu não só pessoas de cor negra, como também arianos brancos. Eles contemplaram maravilhados não só porque a cidade era grande, mas também devido a vários edifícios belíssimos com torres pontiagudas subindo aos céus.

– Vamos entrar, Surmani? – perguntou um dos seus companheiros. – Há pessoas brancas como nós vivendo lá. Poderíamos nos entrosar com eles e descobrir onde os brighus estão escondidos.

– A ideia é boa, mas teremos de ser extremamente cautelosos. Se os brighus estiverem nesta cidade e nos descobrirem, podemos nos ver em dificuldades – respondeu Surmani.

– Tenho uma ideia – disse Kuru, um dos jovens comandantes da tribo de Arjunayanas. – Posso ir sozinho, pois falo bem o tamil. Estarei de volta à noite.

– Não gosto da ideia – grunhiu Surmani –, mas parece ser o único modo de descobrir sem arriscar todo o grupo. Se não estiver de volta à noite, teremos de deixá-lo para trás.

– Não preocupe, Surmani. Voltarei sem problemas.

Chicoteando seu cavalo, ele galopou em direção a cidade e, ao se aproximar, passou a trotar para não despertar atenção. As primeiras casas eram ocupadas por pessoas pobres e ninguém parecia notar sua presença. Foi até o centro, onde ficavam situadas as melhores casas. Após passar por várias ruelas, entrou numa avenida mais larga onde viu algumas construções grandes. Perguntou em tamil a um transeunte onde era a feira e o dravídico lhe disse como chegar lá.

Ao chegar à feira, desmontou e amarrou o animal a uma cerca. Caminhou entre as barracas. Elas ofereciam todos os tipos de frutas, artigos de vestuário e outros produtos da região. Um homem branco estava vendendo carne de gado e decidiu falar com ele. Perguntou quanto era a carne e o homem respondeu em um idioma com palavras misturadas de tamil com sânscrito. Ele conseguiu entendê-lo. Depois de ter feito certa amizade, o homem perguntou qual era sua tribo e ele mentiu.

– Nunca ouvi falar de sua tribo. Qual é seu negócio aqui? Espertamente, Kuru lhe deu um tímido sorriso e respondeu:

– Meu coração me trouxe aqui. Eu me apaixonei por uma linda mulher. Ela pertence à tribo dos brighus e eu estou à procura dela.

– Brighus? Onde ouvi esse nome? – perguntou o homem a si próprio, como se estivesse procurando em sua memória.

– Qual é o nome desta cidade? Os brighus estão vivendo aqui?

– A cidade se chama Gandara e estamos vivendo aqui por várias décadas em paz com os negros.

– É mesmo? Em paz com os dasas?

– Nós não os chamamos de dasas. É desrespeitoso. Nós os chamamos gandaras, assim como os brancos também são gandaras. Muitos brancos se casaram com eles e temos crianças com ambos os sangues. Até mesmo nosso rei tem os dois sangues em suas veias. É um boa mistura; produz gente bonita.

Com esforço para esconder seu desgosto pelos dasas, sorriu Kuru de volta e concordou com a cabeça.

– Sim, suas mulheres são bonitas, não são?

– Todas as mulheres são bonitas quando são amadas – filosofou o vendedor.

– Grande verdade, e quem é o rei? – respondeu Kuru, tentando sair do terreno metafísico.

– Citraratha, o homem mais amado da cidade – respondeu o homem como se o rei fosse uma figura santa.

Ele não tinha mais nada a fazer numa cidade onde os brancos esqueceram de sua origem divina e se misturavam com os demônios negros. Despediu-se; estava partindo, quando o homem lhe falou.

– Ei, meu jovem, me lembrei algo sobre os brighus. Há muitos anos uma tribo acampou fora da cidade e ficaram aqui por alguns meses. Eles se chamavam brighus. Depois partiram para o oeste. Ouvi histórias sobre suas lutas contra uma tribo poderosa chamada – deixe-me ver se me lembro – haihai ou algo parecido, e então se enfurnaram na região da Cachemira.

– Ao norte? Na região de Cachemira? Isso é bem longe daqui, não é?

– Ya. Provavelmente por isso nunca os vemos por aqui.

Ele despediu-se novamente e partiu com sua preciosa informação. Ao se livrar das ruelas estreitas, galopou o cavalo para a floresta onde seus camaradas estavam escondidos.

De noite, ao redor da fogueira e comendo um pedaço de carne assada, fez seu relatório a Surmani. Estava exultante com sua pequena aventura. Não achara o local preciso dos brighus, mas agora pelo menos tinham uma direção para procurá-los em vez de correr por aí feito cegos.

– Vamos para Cachemira – ordenou Surmani. – Sem dúvida, os encontraremos.

25

Um meteoro saiu de sua rota e aproximou-se da Terra. Quando entrou na atmosfera, pegou fogo devido à fricção com a atmosfera e dividiu-se em dois. Uma grande porção dirigiu-se para a península da Arábia, onde um homem chamado Avraham a levaria para uma aldeia chamada Makkah (Meca), enquanto a outra parte caiu em chamas na região de Lahore.

Um ferreiro ariano de uma das tribos estabelecidas na região de Lahore chamado Dasaratha viu a bola de fogo descer e espatifar-se no chão. Ao cair, ergueu uma nuvem de poeira e fumaça, e o som da explosão foi ensurdecedor mesmo tendo caído a certa distância de sua aldeia. Ele imediatamente entendeu se tratar de um presente dos céus. Como caíra a umas duas ou três léguas de sua aldeia, decidiu ir até o local da queda e recuperar a pedra enviada pelos deuses. Seu filho suplicou para o pai levá-lo e o homem cedeu aos rogos da criança de cinco anos.

Depois de um passeio de pouco mais de uma hora com seu filho na carroça, chegou ao lugar. A pedra caíra em algum lugar ao redor e se levantou na carroça para ver onde estava o presente dos deuses. Depois de examinar a região, viu uma pequena coluna de fumaça saindo do meio de alguns arbustos. Como era um terreno irregular, resolveu ir a pé; a carroça não conseguiria passar por aquelas pedras e árvores. Deu ordens ao filho para ficar na carroça e foi cuidadosamente em direção à cratera.

Após passar por alguns arbustos e pedras revolvidas pela força do impacto, viu uma pedra pequena ainda fumegando, enterrada numa cratera de dois metros. Aproximou-se da pedra e, até mesmo ainda distante, sentiu seu calor. Devido ao fato de estar ainda rubra, ele não podia apanhar a pedra com a mão, assim voltou à carroça. Apanharia um balde, encheria de água do rio vizinho e voltaria à pedra. Iria esfriá-la com a água para levá-la de volta à aldeia.

Enquanto caminhava de volta à carroça, recordou as palavras do pai, um experiente ferreiro. Os deuses enviavam pedras do céu e se podia forjar armas extraordinárias com essas dádivas sagradas. Chamavam de ferro. Mesmo sendo a primeira vez a ver tal pedra, sabia exatamente como proceder. Ele a forjaria várias vezes e a misturaria com outros materiais, obtendo uma liga resistente. Tinha planejado forjar uma espada maravilhosa para ele, mas, após ter visto a pedra, teria de pensar melhor sobre isso: não havia bastante material naquela pedra para forjar uma grande espada.

Ao chegar à carroça, seu coração disparou: onde estava o filho? Ele deu uma olhada em volta para ver se o menino estava vadiando, mas não havia sinal dele. Lamentou ter se rendido aos pleitos do menino, mas amava demais seu único filho para contrariá-lo. Gritou o nome do menino e não obteve resposta. Onde aquele diabinho se metera?

Então olhou em direção ao rio e viu o menino brincando próxima à ribeira. Estava a pelo menos uns cento e cinquenta metros dele, e Dasaratha caminhou em sua direção. Mas, ao chegar mais próximo, seu coração enregelou-se: um enorme búfalo de água aparecera e estava abaixando sua cabeça em direção ao menino. O animal bateu o chão com suas patas e, em um movimento rápido, atacou a criança desatenta ao perigo iminente. De onde Dasaratha estava ele não conseguiria salvar o menino. Gritou a pleno pulmões para ver se o filho pudesse ver o búfalo e evitar o ataque. Então, como se o tempo tivesse parado, o menino viu o animal, mas ficou estático. O búfalo estava tão próximo, menos de quinze metros e vindo velozmente contra ele. Nada poderia salvar o menino de ser chifrado.

Com a mente tomada por um sentimento opressivo de terror, Dasaratha não sabia se corria em direção ao menino ou se ficava parado. Então, de repente, quando o animal estava quase atropelando o menino, um homem apareceu na frente do animal, levantou a destra e, subitamente, o búfalo pareceu colidir com uma parede e cair fulminado, instantaneamente morto no chão. Imediatamente depois de o animal tombar, o mesmo homem agarrou o menino e o levou para longe da cena. O menino começou a gritar histericamente e o estranho tentou acalmá-lo com palavras doces e carícias. Dasaratha correu até ambos e tirou o menino do homem.

– Ele é seu filho? – perguntou o estranho ao entregar a criança àquele homem tão desesperado.

– Sim – respondeu Dasaratha. – Obrigado por salvar sua vida. Como você conseguiu derrubar o animal? Por qual misteriosa força você o parou? Eu nunca vi nada parecido.

– Devagar, meu bom homem. Uma pergunta depois da outra, se me faz o favor.

– Eu devo a vida de meu filho a você. Eu sou Dasaratha e quem é você, meu nobre ishvara?

– Meu nome é Rama.

– Possa seu nome ser elevado aos céus. Mas diga-me como conseguiu parar aquele búfalo de imediato? Foi como se tivesse se chocado contra um muro de pedras.

– Não preocupe com isso. O mais importante é seu filho estar vivo. Mas diga-me como veio parar aqui?

Dasaratha gastou os minutos seguintes falando sobre a pedra caída dos céus e Rama se propôs a ajudá-lo a removê-la e colocá-la na carroça. Os homens foram até a carroça, apanharam um balde e voltaram ao rio para buscar a água. Rama estava fazendo todo o trabalho, pois Dasaratha estava segurando seu tesouro nos braços e o menino adormeceu depois do susto. Dasaratha lhe mostrou a pedra negra. Rama derramou água na pedra. Então, Rama a levantou. Não era muito pesada, quanto mais para Rama acostumado a carregar pedras. Levou-a até a carroça e o homem o convidou a ir a sua aldeia. Rama consentiu.

Montaram na carroça e partiram. Dasaratha ainda olhou para trás e viu o animal: parecia ter esmagado a cabeça e a coluna numa parede. Desabara numa posição estranha. Quem era o salvador do seu filho? Um homem ou um deus?

26

O cerco de Haryupyah não corria de modo tão tranquilo quanto Ujahini imaginara. Seus aliados o haviam abandonado. Enviara Surmani atrás dos brighus e não tivera mais notícias dele. Seu acampamento principal fora trazido próximo ao acampamento dos guerreiros. Os fatos terríveis relatados pelos parentes sobre o ataque dos brighus tinham quebrado a moral dos homens. O gado desembestado matara e ferira quase duas mil pessoas, mormente os velhos e crianças. Isso irritara os guerreiros. Se viam impotentes diante de dois fatos: Haryupyah era inexpugnável e os brighus desapareceram nas monções.

Alguns dias antes de mover seu acampamento para perto de Haryupyah, os pastores vieram relatar a Ujahini sobre os campos ao redor da cidade. Não eram bons para o gado pastar. Era terra agrícola e a colheita fora feita antes da chegada deles. Portanto, os campos estavam nus e não havia capim para o gado. Se continuassem onde estavam, o gado morreria e eles pereceriam junto com as vacas. Alguns pastores sugeriram ir mais ao sul, onde poderiam encontrar bons pastos, mas isso seria dividir o acampamento mais uma vez. Teria de enviar guerreiros para vigiar os rebanhos, o que debilitaria ainda mais sua posição em Haryupyah.

Ujahini decidiu não perder o gado e os moveu para o sul. Retirou os vigias da entrada do porto de Haryupyah e os enviou a cuidar dos rebanhos. Desse modo, os barcos puderam entrar e sair do porto de Haryupyah sem serem incomodados. Se o rei de Haryupyah quisesse, toda a população da cidade poderia fugir pelo rio, pois nenhum haihaya estava vigiando o lugar. Contudo, ninguém decidiu sair da cidade, pois não tinham para onde ir. Ainda era melhor ficar na fortalecida cidade a se embrenhar na selva sem qualquer proteção contra a cavalaria e as bigas de guerra dos arianos.

27

– Eu tenho um presente para você – disse Dasaratha a Rama.

Então lhe mostrou um machado. Tinha duas lâminas, cada uma apontando para um lado e, no meio, um cabo de madeira muito bem esculpido. O ferro fora tão bem trabalhado com várias filigranas de cor prateada lisa mais parecendo um espelho.

– Fiz isso da pedra recolhida daquela cratera.

Naquele momento, Rama ficou surpreso. Lembrou-se do sonho: "Shiva lhe dará um machado." Será este o machado mencionando por Vishnu?

– Você gosta?

A pergunta o tirou do devaneio e o trouxe à realidade. Como aceitar o machado? Ele não sabia como lutar. Quando alcançara a idade de ser treinado para ser guerreiro, fora conduzido a Bhradwaja para se tornar um purohita. Nunca aprendera a manejar espadas ou atirar flechas e montar a cavalo e carros de guerra. Não era um guerreiro e aquele machado bonito era próprio para um comandante. Mas ele não podia recusar tal presente. Assim, agarrou o machado e sentiu seu peso. Tinha um bom peso e excelente empunhadura.

– Absolutamente maravilhoso. Eu nunca vi nada tão precioso. É uma bela obra de arte. Nunca deveria ser usada para matar ou ferir alguém.

– Use-o para cortar fora a cabeça de seus inimigos – disse Dasaratha rindo.

Jamais pretendia fazer nada tão terrível, mas, ao invés disso, respondeu não saber manejá-lo.

– Terei o maior prazer em ensiná-lo – respondeu Dasaratha com um vasto sorriso. Com tal sinal de amizade, Rama jamais poderia recusar o presente. Teria de ficar mais algum tempo para aprender a usar o machado.

A maioria dos aldeãos ouvira Dasaratha falar do búfalo e do modo como parecia ter batido numa parede invisível. Ninguém acreditou. De alguma maneira, o animal pisara num buraco, caíra e quebrara o pescoço. De qualquer modo, Rama era bem-vindo: fora um gesto valente ter agarrado o menino logo antes de o búfalo atropelá-lo. A esposa de Dasaratha lhe deu os melhores pedaços de carne e o servia sempre com um sorriso. Ela tinha ficado furiosa com o marido por ter levado o menino, mas sua raiva se desfez quando viu o filho brincando com seus colegas.

Como Rama era ariano, a tribo o recebeu bem. Nos dias seguintes, Dasaratha mostrou-lhe o motivo de ser considerado pela tribo como um poderoso guerreiro. Não só era um homem muito forte, com a habilidade de se mover extremamente rápido, mas também era um excelente ferreiro. Manejava com maestria a espada e ensinou a Rama como usar o machado.

Como Rama não era um bom cavaleiro, Dasaratha lhe ensinou a selar, montar e se fundir ao animal de forma a tornar-se uno com o animal. No princípio, Rama não estava muito interessado em ser um guerreiro, mas se lembrou do sonho quando Vishnu lhe afirmara ser necessário se tornar um guerreiro. Deveria haver um propósito mais elevado em tudo aquilo. Depois dessas considerações, dedicou-se ao treinamento com um ímpeto redobrado.

Como Rama tinha se tornado um homem robusto, Dasaratha não teve problema em treiná-lo e, em algumas semanas, viu seu empenho recompensado. Mas para ser um guerreiro ariano não é preciso apenas dominar as técnicas guerreiras, mas ter sede de sangue, e Rama não tinha tal sede.

Uma noite, depois de quase dois meses de treinamento duro, enquanto estavam comendo ao redor da fogueira, Dasaratha perguntou a Rama pela sua vida e, pela primeira vez, falou dos brighus.

– Brighus? Os haihayas tiveram um sério problema com eles.

– Bem, quando deixei minha casa os haihayas tinham roubado nosso gado e meus irmãos estavam a ponto de buscar uma compensação. Eu não sei de mais nada. Por isso quero voltar logo à minha aldeia.

– Então você está indo na direção errada. Eles não estão mais no sul. Foram para o norte.

– É mesmo? Então algo muito sério deve ter acontecido para a tribo abandonar pastos tão bons.

– Não conheço toda a história. Ouvi falar de um ataque aos haihayas, mataram muitos deles e depois fugiram para se esconder na Cachemira.

– Então partirei amanhã para achar minha família – disse um preocupado Rama.

– Você é livre para partir, meu amigo. Eu o treinei bem para usar o machado. Não o vejo usando-o para ferir alguém, pois concordo com você: matança é horrível.

– Você já matou alguém? – perguntou Rama.

– Sim, infelizmente, a vida de um guerreiro às vezes o leva aos campos de batalha e o ponto principal é não ser morto, mesmo significando matar alguém.

Concordou com o amigo.

Naquele momento, o purohita da tribo se sentou perto deles. Aquele homem magrelo encurvado, com um sorriso esperto esculpido na face, tinha feito perguntas a respeito dele. Dasaratha o detestava e sempre respondia monosilabicamente, mas com cortesia: não era prudente ter um purohita como inimigo.

– Diga-me, meu jovem, tenho desejado saber mais a seu respeito. Você já esteve alguma vez com os dasas?

– Não gosto de chamá-los de dasas. Se você quer saber se estive com os meluhhans, terei de concordar. Sim, vivi entre eles durante os últimos quatro anos.

– É onde aprendeu magia negra?

– Essas pessoas não têm nada a ver com demônios e maus presságios. Eles têm outros costumes e deuses diferentes, mas isso não os faz serem criaturas diabólicas.

– Devem ter lançado um feitiço sobre você. Seus olhos não conseguem enxergar a verdade. Está sob um encantamento, disso não tenho dúvidas.

– Você está provavelmente certo – respondeu Rama com um sorriso. – Sim, devo estar sob algum encantamento. Deve ser esse o motivo pelo qual posso curar pessoas, ajudá-las nas horas de sofrimento e aconselhá-las com palavras amorosas. Provavelmente em sua opinião, você os esmagaria só porque a cor da pele não é como a nossa.

– Há modos de conversar com você. Está definitivamente sob o domínio deles. É por isso que digo sempre a todos de minha tribo: nunca se entrosem com os dasas. Eles só servem para ser escravos. Deveriam ser todos...

Ele estava a ponto de proferir a palavra exterminados quando olhou para Rama. Viu seu rosto mudar de risonho para severo. Havia um brilho avermelhado em sua fronte. Seu coração disparou e sua mente ficou confusa.

– Diga – ordenou Rama –, termine sua frase.

O purohita começou a tossir e abriu a boca à procura de ar, mas, embora tentasse, não conseguia falar. As pessoas presentes, a maioria guerreiros e amigos de Dasaratha, olhavam com apreensão crescente a cena. O purohita parecia estar sob o domínio de Rama.

– Está bem. Fique tranquilo e fale livremente – ordenou Rama, sem qualquer sinal exterior de dominação.

O purohita parou de tossir e, ao readquirir o controle, levantou-se e partiu apressado. Os outros homens estavam intrigados com Rama: qual o poder desse homem para dominar o purohita? Para os guerreiros era uma satisfação; odiavam sacerdotes e purohitas igualmente. Não obstante, discordaram de Rama quanto a sua opinião sobre os negros. Eram seres inferiores. Só serviam para ser escravos. Julgaram Rama como jovem tolo. Alguém corajoso, de bom coração, mas ainda imaturo.

28

A inundação estava quase para chegar e Ujahini movimentou seu acampamento algumas léguas longe de Haryupyah. Quando a inundação viesse, as águas fariam seu trabalho de sitiar Haryupyah. Alguns dias antes da mudança, Surmani voltou com seu grupo. Parecia cansado e sua procura fora infrutífera: não achara os brighus. Não obstante, mesmo tendo de se retirar devido à inundação iminente, tinha razões para crer estar na direção certa: tinham encontrado uma vaca perdida com a marca dos haihayas. Então, o rebanho roubado não podia estar longe de onde acharam a vaca. Estava decidido a retornar àquele lugar e, com um número maior de guerreiros, saquear a região e achar os brighus. Só precisava convencer seu irmão a lhe ceder, pelo menos, quinhentos bons cavaleiros para esquadrinhar o lugar.

– Nós achamos uma cidade grande sem nenhuma proteção – relatou Surmani. – Em vez de ficar aqui, deveríamos nos mover ao leste e tomar Gandara. É quase tão grande quanto Haryupyah e não tem muralhas. Seria tão fácil quanto roubar uma vaca de um bêbedo.

O conselho de guerra discutiu o assunto e alguns estavam dispostos a seguir o plano de Surmani. Não obstante, a inundação impediria qualquer movimento por enquanto, assim Ujahini não parecia tão ansioso numa nova aventura.

– Nós já gastamos tempo e esforço consideráveis para tomar Haryupyah. Nos meses seguintes, eles deverão capitular. A provisão de comida deles deve estar no fim.

– Concordo – disse Surmani –, mas se eles resistirem por muito mais tempo, nossa provisão de comida também acabará. Em Gandara, podemos ser mais afortunados.

– Não sabemos nada sobre as forças de Gandara. Pelo seu relato, há arianos na cidade e podem ser fortes oponentes. Outro inconveniente é ter de mover nosso acampamento novamente. Já temos várias pessoas feridas e nosso gado está esquelético. Nesse período, os bons pastos estarão inundados e o gado se alimentará mal. Se nós os movermos logo após a inundação, perderemos muitas cabeças.

O conselho concordou com Ujahini: as pessoas estavam cansadas de tanto mudança.

– De qualquer maneira, nós não podemos descansar enquanto não acharmos os brighus e eliminarmos a ameaça deles de uma vez por todas – prossegui Ujahini. – Até mesmo se decidirmos tomar Gandara, continuaremos tendo a ameaça dos brighus pairando sobre nós.

– Deveríamos voltar ao norte onde achamos aquela vaca e varrermos a região. Vimos várias tribos arianas estabelecidas naquele lugar e eles provavelmente sabem onde estão os brighus. Alguém simplesmente não desaparece no ar; eles devem estar escondidos em algum lugar e forçosamente têm de negociar com outras tribos arianas. Se formos afortunados, podemos achá-los e matá-los.

– É um bom plano – respondeu Ujahini. – Destruamos os brighus e depois poderemos pensar em Haryupyah ou até mesmo em Gandara. Se Haryupyah cair em nossas mãos, ótimo, mas se as muralhas forem intransponíveis, podemos conquistar Gandara.

– Com uns bons cinco mil cavaleiros, poderei achar e esmagar os brighus – afirmou Surmani.

– Cinco mil homens! É impossível. Reduziríamos muito nossas forças ao redor de Haryupyah e, se eles decidirem nos enfrentar em campo aberto, poderão nos vencer.

– Mas se eu levar menos de mil homens, não poderei achar e destruir os brighus.

– Cinco mil está fora de cogitação. Posso lhe dar quinhentos guerreiros, no máximo – respondeu Ujahini.

Surmani concordou com o irmão. Seria uma luta árdua enfrentar os brighus com apenas quinhentos homens. Entretanto, se planejasse bem o ataque e os surpreendesse, tal número seria suficiente.

– De qualquer maneira, deveríamos fazer algo sobre Gandara – disse Surmani, voltando ao assunto. – Quando olho as muralhas de Haryupyah e me lembro de Gandara, tomá-la seria um passeio.

– Certo. Enviemos um dos nossos para Gandara e descubramos suas forças e fraquezas. Não estou disposto a movimentar nosso acampamento para enfrentar um exército superior ao nosso e ter de bater em retirada.

– Enviemos Kuru. Ele esteve na cidade e ninguém se incomodou com ele.

– Envie-o, mas não lhe conte nada sobre nossos planos de conquistar a cidade. Ele deve descobrir a disposição das tropas e ficar perto do mercado para ver se os brighus aparecem por lá – disse Ujahini e, aparentando dúvida, perguntou: – Ele é mesmo o homem talhado para esse trabalho?

– Não há ninguém mais astuto e esperto. Kuru fala vários dialetos, é sagaz e bastante traiçoeiro para se misturar aos demais sem levantar suspeitas.

– Mande-o, então – decidiu Ujahini. – E, quando a inundação for embora, leve os melhores quinhentos cavaleiros, encontre e mate os brighus.

29

Achar os brighus era uma questão de pura sorte, mas, como Rama logo descobriria, ele era um protegido dos deuses e sorte não tinha nada a ver com isso: tropeçou na sua tribo como se estivesse sendo conduzido por mãos invisíveis.

Dois dias depois de deixar a tribo de Dasaratha, enquanto rumava ao norte, encontrou seus pastores apascentando um grande rebanho perto de um rio. Ele os reconheceu e, com o coração cheio de alegria, correu ao seu encontro. Os pastores levaram algum tempo para reconhecê-lo e se postaram em guarda. Eles se assustaram ao ver um jovem forte correndo em sua direção, acenando com uma das mãos e brandindo um machado no outra. Ao chegar próximo e dizer quem era, os homens o cumprimentaram friamente. Ele perguntou onde estava o resto da tribo. Eles apontaram a direção e Rama partiu.

Assim como os pastores o receberam friamente, provavelmente sua família lhe daria as boas-vindas de um modo glacial. Deixara a tribo há quase cinco anos e não esperava qualquer outra recepção a não ser desprezo. Um homem é reconhecido pelas suas ações e ele não fizera muito enquanto estivera com sua tribo. Tinha de conquistar a confiança e a estima deles.

Quando os guardas o avistaram, ele foi imediatamente rodeado e feito prisioneiro. Ao dizer quem era, os guardas o olharam suspeitosamente e lhe fizeram várias perguntas. Após respondê-las, pareceram satisfeitos. Não obstante, dois deles o levaram a Vasuman.

– Então voltou – expressou-se Vasuman de um modo invernal. – Não imaginei vê-lo vivo.

Rama apenas sorriu.

– Vá ver a mãe. Provavelmente ficará feliz em vê-lo.

– E como está nosso pai?

– Se tivesse ficado conosco, saberia. Ele foi assassinado pelos malditos haihayas.

Quando Vasuman lhe contou sobre como Jamadagni fora morto, ele deixou cair o machado e olhou para o irmão em completa descrença.

– Sim, é isso mesmo. Os haihayas vieram rastejando e decapitaram-no.

– Por Vishnu! Como algo tão terrível pôde acontecer a alguém tão santo como nosso pai?

– Porque ele não era santo para os haihayas. Mas não se preocupe; nós já nos vingamos, em parte. Atacamos o acampamento deles enquanto tentavam tomar Haryupyah.

– Eles estão sitiando Haryupyah?

– Você é surdo? Tenho de repetir tudo duas vezes? E qual é a importância em Haryupyah para você ficar assim tão preocupado?

– Nada de especial. Conheço gente lá.

– Você se tornou um amante dos dasas, agora? Conhece gente de uma cidade dasa? De qualquer maneira, já deve estar morto. Os haihayas vão matar todos de fome.

Não estava com humor para continuar conversando com seu irmão. Queria ver sua mãe. Despediu-se. Apanhou seu machado e partiu.

Levou um tempo para achar a tenda de Renuka. Quando perguntava pela mãe, as pessoas desdenhosamente apontavam para uma direção e, ao chegar lá, ela não vivia mais com aquela pessoa. Finalmente, depois de três tentativas, encontrou a mãe. Ela estava cozinhando do lado de fora de uma tenda. Vestida em andrajos, parecia envelhecida e cansada, e ele se apressou até ela.

Ele a chamou e, quando virou-se, ele abriu os braços e abraçou-a. Mas ela não o abraçou de volta ou sequer chorou. Apenas perguntou onde estivera. Não disse ter estado com os rishis na montanha sagrada de Kailash: provavelmente ela o repreenderia. Respondeu ter estado aqui e acolá.

– Então você prefere viver com estranhos a conviver com sua família?

– Mãe, comparando com a recepção dos meus familiares, os estranhos foram mais amáveis comigo.

– É porque não o conhecem como nós.

Qual a razão de ela estar sendo tão severa com ele? Qual o motivo de estar vestida em andrajos? Afinal de contas, era a rainha da tribo. Ele lhe perguntou a razão de não estar vivendo com dignidade em sua própria tenda.

– Eu não tenho mais tenda. Após a morte de Jamadagni, perdi meus direitos. Estou vivendo com minha filha e a ajudo com as crianças.

– Deve haver algo muito errado com essa tribo se eles não protegem mais os anciões. Falarei com Vasuman e nós ajeitaremos essa situação.

– Não se aborreça. Estou bem.

– Está bem? Por Anahita, você está em trapos. Qualquer um pode ver suas costelas e seus cabelos loiros ficaram cinza. Como não está em alta conta, sendo a esposa de Jamadagni, o mui santo?

– Essa é uma longa história. Um dia lhe contarei.

– Conte-me agora.

– Um dia, talvez, mas não agora – e, buscando esconder as lágrimas, virou-se e entrou na tenda da filha.

Rama decidiu não segui-la e retornou onde estava Vasuman. Ele nunca se sentira tão furioso em toda a sua vida. Como podiam tratar a mãe deles de um modo tão vil?

Ao retornar, viu Vasuman conversando com dois outros irmãos e dois primos. Pela expressão séria, ele devia estar lhes reportado seu retorno. Cumprimentou friamente seus outros parentes e a resposta também foi glacial, mas, naquele momento, não se importava com a resposta deles, pois o assunto da mãe o polarizava.

– Poderia me explicar a razão de nossa mãe estar sendo tratada como se fosse o rebotalho da tribo?

– Então já esteve com ela? Ela deu as boas-vindas ao seu queridinho. Ela o recebeu com beijos e guloseimas?

– Sua ironia é intolerável em face da situação. Ela está pele e osso, e onde estão seus filhos para assisti-la?

– E onde você estava para cuidar dela? – respondeu um dos irmãos.

– Contava com meus outros irmãos para dar apoio ao nosso pai e mãe, mas vocês não puderam proteger nosso pai, mas, em vez disso, jogaram toda a amargura de seus fracassos contra nossa mãe.

Tal resposta fez os homens sacarem das espadas e gritar de volta a ele. Dois deles se adiantaram com a espada no alto. Rama levantou seu machado na posição de defesa. Ele girou a arma sobre sua cabeça e gritou:

– Para trás.

Então algo extraordinário aconteceu: ao girar o machado sobre sua cabeça, os homens foram lançados para trás com extrema violência. Vasuman voou para trás por uns três metros, caiu de costas e não conseguiu se levantar. Os outros sentiram como se um garanhão tivesse lhes dado um coice no peito e dois caíram sem fôlego. Um outro também voou para trás e caiu inconsciente, enquanto sua espada era arremessada a mais de seis metros e caía rachada ao meio.

Nem mesmo Rama sabia de tal poder. Nunca fizera isso antes. A única violência praticada fora quando vira o búfalo atacar o filho de Dasaratha. Naquele momento, correu para frente do animal e, tomado de desespero, imaginou um muro obstruindo o caminho da besta. Foi uma surpresa ter visto o búfalo cair morto. Lembrou-se do sonho quando Vishnu afirmou aumentar seus poderes. Mas depois de ver o efeito de tal proeza, preocupou-se com sua nova força: deveria ser mais cauteloso com seus desejos.

– Como conseguiu fazer isso? – perguntou Vasuman, enquanto reunia forças para se levantar.

Em vez de responder, Rama largou o machado e ajudou Vasuman a se levantar. Então viu um dos irmãos caído. Deixou Vasuman de pé e se apressou a ajudá-lo. Para seu alívio, não estava morto, mas levou certo tempo para recuperar a consciência.

– Onde aprendeu tal magia? – insistiu Vasuman. – Com alguém como você, podemos derrotar os haihayas facilmente.

– Não é minha intenção usar esse poder contra ninguém.

– Sim, claro, só contra os irmãos – respondeu um deles sarcasticamente, enquanto tentava recuperar o fôlego.

– Imploro seu perdão. Nunca pretendi feri-los. Estava furioso. Nossa mãe deveria ser protegida e nunca abandonada pelos próprios filhos.

Mais tranquilo e com visível medo de Rama, Vasuman meneou a cabeça de um lado para o outro como se estivesse procurando as palavras certas. E depois de um momento de hesitação, respondeu:

– Você deveria pressionar nossa mãe para lhe contar a verdade sobre seu nascimento e o motivo de a tribo reagir dessa forma.

30

Num lugar onde a vida era ditada pela inundação do rio Hindu, Surmani teve de esperar, mas, quando as águas baixaram, ele partiu com seus quinhentos guerreiros, mesmo com a planície ainda barrenta em que montar era uma tarefa quase impossível. Cruzou o rio Ravi e perdeu dois cavalos. Seus cavaleiros foram levados pela furiosa corrente, mas nada o deteria.

Foram para o norte, empurrando os cavalos ao máximo. No terceiro dia, encontraram um clã ariano acampado perto de uma fonte. Surmani entrou e procurou pelo chefe da tribo. Perguntou se sabiam dos brighus e, quando o homem respondeu jamais ouvir falar de tal tribo, Surmani ficou furioso. Deu ordens para levar todo o gado e matar o velho comandante. Os homens obedeceram e o acampamento foi atacado. Não mataram as pessoas, mas o chefe e um dos seus filhos foram trucidados. O gado foi levado enquanto os homens e as mulheres fugiam ao bosque vizinho. Surmani partiu e dirigiu-se mais ao norte.

No próximo dia, encontraram a tribo de Dasaratha e, mais uma vez, a ira de Surmani se manifestou. Dessa vez, era uma tribo maior e eles lutaram. Dasaratha e os guerreiros conseguiram defender a tribo enquanto recuavam. Cruzaram um rio pondo uma distância segura entre eles e os haihayas. No meio da batalha, os haihayas mataram a esposa de Dasaratha e seu filho. Ayodhya, o velho chefe e pai de Dasaratha também foi morto. O gado foi levado e Surmani ateou fogo às tendas. Torturou alguns prisioneiros, mas não conseguiu nenhuma informação sobre os brighus. Então deu ordens para decepar as cabeças deles.

No dia seguinte, chegaram a uma encruzilhada. Uma trilha apontava para o nordeste e a outra para o oeste. Surmani parou e como não queria dividir sua força em uma região desconhecida, tomou a decisão de ir nordeste. Deu as ordens e adentrou na trilha mais larga. Uma tribo grande como a dos brighus deixaria um rastro maior e fundou sua decisão em tal suposição.

Cavalgaram durante dois dias e se depararam com um acampamento grande. Só podia ser os brighus, pensou Surmani. Enviou vários homens a pé para matar os guardas e fazer um reconhecimento do terreno. Os homens deixaram o grupo principal, desmontaram e subiram silenciosamente a trilha. Não acharam nenhum guarda e de onde estavam viram um grande ajuntamento, provavelmente com três mil pessoas. Retornaram e fizeram seu relatório a Surmani.

– Não podem ser os brighus – disse um dos homens. – Não havia nenhum guarda. Os brighus não acampariam sem uma forte guarda a protegê-los.

– Você conhece os brighus, por acaso? Você já os viu antes? – perguntou um mui irritado Surmani.

– Não, meu senhor – respondeu o homem amedrontado pelo súbito ataque de raiva de Surmani. – Provavelmente devem ser os brighus. Eles devem ter ficado descuidados.

– Nós atacaremos o acampamento ao alvorecer. Hoje à noite descansaremos, mas ninguém acenderá fogueiras. Não quero adverti-los de nossa presença.

Sem fogueira, não tinham como cozinhar e isso queria dizer dormir com fome, mas quem ousaria desafiar Surmani quando decidia algo?

Ao amanhecer, os haihayas se movimentaram na névoa matutina. Ao alcançarem o topo da suave colina, eles cavalgaram contra o acampamento. Os cachorros foram os primeiros a dar o alarme. Latiram, mas aquela tribo ariana não esperava um ataque. Tinham se tornado descuidados. Quando os cavaleiros entraram no acampamento e mataram os primeiros, eles levaram algum tempo para reagir. Ao conseguir juntar os guerreiros na área central do acampamento e oferecer resistência, os haihayas tiveram de enfrentar pouco mais de setecentos homens com lanças, espadas e arcos e flechas. E os haihayas foram afastados pelas flechas. No ataque, Surmani perdera vinte homens.

Ajuntou sua tropa nos arredores do acampamento e mandou tirar os arcos e flechas. Desmontaram e entraram novamente no acampamento, mas dessa vez, iam lutar com arcos e flechas. Como o grupo principal do acampamento tinha se juntado no meio do acampamento para proteger as mulheres e as crianças, os haihayas começaram a disparar flechas contra eles. Eles replicaram com suas flechas e tal batalha feroz a certa distância levou os haihayas a uma melhor posição. Como a tribo ariana tinha se reunido, qualquer flecha enviada caía em alguém. Já os haihayas estavam espalhados, abrigados atrás de tendas, e as flechas dos oponentes não os atingiam com a mesma precisão das suas.

O chefe da tribo ariana juntou seus homens e deu ordens para bater em retirada para um rio perto a fim de proteger as mulheres e crianças. Tal movimento foi executado e poupou muitos deles de serem atingidos pelas flechas dos haihayas. Mas, por outro lado, abandonaram o acampamento. Surmani prendera uma mulher. Ela disse ser panchala e não brighus. Surmani deu ordens para atear fogo às tendas, levar o gado e partir.

Depois da batalha, Surmani perdera quase cinquenta homens e decidiu ser mais cuidadoso: não podia perder seus guerreiros antes de encontrar os brighus. Tinha ido muito ao norte e decidiu voltar para a encruzilhada e, dessa vez, ir ao ocidente. Os brighus deviam estar escondidos por lá.

31

– Mãe, você tem algo importante a me revelar? Vasuman não quis me dizer – disse Rama à sua mãe.

– Seu irmão deveria ter mantido a boca fechada.

– Então você confirma: você esconde um segredo. Qual o motivo de a tribo desprezá-la?

A mulher olhou orgulhosamente para o filho. Ele tocara numa ferida aberta, mas o lugar não era próprio para conversarem. Rama a tomou pelo braço e a conduziu gentilmente para fora do acampamento. Eles se sentaram com os pés na água fresca do riacho e, então, com um sorriso, Rama a convidou a abrir o coração.

– Fale comigo. Eu a apoiarei em qualquer circunstância.

– Você diz isso sem saber de nada. Eu traí seu pai e dei à luz a um bastardo. Mesmo assim você entenderia?

– Entenderei tudo: você é minha mãe.

– Assim seja. Prepare seu coração.

Então ela começou desde o princípio. Falou sobre seu casamento com o homem mui santo. O pai de Jamadagni queria uma aliança com o pai de Renuka e o matrimônio aconteceu. Desde o início, para ele, sexo era um dever. Se não fosse a insistência dela, ele quase não conseguia realizá-lo.

– Parecia algo sujo e vil, e ele era tão rápido quanto um coelho.

Então vieram os filhos. Quando nasceu o último rebento, Jamadagni não a tocou mais. Tivera todos os filhos desejados e, daquele momento em diante, dedicaria sua vida à santidade. Como ainda era jovem, pensou em procurar camas mais viris, mas não podia trair Jamadagni: nenhum outro homem da tribo ousaria fazer amor com ela.

Um dia, a tribo chegou a uma cidade grande. Foram bem recebidos pelo rei, mas os brighus tomaram-se de asco pelos seus costumes: arianos vivendo junto com dasas em perfeita e pacífica coabitação. Não obstante, embora Jamadagni ficasse horrorizado com tais hábitos, decidiu ficar lá durante alguns meses devido à inundação e fraqueza extrema do gado.

O rei daquele lugar era um homem encantador. Ele os convidou várias vezes ao palácio, mas Jamadagni só foi lá uma vez e depois recusou novos convites. Mas, um dia, ela decidiu ir só e pagar uma visita àquele homem bonito. O inevitável aconteceu, foram para cama e, pela primeira vez na sua vida, ela descobriu o amor. Não só o amor físico, uma sensação maravilhosa nunca antes sentida, mas também o sentimento, o invasor da alma. Esqueceram todas as convenções humanas, todo medo e precaução. Durante dois meses maravilhosos, ela se encontrou um pouco em todos os lugares com o rei: na floresta, no rio, no palácio e nos arredores do acampamento. Mas felicidade não lhe era destinada; ficou grávida.

– Grávida? Meu Deus! Como poderia esconder tal fato de Jamadagni? – perguntou Rama, horrorizado com o resultado do caso de amor da mãe.

– Eu não pude. Como poderia esconder uma barriga enorme e uma criança recém-nascida? Tive de lhe contar, você entende.

Renuka contou a Jamadagni sobre o caso de amor com o rei. Seria repudiada ou algo pior, mas ele não disse nada; apenas grunhiu e deu-lhe as costas. No outro dia, Jamadagni deu ordens de partir e a levou com ele. Nunca poderia revelar o fato de o bebê não ser dele ou ele levaria a criança para longe dela. Mas tudo teria ficado bem se ele não tivesse revelado tal fato a Bhradwaja, o purohita.

– Tal segredo era um prato maravilhoso para alguém fofoqueiro como Bhradwaja. Em algumas semanas, até mesmo antes de o bebê nascer, todos sabiam da minha gravidez com outro homem.

– Esse é o motivo de ser tratada de forma tão desprezível?

– Enquanto Jamadagni estava vivo ninguém ousava mencionar nada, mas quando morreu me tornei o desprezo da tribo.

– E o bebê? Sobreviveu?

– Claro, o bastardo é você.

Ele poderia ter ficado surpreso pela revelação, mas, no fundo da alma, já esperava algo assim. Entendia agora o motivo de Jamadagni o tratar de modo distante e a repulsa de seus irmãos. Tudo ficara cristalinamente claro.

– E quem é meu pai?

– Você é o filho do rei Citraratha, de Gandara.

32

Já no dia seguinte, após ter digerido a informação de Renuka sobre seu nascimento, Rama solicitou uma reunião com os irmãos. Todavia, na véspera, foi se encontrar com Bhradwaja e o purohita lhe relatou os eventos. Informou como Vasuman atacara o acampamento principal dos haihayas, como Jamadagni fora assassinado, o motivo de terem saído de seus verdes pastos para aquele pedaço de terra seca e como Vasuman vingara a morte do pai com um estouro de gado no acampamento dos haihayas. Rama perguntou por Mila e o purohita não respondeu, mas pela sua expressão de desdém, algo não ia bem com ela.

– Eu me preocupo com minha tribo – disse Rama. – Eles não podem continuar vivendo assim: sempre se escondendo o tempo todo.

– Eles não estão se escondendo – respondeu Bhradwaja. – Lancei um feitiço neste lugar. Ele é invisível aos nossos inimigos.

Nunca ouvira falar de tal magia. E como Rama demonstrou estar confuso, Bhradwaja sorriu, mostrando sua superioridade.

– Sim, meu querido, é uma magia muito poderosa. Torna este lugar um esconderijo perfeito. Estamos aqui há vários anos e ninguém nos aborreceu.

– Usou de magia negra, não é mesmo?

– Negra ou branca, qual a diferença? – expressou-se Bhradwaja. – O importante é a tribo estar protegida contra inimigos.

– E você tem alimentado os gandharvas com sangue humano, não é mesmo?

– Se chama os dasas de humanos. Em minha opinião, eles estão pouco acima dos animais.

– Nós, pessoas brancas, temos um imenso preconceito contra essa raça. Como construtores de cidades enormes, desenvolvedores de uma arte chamada escrita da qual desconhecemos e, ainda por cima, com a habilidade de criar uma arte tão bela, pode ser chamado de animais. É óbvio...

– Eu tenho uma teoria – atalhou Bhradwaja. – Todos esses lugares foram construídos por uma raça de deuses antes dos dasas assumirem suas cidades.

Estava perdendo tempo, pensou Rama. Bhradwaja tinha grande influência sobre a tribo. Qualquer ideia diferente de suas palavras seria perda de tempo. Gastou mais alguns minutos escutando o purohita falar tolices e depois partiu. Talvez tivesse mais sucesso com seus irmãos.

Na primeira reunião com eles, Rama foi recebido com desconfiança e temor por Vasuman e seus irmãos. Comentou sobre a revelação de sua mãe. Mesmo não sendo filho de Jamadagni, ele via naquele homem santo seu legítimo pai, pois fora criado por ele desde o nascimento. Estava verdadeiramente mortificado com a morte dele. Vasuman e seus demais irmãos podiam ser seus meio-irmãos, mas, no seu coração, considerava-os como irmãos plenos.

– Para onde essa conversa está nos conduzindo? – perguntou Vasuman num tom rude.

– Para o ponto principal desta reunião: nós temos de deixar este lugar. Temos de nos juntar às outras tribos arianas e deixar este vale. Há um vale maravilhoso ao leste. Se ficarmos aqui, um dia teremos de enfrentar os haihayas e poderemos ser aniqilados.

– Eu não tenho medo de enfrentar os haihayas. Eu não sou nenhum covarde para correr ao primeiro sinal de problema.

– Ninguém o está chamando de covarde, Vasuman. É só uma questão de sobrevivência. Esta terra é seca e nosso gado não cresce forte. Se pudermos achar terras mais propícias ao leste, qual a razão de ficarmos aqui?

– Você já esteve lá? – perguntou um dos irmãos.

– Não. Este é o ponto principal. Se você concordar, poderia conduzir um pequeno grupo de reconhecimento ao leste e descobrir tudo a respeito do vale chamado Ganga. Tenho sólidas informações sobre o lugar e há espaço suficiente para nós.

– Eu não posso dispor de ninguém numa aventura – respondeu Vasuman.

– Pense bem, meu irmão. Dê-me dois ou três homens e alguns cavalos, e, em menos de dois meses, estarei de volta.

– Não tenho o menor interesse em deixar este lugar – respondeu Vasuman com indiferença.

– Qual a razão de se apegar a este vale? É por demais seco e a inundação é muito violenta. O vale do Ganga tem um rio enorme, a inundação é menos violenta e há bastante terra para todos nós.

– Quem lhe deu essas informações? Dasas?

– Eu não gosto de chamá-los de dasas, mas sim, foram eles – mentiu; jamais poderia revelar sobre Vishnu e o sonho. Seus irmãos ririam dele. Ao falar dos dasas, Rama viu o desdém flamejar no rosto dos irmãos, mas não se importou.

– Teremos de conviver com essas criaturas viciosas? – proferiu um dos irmãos de Rama.

– É inevitável, meu caro. Eles estão em todos os lugares: no Hindu, no Punjab e no planalto de Decão. É melhor juntar forças com eles a perecer pela espada dos haihayas.

– Juntar forças com os dasas? – interrompeu Vasuman. – Você deve estar louco. Nós somos brighus e brighus não misturam seu sangue sagrado com raças pervertidas.

– Esse não é o caso de Rama – complementou um dos irmãos com uma expressão irônica. – É um mestiço. Afinal de contas, o pai dele era um dasa ou um mestiço, tanto faz.

Renuka não lhe tinha contado esse detalhe, mas nada o surpreendia mais.

– Não chegaremos a canto nenhum com esse tipo de discussão – respondeu Rama. – Você vai me ceder um par de cavaleiros para investigar a região de Ganga?

Por um momento, Vasuman ficou mudo e, então, lhe respondeu:

– Deixe-me pensar sobre o assunto por uns dias e lhe darei uma resposta.

Rama concordou com a cabeça. Deixou os irmãos discutindo o assunto.

– Não é um plano ruim – disse Vasuman ao ver Rama se afastar. – Precisamos de bons pastos para nosso gado e esta terra não é nada boa.

– Podemos confiar em Rama? Ele sempre foi um vadio. Não conhece nada a respeito de pastos e gado – disse um dos irmãos.

– Podemos enviar Parvan – disse Vasuman. – Ele é um bom guerreiro e entende de gado.

– E assim nos livramos de dois aborrecimentos: Rama e Parvan – respondeu o terceiro irmão.

– Esta é a ideia – concordou Vasuman. – Poderíamos também nos livrar do maior aborrecimento de todos.

– Renuka?

Todos concordaram; era um plano excelente.

Na manhã seguinte, Parvan foi chamado por Vasuman e recebeu a incumbência. Podia recusar, mas não o fez. Alguns minutos depois Rama foi chamado.

– Já decidimos. Você irá com Parvan e estará sob a orientação dele, pois ele conhece melhor o assunto de gado e pastos. Entretanto terá de levar Renuka. Ela cozinhará e cuidará de ambos.

– Nossa mãe irá a cavalo conosco?

– Não, você irá numa carroça puxada por um par de bois. Parvan será o único a ir montado.

– Nossa mãe já sabe disso?

– Os homens mandam e as mulheres obedecem. Ela irá e isso é tudo. Concordou com a cabeça e decidiu não discutir com ele.

Ao deixar a reunião, virou-se para Parvan e lhe perguntou por Mila.

– Sua esposa ficará satisfeita com sua ausência?

– Satisfeita? Aquela víbora em forma de mulher ficará radiante.

– Não tenho nada a ver com seus assuntos, mas qual a razão de estar tão enfurecido com ela?

– Um dia eu lhe conto – respondeu Parvan e, depois de breve pausa, arrematou: – Partamos agora mesmo. Quanto tempo leva para empacotar seus pertences e pegar sua mãe?

– Dê-me uma hora e nos encontremos aqui.

O titânico Parvan consentiu.

Em uma hora, Rama estava sobre uma carroça com Renuka. Nenhum dos filhos veio se despedir. Ela tinha lágrimas nos olhos. Em sua opinião fora uma boa mãe; sempre cuidara bem das crianças. Não merecia tal tratamento desdenhoso. Afinal de contas, ela não os traiu com o rei de Gandara e se havia alguém a reclamar, esse já morrera.

Alguns minutos antes das dez horas da manhã, uma carroça com Rama e Renuka partia da aldeia dos brighus, seguida de um enorme cavaleiro. Viraram para o oriente, enquanto, poucas léguas dali, na trilha ocidental, uma tropa de cavaleiros portando capacetes com chifres de bois galopava em direção à aldeia dos brighus.

33

Cruzar terras desconhecidas apenas com um cavaleiro como escolta era loucura e Rama sabia disso. No caminho para o vale do Ganga, o qual tinha vaga noção de onde era, decidiu passar pela tribo de Dasaratha. O amigo poderia se unir a eles. Explicou seu plano a Parvan e rumaram ligeiramente ao norte onde a tribo de Dasaratha estava acampada.

No terceiro dia, ao chegarem onde fora a aldeia da tribo de Dasaratha, Rama viu a destruição provocada por Surmani. A tribo de Dasaratha era chamada de kosala e ainda havia vários sobreviventes. Um deles era Dasaratha e, quando viu Rama, correu e o abraçou, e lhe detalhou o ataque sofrido. Sua tristeza pela perda da esposa e filho tinha se transformado em um desejo de vingança. Não descansaria até que todos os haihayas fossem varridos da face da terra.

– Você o salvou da morte debaixo dos cascos daquele búfalo, mas ele morreu pisoteado pelos cavalos dos haihayas. É uma ironia. Isso escapa à minha compreensão – disse Dasaratha a Rama, falando sobre a morte do único filho. – Os deuses estabelecem um modo de morrermos? Como governam nosso destino?

Rama não respondeu. Não era o momento para falar de justiça divina e as várias existências pela qual o espírito vivencia.

– Você tem de advertir meus filhos sobre esse grupo – disse Renuka após escutar a história de Dasaratha.

– Eram haihayas – disse Dasaratha. – Só eles usam capacetes com cabeça de touro.

– Vasuman pode defender nossa tribo se eles nos encontrarem – atalhou Parvan. – Bhradwaja nos protegeu com uma magia forte. Somos invisíveis aos nossos inimigos.

– Não vou discutir isso com você, Parvan – respondeu Rama –, contudo magias falham. Os haihayas podem ter uma magia superior à nossa e nos achar.

– Não gosto de magia – disse Dasaratha, entrando na conversa. – A senhora Renuka deveria ficar aqui com nossa tribo e nós três iremos advertir sua tribo sobre os haihayas.

– É uma ótima ideia – respondeu Rama. – Quando podemos partir?

– Bem, agora está muito tarde para montar, portanto partiremos ao amanhecer e estaremos lá pelo meio da tarde.

Rama concordou. Parecia bom para ele, embora Parvan achasse uma perda de tempo e de esforço.

Ao amanhecer, um grupo pequeno partiu da tribo kosala e galopou rapidamente para a aldeia dos brighus. Dasaratha levou dois dos seus amigos, bons guerreiros e cavaleiros experientes, e conduziu a viagem.

Quando a noite estava quase chegando, puderam notar algo errado com o acampamento dos brighus. Até mesmo por detrás de várias colinas, podiam ser vistas grossas colunas de fumaça.

– Certamente os haihayas os acharam antes de nós – disse um dos amigos de Dasaratha.

– Não há dúvida – respondeu Dasaratha. – Vamos nos apressar enquanto ainda há luz.

Em menos de quinze minutos chegaram ao topo da colina acima do acampamento dos brighus. A visão era devastadora. O acampamento estava em chamas e havia centenas de corpos jogados ao redor. Entraram no lugar e ficaram horrorizados: os haihayas tinham decapitado todo mundo, de crianças a anciões. Vários animais e pássaros já estavam devorando os cadáveres e os homens os espantaram com gritos e pedras.

No meio do acampamento, havia corpos amarrados em um tipo de cruz em 'x'. Todos estavam nus e suas cabeças decepadas. Seus órgãos sexuais haviam sido severamente mutilados e os corpos demonstravam sinais de tortura. Até mesmo sem as cabeças, Rama reconheceu os corpos dos irmãos e de outros chefes principais da tribo. Um cadáver mutilado e empalado era de Bhradwaja. Provavelmente porque fora o purohita da aldeia, sofrera a mais vil de todas as torturas e tinha morrido em extrema agonia.

– Desamarre-os – ordenou Dasaratha aos seus companheiros, enquanto saltava do cavalo.

Cortaram as cordas e os corpos caíram ao chão. Eles os arrastaram ao centro da aldeia.

– Foram mortos ontem – disse um dos amigos de Dasaratha. – Estão começando a apodrecer.

– Vamos juntá-los e queimá-los numa pira comum – sugeriu Rama.

Parvan parecia confuso e começou a correr ao redor para ver se encontrava alguém vivo. Rama estava a ponto de lhe dizer para não fazê-lo, mas Dasaratha disse-lhe para deixar Parvan procurar seus entes queridos e lhes dar um enterro decente.

– Não vejo uma única cabeça – disse Dasaratha.

– Devem tê-las levado para retirar o asu – respondeu Rama.

– Abolimos esse ritual bárbaro há muito tempo.

– Mas pelo jeito, os haihayas ainda continuam a cultuá-lo e, provavelmente, devem fazer o mais abominável dos todos os rituais: o purushamedha.

Nas próximas duas horas, os quatro homens arrastaram os corpos para várias piras e mantiveram o fogo vivo enquanto os consumia. O fedor era insuportável e todos usavam algum tipo de lenço ao redor do nariz e da boca. Parvan tinha desaparecido há muito e Rama estava preocupado com ele. Assim, ao terminar o trabalho, caminhou ao redor à sua procura.

A noite tinha caído e o acampamento parecia uma cena saída do inferno: várias piras queimavam furiosamente, consumindo os corpos decapitados e as únicas criaturas vivas era Rama e seus amigos, além de um grupo de animais. Destemidos, tentavam arrastar algum corpo esquecido.

Depois de caminhar pelo acampamento, viu Parvan sentado no chão abraçado a um corpo nu de mulher. Ao se aproximar, Rama constatou se tratar do corpo de Mila. Fora muito mutilada: seus seios foram retalhados e sua cabeça decapitada. Parvan parecia estar em estado de choque e balbuciava palavras incompreensíveis. Rama o sacudiu e, com algum esforço, conseguiu tomar o corpo de Mila dele e arrastá-lo à mais próxima pira.

– Venha, Parvan. Vamos sair daqui.

O titã o seguiu como se fosse um sonâmbulo.

– Controle-se, homem – ordenou Rama.

De repente, Parvan saiu do transe e com uma voz cheia de raiva, rugiu:

– Eu vingarei essa matança. Não descansarei até ver todos os haihayas varridos da face da terra.

Era melhor explodir de ódio a cair em depressão, pensou Rama.

– Sim, você terá sua vingança. Mas, agora, vamos embora daqui.

Mesmo estando escuro, os cinco homens cavalgaram até a exaustão. Quando estavam longe daquele horror, desmontaram, caíram prostrados e adormeceram. Nenhum deles dormiu bem e, com os primeiros raios do sol, montaram e, de barriga vazia, galoparam até o acampamento dos kosalas.

Não houve necessidade de contar a Renuka sobre o massacre; ela pôde ler em suas expressões, além de ver o sangue nas roupas e nas mãos. Ela agora só tinha Rama como único filho vivo. Ela não chorou, mas, pela sua expressão, ficou distante como se estivesse se lembrando de todos os dias bons quando suas crianças ainda eram pequenas e dependiam de seus mimos.

Rama e os homens mergulharam nus no rio e se lavaram como nunca haviam feito antes. Enquanto esfregavam seus corpos, seus pensamentos estavam fixos nas visões do massacre e, de repente, o enorme Parvan começou a chorar alto. Num súbito rasgo, abriu mente e coração.

Falou do seu amor pela esposa, entretanto, em um acesso de raiva, amaldiçoou-a para ter sido tão infiel. Mila o tinha enganado com quase todos os homens da aldeia. Tinha se tornado uma insaciável ninfomaníaca e nada ou ninguém podia satisfazer sua necessidade crescente de prazer. Quanto mais procurava, mais ficava angustiada em não poder encontrar o verdadeiro prazer. Como pôde estar tão errado sobre alguém com quem privara de intimidade por tantos anos, perguntou-se Rama.

Depois de ter tomado banho e se alimentado, os guerreiros kosalas se reuniram e Rama lhes contou sobre sua missão: achar o caminho para o rio Ganga. Dasaratha apoiou a intenção de Rama. Havia muitas tribos arianas dispostas a se mudarem para um lugar melhor. Deveriam se mover para o leste: juntos teriam uma chance melhor contra os inimigos, especialmente os haihayas. Todos concordaram; aquele lugar tinha se tornado motivo de horror para eles.

Na manhã seguinte, a tribo partiu para o oriente, à procura de dias melhores. Viriam dias melhores ou teriam de enfrentar novos perigos? Ninguém podia responder a isso, mas, com o espírito elevado, partiram sem olhar para trás.

34

Para não ser surpreendido por uma emboscada, Rama sugeriu a Dasaratha enviar exploradores nos quatro lados da caravana. Esses cavaleiros deveriam vigiar e tentar encontrar rastros dos haihayas. Dasaratha estabeleceu vários grupos de três homens, montando na vanguarda, na retaguarda e nos dois flancos da caravana. Receberam ordens de voltar ao grupo principal se vissem qualquer sinal de perigo.

No segundo dia, um dos homens do grupo de vanguarda chegou a pleno galope.

– Há um acampamento à nossa frente. Parece ter sido atacado. São arianos, mas não são haihayas.

Rama e um grupo de guerreiros montaram em direção ao acampamento e, ainda de uma distância segura, Rama gritou estar vindo em paz. Embora um grupo grande de homens armados se postasse rapidamente num círculo defensivo, com as mulheres e crianças no interior, Rama desmontou e deixou Dasaratha e seus dez seguidores para trás. Levantou seu machado e caminhou para eles com um sorriso. Ao chegar perto deles, ainda o olhavam suspeitosamente.

– Eu sou Rama dos brighus. Minha tribo foi morta pelos haihayas. Eles os atacaram também?

Homens usando capacete com cabeça de touro os tinham atacado, respondeu o chefe.

– Estou conduzindo os kosalas e dois sobreviventes dos brighus para o rio Ganga. Gostariam de se unir a nós?

– Por qual motivo os panchalas deveriam se unir a vocês? E onde é esse rio Ganga? Nunca ouvimos falar desse rio – respondeu Bhirmana, o chefe dos panchalas.

– Se juntarmos nossas forças, os haihayas não poderão nos atacar. O vale do Ganga é uma terra verde com abundantes pastos para nosso gado e boa para plantação.

– Não vejo motivos para confiar em você? Nós nunca o vimos antes. Pode ser um truque para nos escravizar.

– Envie dois de seus guerreiros com meus amigos e ficarei aqui com vocês. Eles conhecerão nosso ajuntamento. Somos um grupo ariano com mulheres e crianças. Se eles não voltarem, você pode dispor de mim como desejar.

– Você nos renderá seu machado?

– Farei isso, mas só para uma virgem ou o purohita de sua tribo.

Um homem maduro e alto, vestido de branco, avançou e disse ser o purohita dos panchalas. Poderia confiar seu machado a ele. Rama o entregou e, ao tocá-lo, o purohita disse alto o bastante para todos ouvirem:

– Este machado é mágico. Um alto deus lhe deu isso. Posso sentir sua força dentro dele. Quem é você?

Tal alto pleito fez todos olharem para Rama com respeito.

– Você é verdadeiramente um poderoso purohita. Esse machado me foi dado por Vishnu.

Ao pronunciar o nome de Vishnu, o purohita se ajoelhou e tocou com sua testa o chão, e então beijou o machado como se fosse a mais santa das relíquias. Cada tribo tinha deuses diferentes e era comum alguns deuses serem desconhecidos entre outras tribos. Todos tinham os mesmos deuses básicos como Varuna, Indra, Agni, Mitra, Surya, mas Vishnu não era assim tão conhecido. Mas, para a sorte de Rama, Vishnu era o deus principal dos panchalas e, ao falar seu nome, o purohita se sentiu compelido não só a adorar o próprio deus, como também o seu mensageiro.

Então, Rama chamou Dasaratha. O amigo dele veio só e parou a uma distância segura do grupo compacto de guerreiros.

– Leve dois dos seus guerreiros para nosso acampamento. Verão nossas mulheres e crianças. Também lhes mostre os feridos. Assim terão certeza de sermos também vítimas dos diabólicos haihayas. Mas traga-os de volta sãos e salvos até o pôr-do-sol ou serei morto por essa boa gente.

Imediatamente, a mando do chefe, dois homens montaram seus cavalos e seguiram Dasaratha.

Em menos de duas horas, os dois guerreiros panchalas retornaram. Eles se reuniram naquela noite e decidiram seguir Rama.

Ter ganho a confiança dos panchalas foi um passo importante para Rama. O principal embaixador de Rama passou a ser o purohita. Quando ele devolveu o machado a Rama, fê-lo com humilde postura. Nessa hora, a tribo entendeu: Vishnu, afinal, tinha lhes enviado um salvador.

Como os panchalas e os kosalas unidos, Rama, com seu novo amigo, o purohita, organizou o grupo para não serem atacados. No caminho ao oeste, encontraram várias tribos menores e clãs, também atacadas pelos haihayas e agora, com a união dos kosalas, os vatsas, os chedis, os pundras, os vangas e os samatatas, arrebanharam um forte grupo de quase vinte mil pessoas. Dasaratha e os outros chefes organizaram um grupo de guerra de mais de três mil bons cavaleiros para protegê-los contra os haihayas.

Prosseguiram em sua marcha em direção ao oriente, embora num passo lento devido ao gado e às carroças puxadas por bois. Durante um mês, não acharam nenhuma dificuldade no caminho a não ser a própria natureza. Tiveram de superar as dificuldades naturais para cruzar rios e íngremes colinas. Estavam no lado esquerdo do rio Ravi e, num certo momento, avistaram na outra margem uma grande cidade.

Os comandantes perguntaram se alguém conhecia aquela cidade e a voz de uma mulher lhes respondeu. Viram Renuka olhando para a cidade. Ela repetiu:

– É Gandara.

35

Cada crânio tinha um asu – poder –, como rezava a tradição dos haihayas. Quando Surmani e seus haihayas decapitaram os brighus não foi só por pura brutalidade, mas também para capturar o asu deles. Para tal teriam de passar por um ritual especial a fim de transferir o poder do morto ao guerreiro. Vyasu, o purohita dos haihayas, teve muito trabalho, pois recebeu quase três mil cabeças para preparar.

Em primeiro lugar, teve de remover todas as partes moles, pois, em sua opinião, não tinham nenhum propósito no processo mágico. Então retirou toda a pele, cabelos e olhos, além da língua e partes moles. Quando o crânio estava limpo, arrancou fora a mandíbula e todos os dentes da parte superior do crânio. Então, em um caldeirão enorme, ferveu os crânios em água quente até ficarem brancos. Finalmente, cada guerreiro recebeu seu crânio de volta e o amarrou na frente de sua tenda: quanto mais tinha, mais era respeitado. Os crânios das mulheres e de crianças não eram considerados importantes, mas, devido ao ódio aos brighus, todos os crânios foram igualmente louvados.

Surmani tinha levado os crânios de Vasuman e seus irmãos, e, quando recebeu os crânios de volta, ele amarrou o crânio de Vasuman na sua cintura e caminhou orgulhosamente com ele. Todos saudaram tal feito e Vyasu era sagaz em aumentar seus feitos. Vyasu vivia falando bem de Surmani e, mesmo não criticando abertamente Ujahini, não fazia nada para apoiar o líder.

Do seu lado, Ujahini odiava Vyasu. Nunca apreciara a ideia de sacrifícios humanos. Era um homem temente aos deuses e não respeitava o culto aos gandharvas. Em sua opinião, a tribo deveria adorar os devas e não demônios.

Vyasu sempre afirmara que os gandharvas eram filhos de Kashyapa. Como Kashyapa era considerado o deus criador – não o Todo-Poderoso, só uma alta divindade, um ajudante do Supremo para criar outros deuses, os seres humanos e os demônios – os gandharvas também deviam ser adorados. Apartando considerações doutrinais, Ujahini detestava Vyasu principalmente devido ao seu caráter duvidoso e seu modo melífluo de lidar com ele: preferia alguém mais franco.

Enquanto a inundação não chegava, Ujahini se via envolvido em um assédio infindável, consumindo toda sua força. Os rebanhos diminuíam, os homens enfastiados de nada fazer e as mulheres arengando. Em face dos problemas, ele reuniu o conselho de guerra para discutir o assunto.

– Nós deveríamos abandonar Haryupyah e tomar Gandara – disse Surmani, retornando ao assunto.

– Ainda não temos notícias de Kuru – respondeu Ujahini. – Não podemos levantar acampamento, caminhar por dias e ser derrotados pelo exército de Gandara.

– Ninguém pode nos bater – respondeu Surmani. – Os únicos a nos perturbar já estão mortos. Há muitos dasas em Gandara, e dasas não são bons guerreiros.

– Você está subestimando os dasas. Tenho notícias de tribos arianas que tentaram conquistar o planalto de Decão e foram derrotadas por forças dasas.

– Talvez no planalto do Decão os dasas sejam melhores guerreiros ou talvez porque os arianos não puderam usar os carros de guerra. Contudo, aqui no vale, os dasas não são páreos para nossas forças. Eles se escondem em suas cidades como velhas e se Haryupyah não fosse tão difícil de tomar, nós já os teríamos esmagado.

Tais palavras inflamadas vindas de um líder importante insuflaram os demais comandantes. Aplaudiram e gritaram 'ya, ya', em apoio às palavras de Surmani. Ujahini elevou seu braço direito e pediu silêncio, e, ao ser atendido, perguntou:

– Qual a decisão do conselho?

Tal pergunta trouxe uma longa discussão entre homens. A opinião deles ficou dividida; era difícil encontrar duas pessoas com o mesmo ponto de vista.

– Vamos parar com esta discussão – ordenou Ujahini, trazendo ordem à reunião. – Temos duas opções. Ficar aqui e sitiar Haryupyah como planejamos ou então nos mover para Gandara. Não estou disposto a atacar Gandara sem saber nada a respeito deles. Seria completa loucura mover toda nossa gente e nos bater com forças superiores à nossa.

Depois disso, ninguém ousou discutir. Não só ele era o rei legítimo, mas também tinha razão. A reunião terminou.

Naquele mesmo dia, Vyasu foi falar com Surmani.

– Os gandharvas não estão nada satisfeitos com Ujahini.

– Você não está satisfeito com meu irmão, você quer dizer – respondeu Surmani, olhando-o com seu olhar feroz.

– Quem sou eu para questionar as razões de meu rei? Eu sou apenas um purohita; um mero intermediário entre os deuses e os homens. Apenas repito as palavras ditas pelos gandharvas. Eles estão muito satisfeitos com você. Sua campanha contra os brighus e seus aliados lhe trouxe poder. Eles reclamam do fato de Haryupyah não estar em nossas mãos.

– E irão reclamar por muito tempo – interveio Surmani. – Ujahini não quer suspender o sítio e atacar Gandara, e assim nós ficaremos aqui até matar de fome todos os habitantes de Haryupyah.

– Gandara? – perguntou Vyasu. – Você quer dizer a aldeia rio acima?

– Não é nenhuma aldeia, eu lhe asseguro. É uma cidade grande, quase tão grande quanto Haryupyah e não é murada.

– Qual a razão de não conquistá-la? Deve ser fácil, não é?

– O rei não quer atacá-los sem conhecer a extensão de suas forças.

– Muito sábio, devo dizer. Mas você enviou alguém lá para descobrir a força deles?

– Sim, mas nós não temos notícia dele ainda.

– Qual a razão de esperar? Vá você e descubra tudo. Tire sua armadura, guarde sua espada, monte numa carroça, se vista em andrajos, leve alguma mercadoria para trocar e vá logo. Aja como um imbecil. As pessoas não irão perder tempo fazendo perguntas embaraçosas a um idiota.

– É uma boa ideia. Falarei com Ujahini sobre isso e nós veremos se a aprova.

– Vai aborrecer o rei com tais detalhes? Você é um comandante e, como tal, pode empreender isso sozinho. Rezarei aos gandharvas para protegê-lo nessa tarefa santa.

Pela expressão de Surmani, Vyasu conseguira plantar a semente da sedição em sua mente. Se fosse para Gandara sem as ordens de Ujahini, seria um ponto de partida para levá-lo a completa insubordinação e de lá para derrubar Ujahini do trono seria um passo.

Quando Vyasu partiu, Surmani olhou para as muralhas poderosas de Haryupyah e falou consigo:

– Nunca conquistaremos essa fortaleza. A resposta aos nossos problemas está em Gandara.

36

Depois de cruzar o Ravi, Rama aproximou-se dos portões de Gandara com um grupo de chefes arianos. Ao chegar na cidade, um contingente de homens armados saiu para encontrá-los. Rama avançou com Renuka. Explicou ao comandante serem pessoas pacíficas a caminho do rio Ganga. Só pediam abrigo por uma semana ou até mesmo menos: apenas o suficiente para negociar alguns bens e recuperar o fôlego das pessoas cansadas. O comandante lhes pediu para aguardar. Iria falar com o rei e ver qual a sua decisão.

– Caro comandante, será possível informar ao nobre Citraratha de minha presença? – perguntou Renuka. – Sou Renuka dos brighus e peço pouso.

– A senhora conhece Citraratha? – perguntou o guerreiro.

– Tive a honra de conhecê-lo há uns vinte anos. Sou uma velha amiga.

O homem partiu e levou quase uma hora para voltar com a resposta.

– É impossível abrigar tanta gente assim em nossa cidade. Citraratha, todavia, os ajudará em suas necessidades. Vocês podem negociar livremente em nosso mercado, mas não deve trazer o gado à cidade: nossas ruas não comportarão. Negocie seu gado do lado de fora da cidade e nossos comerciantes receberão ordens para permutar livremente. Se qualquer um de vocês não estiver satisfeito com quaisquer de nossos comerciantes, pode pedir a aplicação da justiça do nosso rei. Se tiverem pessoas feridas necessitadas de cuidados, a família pode levá-los à cidade; temos médicos excelentes e rezadeiras dispostos a ajudá-los por uma módica soma.

Renuka parecia abatida; não havia nenhuma referencia à sua pessoa. Provavelmente ele a tinha esquecido.

– Meu nome é Acharya e serei a ligação entre seus líderes e o rei. Ele pediu para ver a senhora Renuka.

Ela não podia estar mais radiante: ele não a esquecera, afinal de contas.

Rama deu um passo para seguir sua mãe, mas o alto guerreiro o impediu gentilmente.

– Por favor, espere até o rei chamá-lo. Por enquanto ele deseja falar com a senhora Renuka em particular. Pode ficar tranquilo. Ela será bem tratada e protegida contra qualquer perigo. Você tem minha palavra.

Renuka sinalizou a Rama para ficar calmo, e assim ele sorriu a Acharya.

– Entrego minha mãe em toda confiança.

– Velarei pessoalmente pelo seu bem-estar.

Acharya era quase tão alto quanto Parvan e, pela cor de sua pele, era um mestiço. Pela sua cortesia, era um homem agradável – tinha os modos de um príncipe – e bastante gentil para seu gigantesco porte. Carregava um porrete de madeira na cintura e um golpe daquela arma na cabeça de alguém enviaria o infeliz para onde os deuses moram.

O grupo acampou, mas desde o princípio cada tribo ariana se separou de seu vizinho. Havia pelo menos duzentos metros entre cada acampamento e raramente se falavam ou ajudavam o outro a montar suas tendas. Falavam o mesmo idioma, bacha samskrta, o idioma perfeito, mas cada grupo tinha palavras próprias e, às vezes, quando os guerreiros falavam entre si, não conseguiam se entender inteiramente.

Rama observou os vários agrupamentos de arianos acampados do lado de fora da cidade. Conseguiu notar detalhes na aparência física demonstrando ter havido cruzamentos raciais com outros grupos, provavelmente enquanto ainda vagavam como nômades nas estepes. Não só tinham assimilado os costumes, mas também o sangue desses grupos. O tão propalado puro sangue ariano era mais uma lenda, um conto de fadas. Já não havia mais nenhuma raça pura como Rama podia constatar na cor dos olhos e dos cabelos. Muitos tinham características turcas, ou seja, olhos juntos e pele mais escura. Nenhum deles aceitaria tal fato sem discutir e, no ponto de vista deles, todos faziam parte de uma raça pura, nobre e superior, como se isso fosse de suma importância. Rama também tinha olhos juntos como uma coruja. Aquele tipo de característica demonstrava sangue turco nas veias, assim como também dravídico. Se Citraratha fosse seu pai, ele era um mestiço com sangue dravídico.

Três horas depois, Acharya voltou ao acampamento à procura de Rama. Ele se apresentou ao guerreiro. O rei Citraratha solicitava sua presença.

– Você não pode ir armado com seu machado, ishvara. Não precisará dele. Nosso rei é um homem pacífico, mas não posso permitir sua presença com uma arma no palácio. Se o permitir, no futuro, todos irão desejar fazer o mesmo.

– Entendo suas razões. Dê-me apenas o tempo para confiá-lo a Vishvamitra.

E, olhando para um dos panchalas presentes, solicitou a presença do purohita da tribo. O purohita chegou após certo tempo e Rama, na frente dos demais, entregou seu machado e lhe disse para guardá-lo.

– Eu o colocarei no altar de Vishnu e acenderei algumas velas em sua honra.
Depois daquela rápida cerimônia, Rama seguiu Acharya à cidade.

Caminhou entre suas ruas até entrarem em uma larga avenida. Rama ficou pasmo por nunca ter visto uma rua tão grande. Entraram no palácio e Rama foi ficando cada vez mais abismado. Tudo transpirava luxo e bom gosto. Havia jardins internos cheio de flores coloridas e fontes de água. Em cada lugar do longo corredor, Rama viu estátuas de deuses e homens, alguns em posições ferozes e outros em abraços amorosos com mulheres. Finalmente entraram na sala do trono.

Imediatamente os olhos de Rama se fixaram na posição ocupada por Renuka. Ela estava sentada numa cadeira ao lado de um homem moreno claro de uns cinquenta anos. Ela trajava um sari colorido, típico das roupas femininas dos dravídicos. Era um tecido formosamente drapeado com desenhos primorosos. Seus cabelos haviam sido penteados num coque alto. Seus olhos estavam pintados e seus lábios rubros de uma tintura desconhecida. Rama ficou feliz em ver sua mãe tão deslumbrante e fresca como uma rosa.

Então olhou para o homem ao se aproximar mais. Estavam sendo assistidos por uma corte cheia de homens e mulheres magnificamente trajados.

– Chegue mais próximo, meu jovem. Deixe-me olhar para você – disse o rei.

Rama obedeceu e chegou tão próximo quanto seria prudente e então, como aprendera com os rishis, juntou suas mãos e proferiu uma saudação dravídica. O rei lhe respondeu e lhe disse para se sentar à sua frente. Citraratha estava sentado em uma cadeira alta e uma do mesmo tamanho foi providenciada para Rama.

– Um ótimo rapaz você criou – disse Citraratha a Renuka. Ela sorriu e agradeceu o elogio. – E então, jovem Rama, qual é o propósito de sua viagem? Como este velho rei poderá lhes ser útil?

Durante os minutos seguintes, Rama expressou seu desejo de levar as várias tribos para o vale do Ganga. Todos escutaram silenciosos e, quando terminou, Citraratha, pela primeira vez, sorriu.

– Nós nunca estivemos no vale, mas falam maravilhas do lugar. Você está agindo de forma correta em levá-los para lá. Talvez possa achar um guia nesta cidade, alguém conhecedor dos caminhos até Ganga.

– É um bom conselho e, se meu senhor Citraratha me permite, procurarei no mercado por um guia familiarizado com o caminho para Ganga.

Com um gesto elegante, o rei consentiu e, então, ele surpreendeu a todos.

– Meu filho Acharya terá a honra de acompanhar meu recém-descoberto filho Rama nessa procura.

Então Acharya era filho de Citraratha? Rama olhou surpreso para ele. O homem estava tão atônito quanto ele. O rei riu e ambos os homens se viraram para o monarca.

– Sim, Acharya, Rama é seu irmão. Trate-o como você trata seus demais irmãos e irmãs. Ambos serão bons amigos. Bem, pelo menos, eu ficaria muito feliz se tal amizade frutificasse.

Acharya sorriu ao pai. Olhou para Renuka e entendeu a situação. Seu pai a tomara como mulher há muitos anos e dessa união nascera Rama.

– Agora está na hora de conhecer seus outros irmãos – disse Citraratha e, batendo palmas, um grupo de meninos e meninas entrou na sala da corte. Outros homens presentes avançaram e se apresentaram a Rama, cada um dizendo seu nome e sua posição como segundo filho, terceiro na linha sucessória e assim por diante. Citraratha tinha vinte e dois filhos e filhas. Um menino de quatro anos aproximou-se e puxou sua calça. Rama o levantou nos braços e o menino beijou seu rosto docemente.

– Os deuses têm um modo maravilhoso de nos recompensar. Ontem chorava a perda dos meus irmãos e agora ganho de presente uma nova família. Louvemos o nome dos devas.

– Sadashiva (eterno Benevolente) – proferiu Citraratha, juntando suas mãos em devoção.

– Mahadeva (grande Deus) – respondeu Rama, enquanto segurava seu irmão mais novo nos braços. E então, expressou-se novamente:

– Nandikeshvara (Senhor da Alegria).

37

Com tantos estranhos visitando Gandara, Surmani não teve nenhuma dificuldade em se misturar e chegar ao mercado em sua carroça. Jamais seria reconhecido naquelas roupas puídas e com sujeira no rosto. Parou sua carroça próxima à feira e, com um pano cobrindo a cabeça, caminhou entre as barracas. Trouxera amarrado à carroça, dois belos garanhões. Pretendia vender um e usar o outro para fugir, se fosse necessário.

Seus olhos observavam tudo e viu um grande número de dravídicos permutando seus bens e os arianos não pareciam intranquilos com tal procedimento. Como podiam conversar com pessoas tão rudes e sem inteligência como os dravídicos, ele se perguntou. Procurou uma barraca atendida por um ariano e aproximou-se.

– Bom-dia, meu bom homem – disse, tentando pôr o melhor sorriso em sua cara abrutalhada. – Estaria disposto a comprar um belo garanhão?

– Não estou interessado em comprar nada – respondeu o vendedor com um sorriso largo. – Estou aqui para vender meus bens à sua gente.

Isso era bom, pensou Surmani; ele o estava confundindo com um visitante. Entretanto, pensou melhor e ficou confuso: sobre quem estava se referindo? Como tinha vindo de outra direção, não vira a grande concentração de tendas, carroças e animais ao norte da cidade. Viera do oeste e não sabia nada sobre as várias tribos arianas concentradas nos arredores de Gandara.

– Sobre quem está falando?

– Você não faz parte dos estranhos acampados do lado de fora da cidade?

– Não, eu sou khajurah. Vim do oeste – disse Surmani, usando o nome de uma pequena tribo ariana.

– Khajurah? Nunca ouvi falar. Eles também estão com o grupo principal?

– Não, cheguei há pouco para vender um cavalo. Não conheço nada sobre os tais estranhos. Talvez se você me disser onde estão poderei vender meu cavalo a eles.

O vendedor, sempre com um sorriso esculpido na face, explicou como chegar lá. Surmani despediu-se e resolveu visitar o tal acampamento. Talvez houvesse algo de bom para os haihayas ou talvez essas pessoas fossem aliadas de Gandara.

Quando estava deixando a praça do mercado, alguém agarrou seu braço e sussurrou no seu ouvido:

– Qual a razão de sua visita, Surmani?

Quando ouviu seu nome, gelou. Virou-se e deparou-se com Kuru. Sem qualquer demonstração de alegria ou outra emoção, sussurrou de volta:

– Eu o estava o procurando, seu maldito salafrário. Ainda estamos aguardando seu relatório.

Kuru não respondeu. Olhou para ambos os lados para se certificar de não estar sendo observado, puxou Surmani pelo braço e o levou a uma das ruelas laterais. Olhou para todos os lados e só depois Kuru fez seu relatório.

– Estava colhendo informações sobre um grupo grande de arianos. Eles chegaram à cidade há apenas uns dois dias. Estão a caminho de um lugar desconhecido, um vale maravilhoso: bastante água, bons pastos e quase despovoado.

– Estou cansado desses lugares mitológicos. Quando chegamos lá é apenas outro solo improdutivo.

– Provavelmente tem razão, mas o rei lhes deu autorização para ficarem. Devem partir em algumas semanas.

– E quantos são? – perguntou Surmani.

– Não sei. Não entrei no acampamento deles; só o vi a uma distância segura. Mas, na realidade, não importa, pois partirão logo.

– Importa e muito, especialmente se realmente encontrarem um bom lugar para viver. Nós podemos ir até lá e conquistá-lo. Precisamos obter duas informações: o tamanho de sua força e para onde estão indo.

– Isso não será fácil.

– Vai ser sim. Você vai se misturar com eles e irá com eles. Ao chegarem ao destino, você voltará e nos informará. Então decidiremos se tomaremos Gandara ou invadiremos o tal lugar, se for propício.

– Sua solicitação é extremamente perigosa. Se descobrirem quem sou, minha vida não valerá nada.

– Sua vida não vale nada mesmo. Portanto, obedeça ou...

Kuru entendeu perfeitamente a ameaça. Não receava o titânico chefe guerreiro, pois conhecia seu próprio valor. Sorriu de volta como se aquilo fosse apenas uma pilheria, mas, no fundo, ficou preocupado com a tarefa em si. Ficar em Gandara disfarçado de mendigo já não era fácil, mas entrar em uma tribo ariana onde todos se relacionavam e ainda por cima ser aceito era uma tarefa quase impossível. Teria de inventar algum artifício para ser aceito.

– E sobre as defesas da cidade? – perguntou Surmani.

– Não há nenhuma. Eles têm uma força pequena para proteger certos lugares e a coabitação deles com os dravídicos é tranquila. Há poucos bons guerreiros, e eles patrulham as entradas da cidade, o mercado e o palácio.

– Então, se decidíssemos tomar a cidade, não acharíamos resistência?

– Tão fácil quanto matar um terneiro, mas, se tivéssemos de enfrentar os arianos acampados aqui fora da cidade, teríamos maiores dificuldade. Eles têm um grande número de guerreiros. Ouvi falar também de um poderoso chefe guerreiro. Quando brande seu machado todos os deuses e demônios o obedecem. Ninguém pode lhe fazer frente.

– Besteira – vociferou Surmani. – Como pode acreditar em contos de fadas?

– Não acredito, mas se seus seguidores acreditarem em tais fantasias, lutarão com energia redobrada, pois se acharão invencíveis.

Concordou. Kuru tinha razão: moral era fundamental em uma batalha.

– E qual é o nome desse tal líder?

– Rama.

– Nunca ouvi falar dele.

– Nem eu, mas descobri algo interessante: ele é um brighus. Conseguiu escapar ao nosso ataque ao acampamento por estar ausente. Jurou se vingar de todos os haihayas.

– Ele não parece estar fazendo nada para nos destruir; está fugindo para não se sabe onde para se esconder. É uma razão a mais para você se misturar com eles e descobrir aonde vão. Após tomarmos Gandara, procurarei pessoalmente esse tal de Rama e cortarei fora sua cabeça. E o farei usando seu machado mágico.

38

Depois de ter visto tudo, Surmani deixou Gandara. Enquanto estava a caminho de volta ao acampamento fora de Haryupyah, Citraratha, o rei de Gandara, convidou os chefes das tribos arianas e os segundo-em-comando para um banquete no palácio. Não só queria conhecê-los, mas também mostrar-lhes as vantagens de morar em cidades.

Alguns dias antes do banquete, o monarca teve uma reunião com Rama e discutiu o fato dea maioria dos arianos odiar viver em cidades. Eles ainda desejavam viver como nômades. Se Rama pretendia se estabelecer no Ganga, os arianos teriam de mudar o estilo de vida. Ele teve, então, a ideia de convidá-los para um fino banquete no palácio.

Dasaratha e a maioria dos arianos nunca tinha estado em uma cidade grande. Mal conheciam alguns vilarejos dravídicos nos quais as pessoas moravam miseravelmente. Mas Gandara era extremamente rica e, como estavam na extremidade do vale do Meluhha, a inundação não os castigava tanto quanto as demais cidades. Sua riqueza principal era o comércio. Seu porto estava sempre cheio de barcos trazendo produtos de todos os lugares. O mercado era muito variado e o interessado poderia comprar quase qualquer bem produzido na região. Todos pagavam um imposto, o suficiente para o rei e sua grande família viver bem. Pelo seu lado, o monarca provia segurança e legalidade e, para tal, tinha uma força pequena para manter a cidade protegida de ladrões.

Quando os chefes arianos entraram na cidade pela porta principal, seus olhos se abriram em descrença. O luxo e o número de pessoas bem-vestidas, além do número de mulheres bonitas, chamou a atenção ao ponto de comentarem o assunto entre si. Mas ficaram realmente maravilhados com o palácio de Citraratha. Os jardins internos bem-cuidados com flores e pássaros engaiolados, o amplo espaço dos quartos, a mobília e as estátuas foram causa de assombro.

O rei recebeu suas contrapartes com cortesia e os presenteou com joias finas. Tinha pedido aos joalheiros para produzirem punhais de bronze com filigranas e uma bainha de couro incrustada com pedras preciosas. Enquanto ele lhes ofereceu os punhais, seus criados os serviram de cerveja gelada; uma novidade nunca provada. Como um bom ariano, o monarca sabia produzir sura, uma cerveja forte e ácida, mas misturada com água não ficava assim tão forte. O barril era esfriado em água corrente e, em vez de ser servido quente, vinha gelada e foi logo apreciada pelos presentes.

Os criados também trouxeram finas delicadezas. Citraratha vestira seus criados com roupas finas e escolhera as mulheres mais bonitas para servi-los. Naquele grupo seleto de ajudantes, havia dravídicos, arianos e mestiços. Os homens ficaram entusiasmados perante o cortejo de mulheres deslumbrantes. Enquanto eram servidos, Citraratha conversava amenidades.

– Então ishvara Rama os está levando ao vale do Ganga. Nunca estive lá, mas ouço falar maravilhas. Irão se estabelecer e construir cidades, naturalmente?

A maioria deles não pensara em tal assunto e olharam intrigado para ele.

– Oh, sim, vocês precisarão construir cidades. Não podem vagar como nômades em um lugar cortado por rios, montanhas e vales. Todos acharão uma terra boa, aprenderão a plantar, criar seu gado e desenvolver o comércio. A riqueza de Gandara reside em seu comércio. Como a maioria deve ter notado, Gandara recebe pessoas de todos os lugares. Eles vêm negociar e pagam um pequeno tributo sobre a compra e venda. Dessa forma, nós podemos viver em paz e na riqueza. Todos gostariam de morar num palácio como o meu, com criadas bonitas para cumprir suas ordens, creio eu.

Tal discurso fora preparado após uma conversa entre Rama e Citraratha. Se Rama dissesse essas palavras, os líderes poderiam contestá-lo, pois não era um homem rico nem tinha poder sobre a cidade. Quando Citraratha os proferiu, ninguém poderia contradizê-lo, pois era a prova viva de um sistema perfeito.

– Enquanto esperam pelo banquete, deixe-me chamar a orquestra e os dançarinos para entretê-los.

Bateu palmas e um grupo de oito homens adentrou correndo o salão e se sentaram no chão. Começaram a tocar instrumentos e tambores. Quando as primeiras notas ecoaram, um grupo de seis dançarinas entrou e passou a entretê-los com danças. Por pelo menos meia hora, as dançarinas e a orquestra tocaram e dançaram todo tipo de música da região, inclusive dravídicas. Depois desse espetáculo, os chefes arianos foram convidados ao salão vizinho, onde mesas com os mais variados pratos os aguardavam.

– Por favor, meus amigos, sirvam-se de tudo – expressou-se Citrarayha. Ao dizer isso, apanhou um prato e se serviu primeiro para mostrar àqueles arianos de costumes bárbaros como uma pessoa deveria se comportar em um palácio fino como o seu.

Quando o jantar chegou ao fim, Citraratha virou-se para Rama e lhe perguntou:

– Ishvara Rama, quais são seus planos em relação aos haihayas, cercando a cidade de Haryupyah?

– Estou muito preocupado com a situação de Haryupyah. Conhecemos bem os haihayas e não descansarão enquanto não tomarem a cidade. Provavelmente após tomarem a cidade, irão voltar suas forças contra Gandara. Depois de ter tomado sua bela cidade, eles nos seguirão até o vale do Ganga e dizimarão todos no caminho. Eles devem ser parados.

– Sim, concordo – disse Dasaratha, entrando na conversa. – Deveríamos unir todos nossos guerreiros e lutar.

– Tal ação gerará ainda mais violência. Pretendo ir sozinho a Haryupyah e descobrir qual é a disposição dos haryupyahs. Então, investigarei a real situação dos haihayas. De posse de tais informações, podemos nos reunir e planejar algo de concreto.

– Mas, Rama, você irá sozinho? – perguntou Dasaratha.

– Quanto mais secreta for minha viagem, maiores são minhas chances de sucesso. Ninguém prestará atenção a um homem viajando só, mas um grupo maior chamará a atenção dos haihayas e podemos ser emboscados.

– Como pretende entrar na cidade? – perguntou Acharya, o filho de Citraratha.

– Ainda não sei, mas, pelos relatos recebidos, o melhor meio é pelo porto. Os haihayas não bloquearam a entrada do porto e com um barco poderei passar sem ser notado.

– Está se arriscando por nada – disse Dasaratha. – Se os haihayas estiverem cercando a cidade, nós podemos atacá-los na retaguarda e infligir uma severa perda de vidas e de propriedades.

– Esse foi o plano de meu falecido irmão. Como sabe, Vasuman, possa os deuses mantê-lo em bom lugar, atacou os haihayas, e eles não descansaram enquanto não mataram todos da minha tribo e, no caminho, atacaram vocês. Há um tempo para lutar e há um tempo para se retirar em segurança. Quando o tempo da batalha chegar, estaremos melhor preparados.

– Nós estamos preparados agora – disse um dos reis arianos.

– Entendo o desejo de vingança dos poderosos panchalas, mas nossos inimigos têm um grupo forte e unido. Eles lutam sob uma cadeia organizada de comando e estão acostumados a manobras com sua cavalaria e seus carros de guerra. Seus flecheiros trabalham em perfeita conjunção com a cavalaria e temo em afirmá-lo, mas, comparando conosco, eles estão mais bem preparados para a guerra.

– Podemos superar nossas deficiências com nosso ódio – expressou o líder dos pundras.

– Ódio não é o bastante para ganhar uma batalha. Na realidade, é o caminho mais rápido para a morte – interveio Citraratha. – Com raiva em nosso coração, nossa inteligência é atada a uma besta feroz, mas às vezes estúpida o bastante para se arriscar desnecessariamente. Uma batalha deve ser combatida com uma mente fria e um coração de pedra. Então, quando a vitória nos sorrir, poderemos soltar os demônios do ódio e nos vingar de todas as afrontas sofridas.

– E acima de tudo – atalhou Rama –, se ishvara Citraratha me permite dizer, temos de proteger nossas famílias. Vamos levá-los ao vale de Ganga, achar um lugar satisfatório para se estabelecer e então nos preparar para a guerra contra os haihayas. Não estaremos fugindo, mas, como bem disse ishvara Citraratha, a guerra deve ser combatida com a mente fria e um coração de pedra. É por isso que desejo ir a Haryupyah e descobrir a extensão do assédio, falar com os haryupyahs e ver como podemos ajudá-los a aguentar o sítio e manter os haihayas em volta da cidade. Quanto mais os haihayas ficarem em Haryupyah, mais se enfraquecerão.

– Eu o levarei aos arredores de Haryupyah – disse Acharya. – Vamos rezar para os haryupyahs não o matarem.

Isso era outro problema. Rama parecia um ariano e os habitantes da cidade podiam confundi-lo com um haihaya e matá-lo antes mesmo de ele se explicar.

Elevando as mãos para os céus como se buscasse proteção divina, Rama respondeu:

– Confiemos em Vishnu.

39

O mais difícil foi achar um barco para levar Rama para dentro dos muros de Haryupyah. Acharya o tinha conduzido até a cidade, mas ficaram distantes do portão principal. Os haihayas tinham bloqueado todas as entradas por terra. Rama pediu a Acharya para deixá-lo, pois tinha um plano em mente.

Decidiu cruzar o rio e caminhar pela outra margem. Como Haryupyah e Gandara ficavam situados na margem ocidental do rio Ravi, a margem oriental era deserta. Haviam lhe dito de barcos cruzando o rio bem em frente à entrada do porto. Ao ficar do outro lado, sua ideia era conseguir pegar uma dessas embarcações quando fizesse o percurso para trazer mantimentos à cidade.

Cruzar o rio sem um barco foi uma proeza: ele o fez agarrado a um tronco de uma árvore. Por pouco não foi um desastre; a correnteza o levou rapidamente e ele quase não conseguiu chegar do outro lado. Com o coração quase saindo pela boca de cansaço e medo, conseguiu cruzar o rio.

Finalmente, depois de andar a noite inteira, alcançou Haryupyah. Ao anoitecer, ele viu um barqueiro cruzando o rio, enquanto saía do porto. Observou a cerca de cem metros dele um pequeno grupo de pessoas se escondendo nos arbustos. Ficou quieto.

O barqueiro cruzou o rio depressa com golpes vigorosos de remo e atracou o barco onde as pessoas se escondiam. Em questão de minutos, Rama viu essas pessoas carregarem o barco com sacos de grãos e carne defumada. Antes de o barqueiro partir, Rama saltou de onde estava e correu em direção ao bote. Algumas pessoas o viram e começaram a gritar e fugir. O barqueiro pulou no barco e tentou fugir, mas Rama foi mais rápido e conseguiu pular para dentro da embarcação. O barqueiro olhou para ele, Rama levantou os braços e lhe disse ser amigo. Obviamente o homem não acreditou. Um homem branco, um ariano, um inimigo declarado dos dravídicos não podia ser amigo. Como Rama falava muito bem seu idioma, explicou sua necessidade de cruzar o rio até Haryupyah. Ao ver seu machado, resolveu não discutir com ele e, tremendo, o levou ao porto. Ao atracar, um grupo de dravídicos apareceu para ajudá-lo a descarregar os sacos e, nesse instante, os carregadores viram Rama com um machado na mão. Deram o alarme e, em questão de segundos, centenas de guerreiros negros apareceram com espadas, lanças e punhais.

Rama começou a ficar apreensivo: esses homens não o estavam escutando e, pela sua feroz disposição, iam matá-lo antes de explicar a razão de sua visita. De súbito, como se um manto de silêncio tivesse caído sobre os guerreiros, ficaram mudos.

– Sou Rama. Leve-me ao seu rei.

Os quase quinhentos metros de caminhada até o palácio do rei foram realizados com homens apontando suas lanças para Rama. A cada passo, ele manteve seu machado sobre a cabeça e o agitava levemente. Concentrava-se na impossibilidade de eles agirem. Em sua mente, eles estavam calmos e nada fariam para machucá-lo.

Eles o levaram ao grande prédio. Naquele momento, o rei estava em sua reunião diária com o conselho e, ao ver Rama entrar no grande salão do trono com seu machado sobre a cabeça e um grande grupo de seus homens cercando-o, pulou da cadeira. Os soldados informaram de sua vontade de falar com o rei.

– Fale, estranho, declare seu assunto – disse o rei.

– Eu sou Rama, filho de Jamadagni, morto decapitado pelos haihayas. Seus inimigos são meus inimigos. Vim de Gandara onde o rei Citraratha está muito preocupado com sua situação. Vim ajudar.

Essas palavras não pareceram produzir efeito no rei e seus conselheiros. Uma discussão imediata entre eles demonstrou a Rama suas dúvidas quanto a veracidade de sua fala. A maioria dos ministros estava ansiosa por trucidá-lo. Desejou ardentemente. Todos deveriam cair por terra e não o veriam mais. Ele ficaria invisível para eles.

De repente, como se seus desejos se tornassem realidade, os soldados caíram aturdidos e muitos adormeceram onde estavam. O rei e seus conselheiros também caíram como se algum vento forte os tivesse derrubado e, ao se levantarem, perguntaram para onde aquele maldito ariano tinha ido. Como conseguira escapar? Estava no meio deles e eles não podiam vê-lo.

– Parabéns, você desenvolveu seus poderes além do imaginável – disse uma voz atrás de Rama.

Virou-se e viu Prabhu sorrindo para ele. Seu coração sentiu imediato alívio e todo o medo desapareceu à vista do velho mestre rishi.

– Pelo visto, Hanatra fez um trabalho maravilhoso.

Ao proferir essas palavras, o rei lhe perguntou:

– Com quem está falando?

– Com Rama.

– Ele está aqui? Não fugiu?

– Rama, por favor, torne-se visível a essas pessoas – disse Prabhu, sorrindo, enquanto olhava para ele com certo olhar de repreensão como se fosse um menino malcriado. – Eles não o ferirão.

Ressegurado pelas palavras de Prabhu, Rama os liberou de sua fascinação mental. Tornou-se visível e isso provocou uma comoção entre os homens. Muitos deles correram para fora da sala apavorados, enquanto outros desmaiaram. O rei caiu de joelhos, enquanto tremia e balbuciava. Prabhu riu como se fosse uma criança, e então, com uma forte voz de comando, ordenou:

– Controle-se, meu rei. Você está olhando para Rama. O seu machado é uma dádiva do próprio Shiva.

40

Enquanto Rama enfrentava dificuldades em Haryupyah, Kuru estava tentando se introduzir numa das tribos arianas. Dasaratha e os líderes tinham concordado em levar o grupo inteiro e seus rebanhos de animais para o outro lado do rio Ravi. Desse modo, ficariam mais próximos da cidade e seria mais fácil negociar seus bens com eles. Nos dias seguintes, usando barcos, o grupo se movimentou de uma margem à outra, e uma vez mais se estabeleceu a uma légua de Gandara. Kuru esperava por essa oportunidade.

Quando tal movimentação aconteceu, várias pessoas de Gandara ajudaram os recém-chegados a cruzar o rio e Kuru foi um deles. Misturado na multidão, ninguém lhe deu muita importância e ele se esforçou em ajudá-los. Algumas das pessoas o consideraram como um bom amigo. Uma delas foi Kaikeyi, uma jovem, viúva e, devido a tal fato, era vista como um peso morto para a família. Com a morte do marido, ela não retornara à tenda paterna, mas era como se nunca tivesse saído de lá.

Quando o movimento de cruzar o rio começou, por um evento fortuito Kuru ajudou a alta e atraente Kaikeyi a cruzar seus poucos pertences. Ela não só lhe agradeceu, mas também ficou muito interessada naquele jovem bonito e forte, com um sorriso encantador. Ela o convidou a conhecer sua tenda quando quisesse e assim ele o fez. Nos dias seguintes, todos foram se acostumando em ver Kuru visitar a viúva e ninguém se preocupou com ele.

– Você nos seguirá até o rio Ganga? – perguntou Kaikeyi, certa noite, enquanto estava nos braço de Kuru.

– Óbvio – respondeu o homem. – Não vou deixá-la. Você é a minha joia preciosa.

Ela riu e passou a mão no seu peito. Notara uma cicatriz no lado esquerdo do peito, mas não deu muita importância. Mas agora, com a intimidade adquirida, perguntou pela cicatriz. Kuru respondeu tratar-se de um acidente.

– Não parece um acidente. Parece mais uma marca, como se alguém tivesse feito isso cuidadosamente. Parece um raio ou algo parecido.

– Parece, não é mesmo? Mas, embora você possa não acreditar, foi um acidente quando era menino. Nem me lembro como aconteceu.

Ela sorriu e beijou a cicatriz e depois começaram novas preliminares de um ato de amor. Mas algo na mente de Kaikeyi a fazia crer não ser uma cicatriz natural. Era muito bem definida para ter sido um acidente. Era grande e funda, e deve ter doído. Ninguém consegue uma cicatriz assim sem se lembrar do sofrimento pelo qual passou. Não obstante, outras sensações penetraram seu corpo e ela se esqueceu daquela marca.

Uma semana depois de Kuru se tornar o amante de Kaikeyi, ele se mudou para sua tenda. Ela ficou feliz; Kuru a estava tomando sob sua proteção. Naquele mesmo dia, o pai lhe perguntou quem era e ela lhe explicou. O pai desejou-lhe melhor sorte. Para ele era ótimo; uma boca a menos a alimentar. Tudo se resolveu a contento: ninguém mais se preocupou com Kuru.

Não obstante, Kuru não tinha acesso aos líderes e sabia bem pouco sobre seus planos. Sabia dos planos de mudança para o rio Ganga, mas isso não era novidade, pois toda Gandara já sabia disso. Precisava era ser aceito no círculo dos comandantes, pois assim ficaria a par dos acontecimentos. Se não conseguisse a informação certa, Surmani acharia uma boa desculpa para acusá-lo de traição e se livrar dele. E Surmani tinha boas razões em odiá-lo.

41

O rei de Haryupyah, Jorabandi, tinha boas razões em odiar Rama: fora humilhado na frente dos soldados e conselheiros. Rama não o fez de propósito, mas sua covarde reação em face dos poderes de Rama o tinha transformado na pilheria da corte. Mas aquele ariano tinha o apoio de Prabhu e Prabhu era um homem sábio, muito considerado por todos. Teve de se submeter àquele feiticeiro abominável.

Jorabandi tinha lutado muito para se tornar rei. Não era uma posição ocupada por herança, mas por artifícios e articulações políticas. Teve de ordenar a morte de adversários para poder ascender ao topo. Não estava disposto a ser destronado por ninguém, muito menos por um odiado ariano. Chamou seus asseclas e lhes deu uma tarefa: vigiar Rama e estar preparado para matá-lo quando desse a ordem. Os dois homens desapareceram na escuridão e foram para o lado de fora da casa de Prabhu. Enquanto se escondiam nas sombras, Rama conversava com Prabhu, resumindo sua vida e os mais recentes eventos.

– Assim descobriu seu sangue dravídico? Como se sente fazendo parte de uma raça inferior? – perguntou Prabhu, gotejando ironia de seus lábios.

– Não responderei a isso – disse Rama sorrindo. – Mudei desde os treinamentos em Kailash.

Naquele momento, enquanto os dois homens estavam sentados no chão, entrou uma jovem na sala. Rama a fitou com interesse. Era alta, com uma linda pele azeitonada, longos cabelos negros e olhos transmitindo forte personalidade. Ele não pôde deixar de olhar para ela e, quando ela notou seu olhar, sorriu de volta. Naquele momento, Rama viu uma fieira impecável de dentes brancos.

– Essa menina bonita é minha neta Kalantara. Tenha cuidado com ela; é uma poderosa feiticeira. Ela lhe lançará um feitiço e você se tornará seu escravo. Ela foi dedicada a Parvati.

Rama riu. Pensou em mil respostas, mas absolutamente nenhuma saiu de sua boca. Sua mente estava em tal tumulto e seu coração batia disparado. Ela colocou alguns pratos com comida na frente deles e saiu da sala. Prabhu olhou seriamente para ele.

– Kalantara é uma virgem. Não pode se casar ou perderá os poderes dos quais é dotada. Focalize sua atenção em assuntos mais importantes.

Rama meneou a cabeça. Estava visivelmente pálido. Fora subjugado pela beleza da menina. Contudo, sentira nela uma poderosa vibração. Se ela não podia se casar com ele, poderia ela ajudá-lo com seus poderes?

42

Para ser admitido no conselho de guerra, a pessoa deveria ser importante, e Kuru sabia disso. Ser apenas um bom guerreiro era insuficiente, pois todos os comandantes eram bons guerreiros, mas eles vinham de famílias importantes. Todos eram príncipes ou altos nobres, enquanto Kuru não era ninguém na tribo de Kaikeyi. Precisava atrair a atenção deles, mas para tal teria de se arriscar.

– Rei Dasaratha, me permita uma palavra com sua pessoa – disse Kuru quando viu Dasaratha passar com seu séquito para uma reunião de chefes.

– Quem é você?

– Kuru, filho dos arjunayanas. Minha tribo foi escravizada pelo haihayas.

Ter mencionado os haihayas fez de Dasaratha um ouvinte cativo.

– Haihayas? Conhece algo sobre eles?

– Tudo. Sei tudo a respeito deles, ishvara – respondeu Kuru. Seu coração batia rápido a ponto de não conseguir respirar direito. Seu rosto estava lívido e seu suor gelado. Estava jogando alto e, se perdesse, sua vida seria o pagamento da audaciosa aposta.

– Como não está com eles?

– Como lhe disse, os haihayas derrotaram minha tribo e forçaram todos a se fundirem com eles. Obrigaram-me a ser um dos seus guerreiros, mas, em um dos combates em Haryupyah, fugi e vim parar em Gandara.

Um dos capitães de Dasaratha sussurrou na orelha dele:

– Não será um espião?

Dasaratha concordou e virou-se para Kuru.

– Me entregue sua espada e me siga.

Imediatamente, tirou a espada da bainha e a entregou a Dasaratha. Eles o levaram ao conselho de guerra e, com os demais reis das outras tribos, foi apresentado como um desertor dos haihayas. Eles lhe fizeram várias perguntas e Kuru respondeu sem hesitar. Ele lhes disse os nomes dos chefes e contou um pouco sobre Ujahini, Surmani e outros comandantes dos haihayas, mas não revelou o plano de Surmani de atacar Gandara. Quando lhe perguntaram se os haihayas sabiam sobre Gandara e o agrupamento de arianos reunidos, respondeu:

– Eles não sabem de nada sobre Gandara. Estão voltados para tomar Haryupyah.

– E como você achou Gandara? – perguntou um dos líderes.

– Nunca ouvira falar de tal cidade antes. Quando fugi do acampamento, decidi ir para o norte. Os haihayas têm interesse pelo sul. Cheguei a Gandara por pura sorte.

– E como soube de nossa presença aqui? – perguntou outro rei.

– Não sabia; cheguei uma semana antes de vocês.

Aquela resposta os assegurou. Kuru parecia confiável. Assim perguntaram pela sua tribo. Inventou uma história enquanto falava, parte verdade e parte mentira, mas uma mentira difícil de ser desmascarada. Os arjunayanas eram uma tribo insignificante no caminho dos haihayas e, depois de alguma luta, foram forçados a se fundir com o grupo principal. Isso não era verdade. Na realidade os arjunayanas eram uma tribo poderosa de vital importância na fusão de várias outras tribos arianas na confederação dos haihayas. O falecido rei era chamado Kartaverya-Arjuna, mas nenhum dos reis presentes na reunião sabia disso e assim aceitaram a versão de Kuru sem contestação.

Pediram para ele sair e aguardar. Ao término da reunião, decidiram ter Kuru como consultor sobre os haihayas. Chamaram-no e, quando lhe contaram a decisão de mantê-lo no conselho, Kuru sorriu timidamente. Agora saberia todos seus planos.

43

Antes da primeira verdadeira reunião com Jorabandi, o rei de Haryupyah, Rama pediu a Prabhu para mostrar-lhe a cidade. Queria se familiarizar com as defesas e com as pessoas. Prabhu lhe perguntou qual era seu plano para defender a cidade e ele não tinha nenhum por enquanto.

Depois de ter visitado Haryupyah, observado as muralhas e falar com uma dúzia de pessoas, incluindo alguns guerreiros, Rama estava enojado. A cidade estava abarrotada de gente e a sujeira era incrível. Os ratos tinham crescido e ficaram audaciosos, a ponto de nenhum gato persegui-los. Não era incomum alguém acordar com um rato a mordê-lo. Muitos tinham morrido de infecções desconhecidas. O fedor nas ruas era insuportável. A maioria evacuava nas ruas e não havia ninguém para limpá-las.

A água era outro problema, pois tinham de buscá-la no porto e parte do esgoto era despejado nessas águas. A água tinha um gosto horrível e Rama provou e a cuspiu: era imunda. Embora conseguissem contrabandear um pouco de comida, a alimentação era insatisfatória. As pessoas não passavam fome, mas comiam muito pouco.

Depois da visita, Rama pediu para ter uma reunião com o rei e seus conselheiros. Prabhu empreendeu todos os esforços para marcar a reunião. Prabhu ia ao palácio diariamente. Numa ocasião, o rei estava descansando. Na outra, estava ausente e assim por diante. Rama ficou impaciente, mas não podia forçar o rei a recebê-lo: não queria usar seus poderes; tal demonstração sempre o exauria e levava dias para se recuperar totalmente.

Depois de quase duas semanas, ao deixar a casa de Prabhu, Rama notou dois homens seguindo-o. Eram homens de Jorabandi, mas se não fosse atacado, ele não faria nada. Caminhou ao palácio e os guardas o deixaram entrar. Foi conduzido à sala de trono e Jorabandi informado de sua presença. Depois de alguns minutos, o rei chegou visivelmente preocupado.

– Nada se preocupe, rei Jorabandi. Vim para ajudá-lo e não vou ferir um único haryupyah.

– Eu tenho de me preocupar. Como podemos confiar em um homem com seus poderes? Você é um feiticeiro poderoso e nós somos simples mortais.

– Meu rei, os fatos daquele dia aconteceram para me proteger contra seu desejo de me matar. Se tivesse me recebido de forma mais amável, vocês não teriam visto os poderes investidos em mim pelos deuses. Mas nenhum de seus homens foi ferido ou morto. Portanto, apague tais recordações de sua mente e comecemos tudo de novo.

– Se esse é seu desejo – respondeu o rei vexado.

Rama se sentou na frente do rei e começou a expor seu plano. Era impossível resistir para sempre aos haihayas. Poderiam evacuar a cidade lentamente pelo porto, cruzando o rio. Cada noite, eles tirariam duzentos haryupyahs.

– E eles iriam para onde? – perguntou o desconfiado monarca.

– Eu os levarei a Gandara onde um grupo grande está se organizando para ir ao vale do Ganga.

– E depois de levá-los embora, você quer abandonar a cidade aos diabos brancos?

– Você poderia deixar uma pequena tropa guarnecendo a cidade até a partida de todos. Pode também atear fogo à cidade e deixá-los viver entre as cinzas.

– Entendo – respondeu o rei, enquanto sorriu de repente e concordou com a cabeça. – É um plano muito bom e tem tudo para dar certo. Falarei com meus conselheiros e poderemos implementar logo seu esquema.

Por uma razão desconhecida, Rama suspeitou da súbita mudança de atitude do rei: de uma pessoa desconfiada, tinha se tornado todo sorriso. Mas teria de aguardar a decisão do conselho. Se o rei realmente estivesse do seu lado, em menos de um mês, poderiam evacuar a cidade inteira e levá-los em segurança para Gandara.

Naquele mesmo dia, Jorabandi encontrou-se com o conselho e informou o plano de Rama. Depois da exposição, ele sussurrou:

– Este homem é um diabólico enviado dos malditos haihayas. Estou certo disso.

– É uma grave acusação – comentou um conselheiro.

– Veja seu plano. Ele quer tirar as pessoas de noite para levá-los a Gandara. Lá existe um grupo de arianos se preparando para viajar ao vale do Ganga. Com certeza eles hão de escravizar nosso povo. Como podemos ter certeza de não sermos emboscados pelos haihayas? Quando a maioria de nossa gente partir, os haihayas irão nos atacar. Nessa altura dos eventos, não teremos gente bastante para defender as muralhas e será fácil tomarem a cidade. Esse homem está tentando nos enganar.

– Você parece ter razão, todavia essa não é a opinião de Prabhu.

– Prabhu pode estar enganado. Ele não viu esse homem nos últimos cinco ou seis anos. Ele pode ter voltado à sua tribo e eles serem parte da aliança haihaya. Quem pode nos garantir algo? Não confio em feiticeiros e muitos menos em arianos.

– Vamos testá-lo. Enviemos um primeiro grupo de duzentas pessoas e junto com eles, três pessoas de nossa confiança. Eles voltarão e nos relatarão o sucedido. Se Rama estiver mentindo, descobriremos. Se estiver falando a verdade, então nós poderemos prosseguir com o plano.

Jorabandi ia discutir, mas a maioria dos conselheiros concordou com o plano do mais proeminente dos ministros. Preferia mandar matar Rama, mas teve de concordar.

Emitiu ordens aos guardas para selecionar as duzentas pessoas mais indesejáveis de Haryupyah. Se Rama conduziria o primeiro grupo, o rei enviaria seus dois asseclas para se ver livre do feiticeiro. Em sua mente, o destino de Rama estava selado.

44

Após ter passado um mês em Haryupyah, vivendo perto de Kalantara, a atração inicial de Rama só fez crescer e se tornar um sentimento insuportável. Ele só tinha um pensamento em sua mente e até mesmo o cerne de sua missão tinha sido substituído por um sentimento opressivo chamado amor. Kalantara estava em todos os lugares. Sua imagem se intrometia mesmo quando falava assuntos sérios. Daquele momento em diante, ele devaneava. Até mesmo o fedor da cidade se tornara suportável e a difícil situação dos haryupyahs se tornara algo distante e, às vezes, sem sentido.

Nunca tivera muito contato com mulheres. Na sua tribo – descobriria isso mais tarde –, era visto como um mestiço. Nenhuma mulher ariana iria desejar se casar com alguém de sangue impuro. Na montanha Kailash, muitas mulheres vinham em peregrinação, mas nenhuma estava interessada em sexo: todas tinham sua parte de sofrimento a ser tolerado. Em outras palavras, era virgem. Com vinte e três anos, nunca conhecera uma mulher.

Eles falavam sobre um pouco de tudo, da infância deles até a situação atual nada brilhante. Quanto mais ficavam juntos, mais apreciavam a companhia um do outro.

Kalantara era uma moça de dezesseis anos com poderes psíquicos poderosos e, mesmo Rama acostumado a ver pessoas com poderes especiais, nunca vira alguém tão bem dotado quanto ela.

– Eles aceitaram há pouco seu plano de evacuar a cidade – ela disse. – Mas eles vão enviar três homens para observar o grupo e retornar para lhes falar se é um truque ou não. O rei, todavia, tem medo de você. De fato, vive amedrontado com a possibilidade de ser destronado e morto.

– Você está vendo isto?

– Não, entra na minha cabeça como se eu estivesse lá ouvindo eles falarem.

– Qual é o plano do rei?

– Matá-lo – ela respondeu com indiferença. – Ele vai enviar dois homens para assassiná-lo enquanto dorme.

– Os três homens podem ser de grande valia. Eu não planejara ir com eles. Pensei em mandar o grupo sozinho a Gandara e procurar Dasaratha. Mas, se o rei quiser me assassinar, devo lhe dar todas as chances para fazê-lo. Desse modo ele se revelará aos seus conselheiros e nós podemos nos expor publicamente a alguém contrário ao nosso plano.

– Você não deve se expor ao perigo. Fique aqui, bem guardado e vigiado – respondeu Kalantara. Dessa vez sua indiferença fora substituída por um tom de desespero. – Eu não poderia viver um dia sem você.

– Você sentiria falta de mim?

– Claro; você é meu amigo.

– É só isso? Apenas um amigo? – perguntou Rama, enquanto se aproximava dela.

– Me deixe ser direto com você – atalhou seu avanço com um olhar sério. – Até mesmo se eu não fosse dedicada a Parvati, nunca me casaria com um homem, nem me entrosaria com uma mulher. Sexo e amor não são para mim.

– Não consigo entender como uma moça linda não deseja encontrar o amor.

– Nem você nem eu conheceremos o amor carnal. Você foi dedicado a um grande espírito e eu fui dedicada à deusa-mãe. Mas, para ser honesta, eu sei quem eu fui: fui um espírito masculino. Um guardião de uma tribo de arianos. – E, ao ver a confusão no rosto de Rama, ela prosseguiu: – Vim de outro mundo. Fui trazida aqui para guiar um grupo de espíritos exilados. Meu nome era Washogan e pertenci a uma falange de guardiões.

Um dia, conduzi uma tribo a um vale, muito longe daqui, e os ajudei a se estabelecer. Fiquei com essa tribo por séculos, quando, finalmente, fui convidada para essa nova etapa de minha existência. Meus amigos espirituais me explicaram a necessidade de nascer num corpo de mulher. Seria um meio de mitigar minha natural brutalidade e me tornar mais flexível.

Como poderia se lembrar de fatos acontecidos antes mesmo de ela nascer? Essas perguntas confundiram Rama.

– Você não me acredita, mas me recordo de tudo como se tivesse acontecido ontem. Posso estar neste corpo feminino, mas em minha mente me vejo como um homem. Não sinto atração por mulheres. Não, mas também não me vejo fazendo sexo seja com homem seja com mulher.

– Não entendi o motivo de o casamento não fazer parte de meus planos?

– É o seu destino. Está escrito em seu machado – respondeu humildemente. – Mas, se você quiser saber, eu o amo muito, embora nunca permitirei ser tocada.

Rama, após um longo hausto, tomou suas mãos nas dele e as beijou suavemente.

– Isso é o bastante para mim. Saber de seu amor e amá-la com meu espírito terá de ser suficiente para agradar aos deuses.

Algumas horas depois dessa conversa, o rei e seus conselheiros convocaram Rama. Ele foi com Prabhu e Kalantara. Os três entraram no palácio e foram levados à sala do trono. Um dos ministros os recebeu e lhes disse:

– O rei e o conselho decidiram autorizá-lo a conduzir duzentas pessoas de Haryupyah, começando amanhã à noite. Você está pronto para levá-los em segurança para Gandara?

– Sim, mas desejo conhecer os três homens escolhidos para me escoltar – disse Rama. – Elas serão importantes, pois terão de escoltar as pessoas nas demais viagens. Pretendo voltar, mas não poderei viajar com todos os grupos.

Quando falou sobre os três homens, o conselho ficou surpreso. Como poderia conhecer tais arranjos se tinham decidido isso há pouco? Ao ver a expressão confusa em seus rostos, Rama sorriu.

– Os deuses me informaram por meio de poderosos videntes. Nada escapa às suas percepções, pois também são protegidos dos deuses.

– Assim constatamos e assim nos curvamos aos desígnios dos deuses – disse o proeminente conselheiro e, olhando para um dos guardas, deu ordens para trazer os três homens. Em questão de minutos, eles entraram e foram apresentados a Rama. Ao conhecê-los, Rama olhou para Kalantara. Pelo meneio discreto de cabeça, ela confirmou serem confiáveis.

– Gostaria também de conhecer os dois enviados do rei.

– Não conheço tais homens – disse Jorabandi, saltando da cadeira. – É uma mentira. Não tenho intenção de enviar ninguém.

– Não se preocupe, Jorabandi. Se você enviá-los, serão bem tratados – respondeu Rama, sorrindo.

Rama podia ler seu pensamento ou talvez fosse aquela bela mulher, acompanhando-os, pensou o monarca. Prabhu provavelmente era um dos videntes mencionados. Agora não podia enviar seus assassinos para exterminar aquele intruso, mas descobriria outro momento propício; concluiu. Ele se livraria de Rama e daquela clarividente, e, quem sabe, talvez se livrasse também de Prabhu. Poderia demorar um pouco mais, mas os três não lhe escapariam.

45

Cruzar o rio furtivamente à noite não era uma tarefa fácil. Os quatro barcos podiam levar dez pessoas cada, e tiveram de cruzar cinco vezes para tirar as duzentas pessoas de Haryupyah. Rama estava intranquilo com a operação. Como havia pessoas de todas as idades entre os fugitivos, os velhos tomavam muito mais tempo para entrar e sair dos barcos, enquanto as crianças faziam barulho demais. Essa desordem poderia chamar a atenção dos haihayas. Deu ordens para se manterem quietos, mas as crianças muito pequenas eram incapazes do obedecer. A operação levou quase o dobro do tempo previsto.

Ainda era noite quando o grupo afastou-se do rio e iniciou sua caminhada a uns cem metros da margem. A pior parte era a primeira légua, pois tinham de passar pelas fortificações dos haihayas. Mesmo estando do outro lado do rio, os haihayas poderiam vê-los. Cruzariam o rio para procurá-los e, se isso acontecesse, não teriam chance.

Assim, para evitar ser visto, ele levou o grupo ainda mais distante da margem e mandou se apressarem. Quando conseguiram cruzar o lugar mais perigoso – os haihayas tinham instalado postos de vigias elevados na outra margem –, Rama deu ordens para descansarem durante alguns minutos. Então, ao alvorecer, ele os fez caminhar novamente: só se sentiria seguro em Gandara.

Para fazer tal trajeto a cavalo levava-se muito dois dias, mas a pé, com velhos e crianças, tomou quase uma semana. Naquele momento, Rama viu não ter planejado tudo como devia. As pessoas tinham se apressado em partir e não levaram comida. No segundo dia, os homens tiveram de parar para caçar. Até mesmo quando a caça era frutífera, nem todos podiam se alimentar, pois a comida não era suficiente. No quinto dia, um velho e uma criança morreram de fadiga e fome. Rama ficou arrasado com essas mortes: os tirara da segurança aparente para a morte.

Quando finalmente o grupo chegou a Gandara, tiveram de cruzar o rio novamente. Dessa vez, a travessia não foi tão dolorosa, pois havia muito mais barcos e puderam cruzar em pleno dia. Após atravessar sua gente, Rama foi para ao palácio de Citraratha ver seu pai. Explicou o sucedido e pediu ajuda. Citraratha providenciou comida e abrigo, mas pediu a Rama para levá-los ao Ganga o mais rápido possível. Gandara não podia sustentar tanta gente e não queria ver sua cidade transformada num pardieiro. Rama entendeu a preocupação do pai. Faria o máximo para partir imediatamente ao vale do Ganga.

A reunião com Dasaratha e os outros reis arianos não foi tão tranquila como a reunião com Citraratha. Reclamaram amargamente dos dravídicos e de ter de levá-los. Ainda tinham preconceito e, mesmo vendo o estado lastimável dos negros, seus corações não enxergavam gente necessitada, mas pessoas sujas e subnutridas.

– Mas, amigos, todos nascem de Brahma.

– Sim, é verdade, mas enquanto nós viemos da mente e do coração de Brahma, esses dasas vieram dos pés. É o pior tipo de gente do mundo.

– Estou decepcionado com você, Dasaratha. Se você vê nessa gente a escória do mundo, então não devia sequer me dirigir a palavra. Também corre nas minhas veias o sangue deles e, embora me pareça com um ariano, um quarto de mim é dasa. Isso me faz ser um homem pior?

Ter pronunciado isto em voz alta fez todos se calarem. Seu líder não era um puro sangue ariano e, enquanto murmuravam, uma voz tonitruante se fez ouvir.

– Esses são os novos tempos, meu povo. Se o poderoso Vishnu nos enviou um homem com sangue dasa é porque deseja nós unir a essas pessoas. Ele e Shiva são a mesma manifestação do maior de todos os deuses. Vishnu deseja fundar uma nova raça, com um só povo e um único deus supremo.

Os reis e Rama se viraram para Vishvamitra, o purohita dos panchalas. Parecia possuído de um anormal fervor religioso, mas Rama viu uma luz iluminando o topo de sua cabeça. Tal brilho era uma conexão com o próprio Vishnu.

Ninguém ousou discutir, mas, embora estivesse resignada, a maioria não gostou do assunto. De qualquer maneira, era tarde demais para se retirar do agrupamento. Tinham vindo longe demais para repensar todo o plano de migração por causa de um pequeno e imperceptível detalhe: o sangue de Rama. Tinham de prosseguir, achar o rio Ganga e ser feliz nas novas terras, ou então voltar, enfrentar os ferozes haihayas e perecer.

46

– De onde vieram todos esses dasas? – perguntou Kuru a Kaikeyi, sua mulher. Ela não sabia. Tinha de descobrir e, indagando a um e a outro, soube da fuga deles de Haryupyah. Como conseguiram atravessar o cerco dos haihayas? Ninguém sabia. Rama não tinha revelado o segredo a ninguém, apenas aos reis arianos. De qualquer maneira, Kuru estava em dúvida. Essa gente era uma exceção ou seria um fluxo constante? Era bom para os haihayas se a cidade fosse abandonada ou poderia ser algo perigoso?

Sempre com seu sorriso encantador, ele foi até o acampamento dos dasas, próximo às tendas kosalas. Como falava bem o tamil, se apresentou como uma pessoa útil. Providenciou comida e algumas ervas para curar pequenas feridas e logo os dasas o viram como um amigo, algo raro entre os arianos.

– Como está Haryupyah? – ele perguntou a um dos velhos, enquanto cuidava de sua ferida com um emplastro de ervas.

– Uma bagunça. Muita gente e pouca comida. Tudo fede e o rei não faz nada a não ser se esconder no palácio.

– E como conseguiu fugir?

– Oh, essa foi realmente uma aventura. O homem do machado nos atravessou em barcos e depois nos trouxe até aqui. Ele é um poderoso rishi.

Pelos próximos cinco minutos, Kuru escutou a história do velho. Era inacreditável, pois o tal Rama fizera tantos feitos incomuns no palácio do rei e lutara com tantos guardas. Só podia ser uma deslavada mentira ou um conto de fadas. Ninguém tinha tal poder, concluiu Kuru.

Depois de cuidar das pessoas, Kuru retornou ao acampamento. Rama evacuaria a cidade cruzando o rio e trazendo-os a Gandara. Ele os levaria ao rio Ganga, mas ninguém sabia exatamente onde ficava situado. Como proceder? Escapar furtivamente e advertir Surmani, ou ficar e descobrir mais sobre o rio Ganga, do qual todos falavam maravilhas, mas ninguém sabia onde era?

Ao voltar à sua tenda, sua mulher lhe serviu o almoço. Enquanto comia, Kaikeyi se sentou próximo a ele. Ela parecia preocupada com algo. Ele viu a angústia no seu rosto e lhe perguntou:

– Qual o motivo de seu aborrecimento, princesa?

– Se lhe fizesse uma pergunta, me daria uma resposta honesta? – e ao ver sua concordância, perguntou: – Você é um ghuy?

Ele ficou quieto por alguns segundos, olhando-a nos olhos e então meneou afirmativamente a cabeça, enquanto abaixava sua vista. Ela ficou quieta durante um bom tempo.

– E o qual é o problema se eu for um ghuy? – ele perguntou, preocupado com seu mutismo.

– Em minha tribo, os ghuys foram banidos. Se o descobrirem, eles o mandarão embora ou pior.

– Não vejo motivo de ser considerado alguém terrível só por ser ghuy. Em minha tribo todos os guerreiros querem se tornar um. É uma grande honra, você sabia?

– Pessoas têm costumes diferentes. Os mais velhos comentam sobre o tempo dos ghuys. Eles eram uma peste e foram abolidos. Ninguém mais fala deles. Era uma maldição extinta.

– Em muitas tribos, os ghuys se tornaram o poder atrás do poder e forçaram os reis e purohitas a obedecê-los.

– Era diferente em sua tribo? – perguntou Kaikeyi.

– Entre os arjunayanas nós nos tornamos o poder. Só ghuys podem ser reis e comandantes.

– Então o poder em sua tribo deve ser despótico.

Ele concordou com a cabeça e terminou seu prato em silêncio. Quando estava quase terminando, ele lhe perguntou se alguém sabia disso. Ela negou com cabeça.

– Como você descobriu? – ele perguntou.

– Pela cicatriz em seu peito – ela respondeu firmemente e, depois, num tom mais dócil, explicou. – Eu estava ouvindo uma velha falando dos tempos antigos e ela mencionou a época perversa dos ghuys. Ela nos contou sobre as duríssimas provas às quais os homens eram submetidos para serem aceitos como ghuys. Como muitos morriam nesses testes desumanos e apenas poucos sobreviviam. Quem era aprovado se tornava parte de uma irmandade de caçadores e guerreiros chamada ghuys – lobos. E os ghuys se comportavam como lobos e, em matilhas, forçavam a tribo a obedecê-los. Os aprovados eram marcados com uma cicatriz feita por um punhal no peito sobre o coração: era o sinal do ghuy. E quando ela falou da marca em forma de um raio em homenagem a Indra, o deus dos raios e trovões, entendi tudo: você é um ghuy.

– E você pretende me denunciar a Dasaratha?

Kaikeyi sorriu e acariciou seu rosto, e lhe respondeu de forma meiga:

– Como posso denunciar o pai de meu filho?

47

Com seus três companheiros dravídicos, Rama voltou a Haryupyah. Levaram três dias e, quando chegaram, uma vez mais, entraram pelo porto. Rama foi direto à casa de Prabhu para ver seu amigo e Kalantara. Ao chegar, foi abraçado por Kalantara e, depois de se refrescar, foi com Prabhu ao palácio dar seu relatório ao rei.

– Então você falou a verdade, afinal de contas. Não era um truque – disse Jorabandi em tom ofensivo. Já recebera o relatório dos três enviados.

– Você deveria me conhecer melhor – respondeu Rama.

– Senhores, comportem-se de acordo com suas altas posições – preveniu Prabhu.

Enquanto Prabhu os repreendia, os conselheiros entraram na sala do trono e os dois homens deixaram de lado a rivalidade para falar de assuntos mais urgentes: a comida era escassa e algumas pessoas estavam morrendo de uma doença misteriosa.

– Como é essa doença? – perguntou Rama.

– Deve ser uma maldição enviada pelos haihayas. Eles são conhecidos como poderosos feiticeiros e sacrificam vidas humanas aos seus diabólicos deuses – disse Jorabandi.

– Não é uma única doença, mas várias a atingir nossa gente – interveio Prabhu. – A escassez de alimentos é a mais importante. Todavia vi vários outros tipos de doença associadas com a falta de boa alimentação.

– Devemos retirar as pessoas da cidade o mais rápido possível. Mas tenho um problema... – disse Rama, e fez uma pausa por alguns segundos enquanto o olhavam intrigado. – Ninguém parece saber o caminho para o rio Ganga. Todos ouviram falar, mas ninguém me deu a direção certa. Alguns apontam para o oriente, mas falam também de um deserto de difícil travessia.

– O Thar – comentou um dos conselheiros, enquanto o rei mal conseguia acreditar em seus ouvidos. Como aquele jovem pôde ser tão ingênuo a ponto de confessar não conhecer o caminho?

Com um sorriso triunfante, Jorabandi começou a discursar pomposamente:

– Você está dizendo desconhecer o caminho ao vale? Não parece muito prudente e vindo de um grande homem como você, fico totalmente surpreso em ouvir tal afirmação. Seria melhor reavaliar seu plano. Talvez devêssemos ficar onde estamos e esperar pelos haihayas se cansarem e nos deixarem em paz. Eles também não têm muita comida e devem estar comendo suas últimas vacas. Logo, quando a inundação vier, terão de se mudar e nós poderemos trazer comida de outros lugares. Enviei mensageiros para comprar comida em Chanhu Daro, Mohenjo Daro e Mari. Quando os haihayas se mudarem, traremos alimentos e nossa gente não passará mais fome.

Isso era uma novidade, pois nem os conselheiros sabiam disso. O monarca não era afinal de contas tão estúpido assim. Como Rama dissera desconhecer onde era o vale do Ganga, todos preferiram o novo plano do rei. Rama não conseguiu convencê-los do contrário.

Rama fora de uma ingenuidade a toda prova, pensava Prabhu, enquanto voltavam à casa.

– Você nunca deveria ter dito desconhecer o caminho ao Ganga – recriminou acerbamente Prabhu.

– Deveria mentir?

– Ninguém lhe perguntou se sabia o caminho. Se tivesse conversado comigo antes, teria lhe informado quem conhece o caminho.

– É mesmo? Quem?

– Hanatra. Ele é de Ganga.

– Por Vishnu! Estava tão perto da resposta e nunca conversei esse assunto com ele. Agora só me resta ir a Kailash e aprender o caminho com ele.

– Diga adeus a Kalantara e tenha uma boa viagem.

48

Kuru estava num dilema. Sua mulher estava grávida de um filho seu. Precisava ficar só e pensar. Montou no cavalo e foi até o topo de uma colina. Enquanto observava o rio fluindo placidamente, meditou sobre sua vida.

Era realmente um arjunayana e, até mesmo sendo um primo distante de Ujahini, nunca fora bem visto por eles. Quando quis se casar com uma das principais princesas haihayas, Surmani criou todo tipo de obstáculos. Na realidade, Surmani só começou a se interessar pela mulher quando mencionou a Ujahini seu desejo de se casar com ela. Daquele momento em diante, Surmani se interpôs entre ele e sua pretendente, e fez de tudo para impedir o casamento. No fim, Ujahini preferiu dar a moça ao irmão. A jovem não amava nenhum deles, mas ele sempre se sentiu contrariado com a atitude dos irmãos haihayas.

Tinha duas opções; ficar com os arianos e criar seu filho ainda para nascer; ou fugir e contar aos haihayas sobre a rota de fuga dos dravídicos. Enquanto sua mente lutava para chegar a uma conclusão, observou vários cavaleiros se aproximando de onde estava. Quando chegaram próximos, reconheceu Dasaratha e alguns dos seus companheiros. Ao chegar perto dele, o monarca ariano o cumprimentou e lhe perguntou o motivo de estar longe da cidade.

– Precisava de um tempo sozinho para pensar sobre minha vida – respondeu Kuru, sem tentar esconder seus sentimentos.

– Qual é sua preocupação?

– Minha mulher está grávida e não sei se estou pronto para tal fato.

– Como assim?

– Ser pai.

– Não há nada de importante em ser pai. As mulheres fazem tudo. Você só tem de ensinar seu filho a lutar e caçar, mas isso é algo para daqui a dez anos ou mais. Qual é realmente sua dúvida? É o fato de não saber se fica e trai seus amigos haihayas ou se foge e trai seu filho? De qualquer maneira, será um traidor.

– Por quem me toma? Não sou um espião e muito menos um traidor.

– Logo saberemos. Se ficar, é confiável. Se partir, é um espião maldito. Não há problema: o sol nasce todo dia e, se você for um espião, você terá sua colheita, um dia.

Kuru não respondeu. Cavalgou de volta à cidade com Dasaratha e seus amigos. Enquanto montava, tomou uma decisão. Escaparia à noite, mas mataria Dasaratha antes. Era o rei mais importante entre os demais e eles o escutavam. Se o matasse, perderiam uma pessoa decisiva.

Na noite seguinte, preparou tudo. Empacotou seus poucos pertences, selou seu cavalo, conduziu-o à saída do acampamento e o amarrou a uma árvore. Então esperou todos dormirem e, para não despertar suspeitas, também se deitou. Quando o acampamento estava dormindo, saiu da cama, olhou para Kaikeyi. Ela estava adormecida. Saiu da barraca sem fazer barulho, levou seu punhal na cintura e caminhou até a tenda de Dasaratha. Ninguém estava vigiando. Abriu a entrada da tenda e entrou. Viu Dasaratha dormindo e, quando estava a ponto de apunhalá-lo, escutou um grito de uma mulher:

– Cuidado, Dasaratha.

Virou-se e viu Kaikeyi, olhando-o horrorizada. Voltou-se para atacar Dasaratha, mas ele tinha despertado com o grito de Kaikeyi. Já de pé, segurava uma espada na mão. Não o enfrentaria com um simples punhal. Saiu correndo até encontrar seu cavalo. Escutou o tumulto no acampamento e, montado no garanhão, galopou para longe. Até os homens selarem seus cavalos e encontrarem seu rastro, ele já estaria longe.

Três dias depois, Kuru chegou à tenda de Ujahini. Contou-lhe como os dravídicos estavam fugindo da cidade.

– Nada mais óbvio – exclamou Ujahini. – Deveria ter pensado nisso.

– Deveríamos emboscá-los e matar todo mundo – disse o titânico Surmani.

– Se fizermos isso, só pegaremos um grupo de duzentos – redarguiu Ujahini. – Os demais não fugirão mais. O melhor a fazer é enviar um grupo pequeno de vigias. Ficarão escondidos e nos relatarão quantos deixaram a cidade.

– Vai deixar todos fugirem? – perguntou um dos irmãos de Ujahini.

– Para nós, isso é excelente. Quando não houver mais dasas, poderemos tomá-la sem arriscar um único guerreiro. Então, depois, podemos enviar um exército sob o comando de Surmani e conquistar Gandara. Assim mataremos os arianos e os dasas fugitivos.

– Um plano magistral – exclamou Surmani.

Depois de alguma discussão, deram o comando do grupo de vigias a Kuru. Teria de viver na selva com um grupo mínimo de homens, ficar escondido a maioria do tempo para não ser visto e informar a Ujahini cada grupo de dravídico a fugir de Haryupyah.

Era uma missão indigna de um ghuy, concluiu Kuru ao cruzar o rio com três outros arjunayanas. Dasaratha tinha razão, afinal de contas não passava de um miserável traidor.

49

No dia seguinte à fuga de Kuru, Dasaratha foi até a tenda de Kaikeyi. Tinha todas as razões do mundo para lhe agradecer. Se ela não tivesse gritado, seguramente estaria morto.

– Como apareceu naquela hora?

– Kuru gosta de se despir antes de dormir. Naquela noite, ele não só foi para cama vestido, como também com um punhal. Não sabia do desejo de matá-lo, mas deveria suspeitar de algo assim vindo de um miserável ghuy.

– Ele é um ghuy? Os ghuys não foram banidos?

– Entre nós, sim, mas os arjunayanas ainda têm esse costume.

Olhou para ela e lhe pediu para lhe contar tudo. Ela abriu seu coração e contou tudo do início. De como conhecera Kuru e descobrira ser um ghuy. Terminou sua história falando de sua gravidez.

– Isso é muito ruim – disse Dasaratha. – Você é, na realidade, uma viúva e, por causa disso, viverá em extrema dificuldade. Agora, com uma criança, será quase impossível.

Ela olhou para seu semblante severo e não lhe respondeu nada. Ele podia sentir sua angústia, mas ela não ia demonstrá-la. Uma mulher forte, ele concluiu. Seu tipo de mulher. Observou seus cabelos loiros e seu rosto bonito. Poderia ser uma boa esposa.

– Vou lhe dizer como procederemos. Você irá viver em minha tenda e minha mulher Sumitra a ajudará.

– Sua esposa pode não gostar de ter outra mulher compartilhando sua tenda.

– Você não conhece Sumitra. Ela é a pessoa mais meiga do mundo. Jamais se oporá à sua permanência.

– Você está fazendo isso por gratidão?

– Sim e não. Acho você uma mulher muito linda e gosto do seu estilo. Após ter seu filho, poderemos ser marido e mulher. Aos olhos da tribo, você será minha esposa. Sua descendência será minha, mas, se for um macho, não terá a preferência. Você me entende? Será tratado como um príncipe. Terá fortuna e uma boa posição na tribo. Contudo, ninguém poderá saber da verdade. Concorda?

– Jamais poderia recusar tal oferta do meu rei.

50

Por alguma estranha razão, Rama teve a intuição de nunca mais ver Prabhu. Não obstante, repeliu vigorosamente aquele mau presságio. Na manhã seguinte, cruzou o Ravi em um barco e dirigiu-se ao norte para o Himavat.

De um lugar escondido, Kuru o viu e lembrou-se de tê-lo visto em Gandara, mas suas ordens eram muito rígidas: não atacar ninguém e apenas relatar a saída de dasas. Observou Rama partir a pé e desaparecer no horizonte depois de algum tempo.

Seria uma viagem de quase duas semanas para alcançar Kailash. Ao chegar, Hanatra veio recebê-lo.

– Nós o aguardávamos, querido Rama. Nossos videntes disseram estar voltando, mas não souberam precisar o motivo do retorno.

Rama levou alguns minutos para lhe informar sobre todos os episódios de sua vida. Falou também do encontro com seu verdadeiro pai. A certo momento, Rama falou do Ganga e de sua necessidade de encontrar o caminho de Gandara ao vale.

– Terei o maior prazer em ajudá-lo, mas não conheço o caminho de Gandara ao Ganga. Sou de uma aldeia na região de Ganga. Sei o caminho até minha terra natal. Mas só me dirijo ao norte até aqui e ao sul até minha casa. Nunca estive na região do Meluhha.

– Isso é um contratempo, mas, se eu for até sua aldeia, talvez de lá possa achar o caminho a Gandara. Dessa forma, eu faria o caminho de volta, levando as pessoas ao vale.

– É uma tentativa um tanto arriscada.

– Só posso fazer isso – respondeu Rama.

Hanatra permaneceu calado durante algum tempo. Pela sua expressão, ele estava em dúvida. Então, como ele se manteve silencioso por muito tempo, Rama lhe perguntou:

– Qual parece ser o problema?

– Se ajudá-lo, estarei conduzindo os arianos à minha região. E, afinal de contas, pelos fatos horríveis relatados sobre eles, não devo ajudá-lo nessa tarefa.

Sim, pensou Rama, Hanatra tinha razão. Os arianos eram seus inimigos e, se os levasse ao seu vale, estaria os ajudando a conquistar e escravizar seu povo. Não poderia pedir isso ao amigo; teria de fazê-lo sozinho.

– Entendo seu dilema. Mas apenas me aponte o caminho ao Ganga. Farei o resto sozinho.

– Até mesmo isso seria trair minha gente. Só vou lhe informar sobre um grupo de pessoas de uma aldeia do Ganga chamada Kartika. Partirão em poucos dias e, se você quiser, pode ir com eles. Mas colocarei um desafio em sua cabeça.

Isso não era bom. Tais desafios normalmente eram maldições.

– Se for da vontade de Shiva, os arianos alcançarão o vale. Se abusarem de nosso povo, possa Shiva enviar Skanda para dobrar-lhes a cerviz.

Isso não era bom, pensou Rama. Skanda era o deus da guerra e mesmo sendo filho de Shiva e Parvati, podia ser bastante sanguinário quando o interessava sê-lo.

Alguns dias depois, Rama partiu com o grupo de Kartika. Depois de ter deixado a região de Himavat, eles se depararam com um rio largo. Mas não era o Ganga, como Rama pensou de início, mas os kartikas lhe disseram se tratar do rio Ghaghara, um afluente do Ganga. Durante dias, Rama cruzou vários rios, alguns largos e outros menores, mas todos vindos das montanhas do Himavat.

Depois de quase uma semana, o grupo chegou à Kartika, às margens do Ganga. Rama realmente ficou impressionando com o rio, pois era largo e fluía suavemente. Era a época da cheia, mas essa não era tão intensa como na região do Meluhha. A inundação era quase inexistente. Os campos eram verdes e as florestas exuberantes. Quando perguntou por tigres e outras bestas selvagens, eles não sabiam nada a respeito de tigres, embora houvesse lobos, chacais, cobras, búfalos selvagens e uma variedade de macacos de todas as formas e tipos. Um paraíso na terra, Rama concluiu quando comparou o vale verde com o solo improdutivo do Meluhha.

Ficou na aldeia durante alguns dias e alguns dos homens lhe explicaram para ir um pouco mais ao norte a fim de evitar o deserto de Thar. Havia uma faixa de terra seca e ligeiramente rochosa com declives suaves ideal para atravessar. O lugar não era um completo deserto, mas era um lugar de difícil acesso. Ao término desses dias, sentindo-se forte o suficiente para enfrentar outra jornada, Rama partiu só. Sua vontade seria posta à prova, lhe disseram os kartikas: não seria uma viagem fácil.

51

Durante um longo mês, Kuru e seus três amigos observaram Haryupyah da outra margem, esperando ver se mais dravídicos escapavam. Ninguém saiu. Observaram alguns carregamentos de comida entrar. Ao término daquele período, Kuru já tivera o suficiente: aquela missão não o estava levando à glória. Deixou dois guerreiros vigiando e foi com o terceiro ao acampamento principal dos haihayas.

Ao chegar, Kuru foi à tenda de Ujahini. Quando o rei o viu, lhe disse para desmontar, se refrescar enquanto chamava seus irmãos e os principais comandantes. Em minutos, Ujahini reuniu o conselho de guerra sob sua vasta tenda e escutou o relatório de Kuru. Todos se sentaram no chão em tapetes e, quando o curto relato foi concluído, Ujahini pensou por um momento e se expressou.

– Se não estão saindo mais, só podemos aguardar.

– Um instante, por favor – disse Surmani, intervindo veemente. – Nós não podemos ficar aqui para sempre. As pessoas estão reclamando e nossos guerreiros estão cansados de não fazer nada.

– Qual é a outra opção? – respondeu Ujahini tão bravo quanto seu irmão. – Você quer atacar novamente as muralhas e ser queimado vivo?

– Nós temos de fazer algo ou estaremos numa situação difícil – entrou na discussão um dos irmãos de Ujahini. – Nossa comida está começando a rarear.

– Se me permite – interveio Kuru –, tenho um plano para tomar a cidade.

– Não venha com nada estúpido – disse Surmani.

– Nunca propus nada estúpido – respondeu Kuru irritado.

Antes que os dois homens começassem a discutir, Ujahini interveio.

– Parem você dois – e, virando-se para Kuru, perguntou: – Qual é sua ideia?

– Se atacarmos as muralhas, os dasas se apressarão para defendê-las. Se tivermos duas ou três balsas, poderíamos cruzar o rio e entrar no porto, enquanto estão nas muralhas.

– Nós já tentamos isso antes – atalhou Surmani.

– Não, não fizemos. Enviamos alguns homens nadando para dentro e eles foram mortos. Meu plano é enviar pelo menos quinhentos homens em balsas.

– Balsas? Onde nós vamos conseguir balsas? – perguntou Surmani.

– Nós as construiremos. Há bastante madeira no outro lado. Teremos de derrubar algumas árvores e construir duas ou três balsas. Nós as puxaremos com cordas.

– E... – Surmani ia o interromper novamente, mas Ujahini fez um gesto para aguardar e deixar Kuru terminar.

– O plano é simples. Capturaremos um ou dois barcos, cruzaremos o rio e estenderemos as cordas. Amarraremos as cordas às balsas e os homens puxarão as balsas.

– E provavelmente os dasas os ajudarão a puxar as cordas também, não é mesmo? – disse Surmani sarcasticamente. Os homens riram e Kuru apertou seu punho e cerrou seus dentes para controlar a raiva crescente.

– Se nós atacarmos as muralhas, a defesa deles naquele setor será fraca. Podemos atacá-los ao amanhecer e, se fizermos tudo depressa, poderemos pegá-los de surpresa e entrar com um grupo grande na cidade. Isso só precisará ser bem coordenado.

– Esse é o problema. Preciso saber o momento exato para lançar o ataque – comentou Ujahini.

– Dê-me um par de dias para preparar as balsas e testar o cruzamento. Quando estivermos prontos, enviarei um dos meus guerreiros avisá-los. Mova seus homens logo antes do amanhecer, acenda quantas fogueiras puder para atrair a atenção dos dasas. Assim também saberei do ataque iminente. Quando atacar, soe bem alto as trompas. Ao vermos os dasas correrem para defender as muralhas, cruzaremos o rio.

– É o tipo de plano fadado ao insucesso – disse Surmani.

– Você tem algo melhor? – perguntou Kuru.

– Ataquemos as muralhas e escalemos.

– Sim, certo. Como tentamos um ano atrás e fomos derrotados pelas mulheres, velhos e alguns dasas. Plano brilhante.

Surmani cerrou seus olhos de raiva contra Kuru. Mas não era nenhum pastor estúpido, e tinha todo o direito de estar lá; mesmo não sendo parte da família, era um primo distante. Ambos os homens se odiavam desde meninos. Ujahini sabia disso e interveio.

– O plano de Kuru pode dar certo. De qualquer maneira, é a última tentativa. Se não tivermos sucesso, vamos suspender o sítio e atacar Gandara, como é o desejo de Surmani. Agora sabemos de sua fraqueza.

– Nós não deveríamos sequer tentar tomar essa cidade – disse Surmani. – Ataquemos Gandara imediatamente.

– Não podemos fazer isso agora, Surmani – atalhou Ujahini. – A inundação chegará em menos de duas semanas. Seríamos pegos no meio da lama e das águas. Se nós decidirmos abandonar Haryupyah e atacar Gandara, o faremos dentro de seis meses, logo após a inundação.

– Vai tentar o plano de Kuru?

– É isso ou ficar quieto até a inundação passar.

Surmani virou-se para Kuru e lhe perguntou:

– Se conseguir levar seus quinhentos guerreiros para dentro de Haryupyah, qual o próximo passo?

– Meu plano é atacar um dos portões por trás e abri-lo. Se tivermos sucesso, destruindo um dos portões, invadiremos a cidade com nossos guerreiros e, em combates individuais, somos superiores e os venceremos.

Vendo a aquiescência da maioria, Ujahini decidiu:

– Tentaremos o plano de Kuru. Quando podemos atacar?

– Em cinco dias.

– Terá de ser rápido, pois a inundação está prevista para breve. Se não tivermos sucesso em cinco dias, teremos de abandonar a cidade e, quando a cheia passar, atacaremos Gandara.

– Se depender de mim, o ataque será um sucesso – afirmou Kuru. – Conquistaremos Haryupyah.

52

A pior parte de um sítio era a falta de comida. Toda a dor estava concentrada no estômago. Todos os sentimentos e pensamentos eram substituídos pela sensação da fome, a qual não se podia saciar. Kalantara não reclamava, mas Prabhu sabia de seu sofrimento. Ele não podia fazer muito, mas toda a comida conseguida era destinada à sua família. Não obstante, estava consternado e seu semblante não escondia tais inquietações.

– Não se preocupe, vovô. Rama descobrirá um meio de nos tirar desta enrascada.

– Naturalmente, minha querida – ele disse mais para aplacar seu medo e, depois de acariciar seu rosto, prosseguiu: – Essa não é minha preocupação.

– Está consternado com essa nova doença, não é?

– Precisamente, meu bem. Nos últimos dias, um número alto de pessoas morreu. Desconheço a origem e nem mesmo os demais rishis sabem. Pode ser algo terrível, o qual poderá nos ceifar como se fosse uma praga de gafanhotos.

– E você não tem ideia de como debelar essa praga?

– Se soubesse não estaria preocupado: acharia a cura – expressou-se tristemente... e teve uma ideia súbita: – Tente se concentrar na doença. Talvez, com sua intuição, possa nos dizer algo a respeito.

A jovem meneou a cabeça e foi até o quarto ao lado e, depois de alguns instantes, retornou com uma pedrinha na mão. Escolheu algumas pedras de carvão do braseiro e pôs numa panela. Então colocou a pedra preta sobre o carvão em brasa e ficou vendo queimá-lo lentamente. Quando a fumaça ficou mais forte, concentrou-se e fechou os olhos. Depois de alguns minutos, Prabhu a ouviu falar.

– Os ratos. As pessoas estão comendo ratos. Quando morrem, eles liberam uma maldição, uma maldição negra.

Então era isso, pensou Prabhu. Ele não lhe tinha falado sobre como as pessoas começavam a ter irrupções de pústulas negras extremamente dolorosas, como se fosse uma queimadura, por todo corpo. A febre era alta e as pessoas morriam em poucos dias em agonia. Prabhu perguntou se algo podia ser feito.

– Você não pode fazer nada, vovô – ela respondeu aos seus questionamentos íntimos. – A cidade inteira está condenada. Essa nova doença é uma das faces de Shiva: é Bhairava, o terrível, agindo no mundo.

– Qual sua sugestão?

– Fujamos enquanto podemos.

– E abandonar minha gente a tal terrível doença? Por quem me você toma, Kalantara?

– Por um homem impotente enfrentando uma força incontrolável.

– Sim, você tem razão. Sou impotente, mas eu a enviarei a Gandara.

– Não partirei sem você e o resto de meu povo.

– Eu falei com seu pai e ele levará você e seu irmão para se encontrar com Rama em Gandara. Eu vou ficar: sou velho demais para tal viagem.

53

Foram produzidas facilmente balsas e cordas fortes, mas tomar um barco não era uma tarefa fácil: eles não tinham horário certo. Certos dias, não havia nenhuma travessia e, em outros, os quatro barcos cruzavam o rio, mas nunca ao mesmo tempo: Jorabandi tinha proibido isso.

No meio da noite, Kuru foi informado sobre um minúsculo grupo deixando Haryupyah há pouco. O barco fora rápido demais e não houve tempo de capturá-lo. Deu ordens para não incomodar os fugitivos. Não iria denunciar sua posição apenas para pegar três ou quatro dasas.

– Deixe-os fugir: sempre há tempo para matá-los depois.

Naquele momento, Kuru tomou uma decisão. Tudo dependia de um barco e não queria ver seu plano atrapalhado por um detalhe insignificante. Como era um bom nadador, resolveu cruzar a nado e roubar um barco, mas teria de fazê-lo sozinho.

Tudo conspirou ao seu favor. A noite não tinha lua, os guardas estavam adormecidos e o rio calmo. Kuru nadou e, sem um som, entrou no porto. Os barcos estavam atracados e levou o menor. Sem entrar nele, cortou as amarras e o empurrou lentamente para fora do porto. Isso tomou alguns minutos: não tinha a menor intenção de chamar a atenção dos guardas. Quando o barco estava fora do porto, subiu nele e procurou pelos remos.

Ao achá-los no fundo da embarcação, remou lentamente, sem fazer barulho, até a outra margem.

Essa aventura inteira tinha tomado menos de uma hora e ainda tinha algumas horas antes do ataque principal. Mandou de volta um dos seus homens até Ujahini para informá-lo do ataque.

Logo antes do amanhecer, Haryupyah foi abalada por gritos vindos de fora das muralhas. Os guardas deram o alarme e os sinos soaram, chamando os defensores às muralhas. Os guerreiros se apressaram às suas posições e, ao alcançarem seus postos, viram horrorizados uma concentração enorme de arianos carregando tochas e gritando furiosamente. Acenderam as fogueiras no topo das muralhas para cozinhar o óleo a ser jogado sobre os haihayas. Mas, muito para o alívio deles, os haihayas não os atacaram. Chegaram mais próximos e gritaram maldições horríveis no idioma dravídico e em sua língua, enquanto as trompas tocavam furiosamente.

Kuru esperava por esse sinal. Pegou o barco e cruzou o rio com dez homens. Entraram no porto quase vazio. Só dois guardas estavam presentes e, ao vê-los entrando no porto, correram para buscar mais soldados para ajudá-los. Kuru e seus homens desceram e, enquanto quatro dos homens começaram a puxar a corda amarrada a uma das balsas, os demais entraram nos barcos restantes e cruzaram de volta com eles. Eles iam apanhar mais cordas e os cem metros de rio foram facilmente vencidos em menos de cinco minutos. Ao alcançarem a outra margem, amarraram a corda a uma balsa e remaram de volta. Quando alcançaram o outro lado, puxaram as demais balsas transportando de cinquenta a sessenta homens cada. Em menos de meia-hora quase duzentos homens tinham conseguido atravessar.

Quando a primeira balsa atracou, os guardas dravídicos voltaram com quase quinhentos guerreiros de Haryupyah. Uma intensa luta iniciou-se nas docas e, mesmo inferiorizados em número, os arianos ficaram pé. Quando as demais balsas atracaram, trazendo reforços, os haihayas puderam empurrar os haryupyahs para trás e a luta continuou nas ruelas estreitas. Lentamente, Kuru conseguiu concentrar suas tropas do outro lado da cidade. Precisava chegar aos portões e abri-los, mas agora o alarme tinha sido dado, a maioria dos guerreiros das muralhas abandonou a posição para lutar contra Kuru. Deixaram as muralhas sob a vigilância de mulheres e velhos e alguns poucos guerreiros.

Quando a luta começou nas ruas, Kuru fora encurralado numa armadilha. Estava rodeado por milhares de haryupyahs. As ruas eram muito estreitas para dar aos haryupyahs a chance de usar todas suas forças. Kuru não podia se retirar de volta às docas, pois sua retaguarda fora cortada. Entretanto, não conseguia avançar até os portões, pois um mar de haryupyahs bloqueava sua passagem. Tinha de lutar onde estava.

Fora das muralhas, Ujahini observou quando vários guerreiros de Haryupyah deixaram sua posição e entendeu o motivo. Estavam correndo para impedir a progressão de Kuru dentro da cidade, porém tinham debilitado a defesa da muralha. Chamou seus comandantes e lhes deu ordens para tomar as muralhas a qualquer custo.

Em questão de minutos, os haihayas correram para as muralhas e usando as escadas, começaram a escalá-las. As mulheres e os velhos jogaram óleo fervente neles, mas não tinham bastante gente para impedir tal massa de homens e, em alguns minutos, um grupo forte ocupou as muralhas. O grande número de guerreiros subiu por aquele lugar seguro e, estando fortes o suficiente, os haihayas desceram aos portões. Fora murado pelo interior, mas, com uma dúzia de picaretas, os homens destruíram o muro e, finalmente, abriram os portões.

Naquele momento, milhares de haihayas afluíram pelos largos portões e inundaram a cidade com sua presença. Os haryupyahs teriam de lutar dentro da cidade. E assim fizeram: durante quase cinco horas lutaram pelas suas vidas nas ruas e nas casas. Ujahini tinha dado ordens estritas para não atear fogo à cidade. Precisava dela intacta para viver nela.

No meio da tarde, os guerreiros de haryupyahs tinham sido mortos e, agora, começava a última parte do ataque: a matança indiscriminada de todo ser vivo em Haryupyah. Ninguém seria poupado, nem mesmo as mulheres bonitas ou pessoas importantes. Tomou muito tempo para matá-los, lançar os corpos em carroças, levá-los ao porto e jogá-los no rio. A maioria dos haryupyahs fora morto, mas alguns conseguiram sobreviver mesmo gravemente ferido. Alguns desses morreram no rio, mas alguns poucos conseguiram escapar. Chegaram à outra margem do rio, rastejaram para fora da água e se esconderam nos arbustos.

O rei e sua corte foram mortos tentando fugir e Prabhu também não conseguiu sobreviver. Agora, com Haryupyah tomada, vinha a melhor parte do ataque: a divisão do saque.

54

Cruzar terras desconhecidas era uma tarefa amedrontadora. Rama não tinha a menor ideia para onde ia. Caminhou margeando o Ganga até o rio começar a dobrar em direção ao Himavat. Não podia continuar seguindo-o ou então voltaria à região de Kailash. Tinha de ir ao ocidente. Durante uns dois dias, caminhou por vales verdejantes e o clima, mesmo sendo quente, era ameno. Encontrou um grande rio, mas também esse se dirigia ao norte. Decidiu cruzá-lo e levou um tempo para achar um vilarejo. Lá, encontrou um barqueiro e cruzou o rio Yamuna, como os nativos o chamavam. Depois de marchar mais um dia, sempre se dirigindo ao oeste, adentrou em terra seca, e o calor foi se tornando insuportável. Não era um deserto, mas a diferença era muito sutil: era um solo seco, de qualquer maneira.

Naquele momento, desenhando no chão, refez o caminho de Gandara a Kailash, de Kailash a Kartika e de lá até onde estava. Fora ligeiramente ao norte, mas sempre se dirigindo ao oeste. Desse modo, virou para trás para localizar algum ponto na paisagem para quando voltasse com seu grupo pudesse reconhecê-lo. Todavia era uma planície e não havia nada para demarcar o caminho.

Depois de ter caminhado durante dois dias, sua provisão de água terminou e se viu numa difícil situação. Estava sem comida e sem água, em um lugar seco. À noite, não conseguiu fazer uma fogueira e apenas cochilou, pois havia animais selvagens rondando. Nesses momentos, orava a todos os deuses, mas mantinha seu machado à mão.

Na terceira noite, completamente exausto, e num péssimo humor, ouviu uma matilha de chacais ladrando perto dele. Se decidissem atacá-los, certamente o devorariam. Mas, possuído por uma raiva irracional, apanhou seu machado, se levantou e aguardou. Então viu a matilha correndo de modo selvagem em direção a algo. Estavam latindo felizes. Deviam ter abatido uma gazela ou algum outro animal pequeno. Sem qualquer consideração pelo perigo, dirigiu-se à matilha com seu machado levantado. Já não era Rama o salvador se apressando em direção à matilha, mas Rama o esfomeado.

Ao chegar próximo, observou os chacais bebendo água em uma piscina natural. Gritando feito louco, ele os enxotou, mergulhou na água e bebeu como nunca bebera antes. Os chacais voltaram e intrigados ficaram olhando para Rama. Ele falava sozinho e ria como um alucinado. Deixaram-no a sós, enquanto bebiam na outra extremidade do poço, sempre olhando desconfiado para ele. Rama então saiu da água e falou palavras agradáveis aos chacais, enquanto rapidamente punha uma distância considerável entre eles. Enchera sua cantina e a fome era agora seu único incômodo.

Outra semana se passou e achou água em vários riachos e poços. Conseguiu matar uma gazela e a comeu. Ao término de quase dez dias de marcha, viu uma aldeia e dirigiu-se para lá. Ao chegar, as pessoas vieram cumprimentá-lo. Eram dravídicos, não conheciam os arianos e nunca tinham visto um homem branco. Seu idioma era bastante semelhante a muitos dos idiomas dravídicos. Alimentaram-no e Rama descansou um dia inteiro.

– Esse é o rio Ravi? – ele perguntou apontando para o rio próximo à aldeia.

– Não, é o Sutlej. Nunca ouvi falar de tal rio, mas há um outro bastante longe daqui.

– Quão distante? – perguntou desanimado.

– Oh, talvez um dia de marcha. Não estou muito certo: nunca estive lá.

Um dia de marcha, Rama pensou. Isso era fácil. Depois de dez dias caminhando pelo deserto, era um passeio: uma alegre caminhada. Deixou a aldeia com o espírito elevado. Não podia ser distante. Realmente, no fim do mesmo dia, viu outro rio. Tinha de ser o Ravi. Gandara estaria provavelmente na próxima curva do rio.

Depois de caminhar mais três dias, o espírito de Rama já não estava tão elevado. Continuou caminhando; a cada curva do rio, esperava ver Gandara, mas se deparava com selva e rio. Agora não tinha problema para saciar a sede, mas comida ainda era a questão principal: os animais não gostam ser mortos e fogem; bastante desagradável para quem está esfomeado. A raiva de Rama o levou várias vezes a gritar de ódio por não conseguir caçar. Finalmente, olhou para o horizonte e não pôde acreditar nos olhos: Gandara estava lá. Todavia ainda estava distante: pelo menos mais um dia de andanças. Se tivesse um cavalo, poderia chegar em três horas.

Ao término do dia seguinte, chegou à cidade. Os guardas o reconheceram e ele foi carregado ao palácio de Citraratha. Ele se sentia fraco e tinha perdido muito peso. Foi alimentado frugalmente. Não podia comer alimentos sólidos até seu estômago estar funcionando normalmente. Levou uma semana para se sentir forte.

Ao se recuperar no palácio do pai, seus amigos, tanto arianos como dravídicos, vieram vê-lo. Demonstraram felicidade pelo seu retorno. Quando Rama informou ter encontrado o caminho para o Ganga e narrou com riqueza de detalhes as maravilhas do lugar, seus rostos se iluminaram de alegria. Mas quando certa pessoa entrou no quarto, Rama ficou exultante. Era Kalantara.

55

Os haihayas assumiram Haryupyah e, nos primeiros dias, a cidade parecia uma casa de loucos: todos tentaram se apossar das melhores casas e começaram a limpá-las. Mas, depois da vitória, Surmani arrestou as maiores residências. A situação se deteriorou quando a família de Kuru foi expulsa de uma das melhores casas para dar espaço a um primo de Ujahini. Kuru exigiu um encontro particular com o monarca, mas, em vez de ser uma reunião privada, o rei convocou seus irmãos.

Kuru expôs seu caso e Surmani respondeu:

– Os arjunayanas não têm nada a reivindicar. Se não fossem os haihayas, você estaria morto nas ruas de Haryupyah. Nós salvamos suas peles.

Uma acalorada discussão começou. Kuru alegou o fato de os arjunayanas terem atraído os haryupyahs das muralhas e os haihayas só puderam invadir devido àquele movimento decisivo. Surmani respondeu grosseiramente. Por ele os haihayas tomariam as muralhas de assalto de qualquer maneira, com ou sem a ajuda dos arjunayanas. Como Ujahini não parecia disposto a atender suas reivindicações, Kuru parou a discussão e resolveu abandonar a sala.

– Se os arjunayanas não são bem-vindos aqui, nós partiremos – ele disse, enquanto deixava a sala.

– Assim seja. Leve seu bando com você, ghuy maldito.

Então era esse o pomo da discórdia, pensou Kuru. Os haihayas foram obrigados pelos seus purohitas a abolir a sociedade de ghuys, e Surmani sempre invejou o fato de Kuru ser um renomado ghuy. Era louvado não só entre os seus, como também pelos jovens guerreiros haihayas. Já Surmani jamais seria louvado como um guerreiro soberbo, pois não era um ghuys. Não passara pelas duras provas; a única maneira de atestar um verdadeiro ghuy.

– Danem-se ele e toda sua gente. Levarei comigo os arjunayanas – vociferou Kuru, enquanto andava com passos duros pelos corredores.

Naquela mesma noite, juntou seus principais comandantes e lhes disse da disposição de Ujahini contra os arjunayanas. Ao trazer o assunto à baila, uma torrente de reclamações caiu sobre ele. Eles também estavam cansados de serem tratados como guerreiros de segunda categoria quando a maioria deles eram ghuys. Decidiram deixar a cidade na manhã seguinte com suas famílias. Tinham de ser rápidos, porque a cheia era esperada a qualquer momento.

Pela manhã, quase quatro mil famílias arjunayanas saíram de Haryupyah. Eram quase quinze mil pessoas. Não tinham escolhido ainda para onde iriam, contudo Kuru estava decidido a pôr muitas léguas entre eles e os haihayas.

Em Haryupyah, os irmãos de Ujahini se encontraram em conselho e expressaram seu contentamento com a saída dos arjunayanas.

– A inundação deve chegar a qualquer momento, mas, quando for embora, deveríamos conquistar Gandara – disse Surmani. Tinha um plano: tomar Gandara e se tornar rei daquela cidade, enquanto seu irmão reinaria em Haryupyah. Mas para alcançar seu sonho precisava do exército do seu irmão Ujahini.

– Você parece ter uma ideia fixa com Gandara – respondeu Ujahini. – Espero não ser sua ruína. – E, antes de o irmão contradizê-lo, concluiu: – Mas como é seu desejo, concordarei. Eu lhe darei dez mil guerreiros. Você se tornará o rei de Gandara, mas terá de me obedecer. Não podemos ter dois reinados haihayas na mesma região. Sempre serei o senhor supremo dos haihayas. Você concorda com minhas condições, Surmani?

– Você sempre será meu rei.

56

O inimigo de meu inimigo é meu amigo. Com esse epíteto em mente, Kuru decidiu levar sua tribo a Gandara. Um movimento audacioso, alguém diria, e realmente a maioria dos guerreiros ficaram temerosos com tal decisão. No conselho, Kuru sustentou sua estratégia.

– As tribos arianas acampadas lá estão fugindo dos haihayas. Podem não nos aceitar muito bem, mas não nos farão guerra. Eles têm muitos guerreiros, mas não nos superam em número.

– Alguns de nossos guerreiros fizeram parte do grupo de Surmani, quando ele atacou seus acampamentos. E se alguém nos reconhecer? Não vão gostar nada de nos ver – disse um dos comandantes.

– Não estou à procura de afeto, mas de proteção mútua. Surmani não permanecerá quieto em Haryupyah. Ele atacará Gandara. Já afirmou isso por várias vezes e o fará. Depois disso, quando se fortalecer, achará um pretexto para vir atrás de nós e teremos de enfrentá-los sozinho. Nós não queremos isso, queremos? Enfrentar dez mil haihayas atrás de nossas cabeças e vacas?

– Óbvio, mas só não quero me entrosar com meus antigos inimigos por causa de proteção mútua. E se procurássemos por um lugar propício para criar nosso gado?

– Você tocou no assunto principal: um lugar propício. Você pode me dizer onde encontrar um local nesse vale seco? Eu me lembro, quando estava infiltrado em Gandara, de eles falarem sobre um lugar chamado de Ganga. Pelo relato, o vale do Ganga é imenso e oferece bons pastos. Meu plano é levar nossa tribo ao Ganga e encontrar um lugar adequado para se viver. Não é meu plano me unir aos nossos antigos inimigos, mas entabular uma aliança mútua e benéfica contra os haihayas e, quando alcançarmos nosso destino, cada tribo seguirá seu caminho.

O consenso nunca é alcançado nesses casos, mas a maioria concordou com Kuru. Era imperativo encontrar um lugar novo para viver o mais longe possível dos haihayas. Como a inundação estava próxima, aceleraram o passo e alcançaram Gandara em dois dias.

Ao chegarem aos arredores da cidade, Kuru lhes disse para encontrar um lugar alto para se proteger contra a inundação e de eventuais ataques das tribos arianas. Então, tirou sua camisa, deixou suas armas na tenda e montou em direção à cidade. Não precisou galopar muito; foi logo rodeado por um grupo de arianos. Levantou as mãos sobre a cabeça demonstrando estar desarmado e então gritou em sânscrito:

– Por Varuna, deus dos céus e da justiça, venho em paz. Levem-me a Citraratha e ao conselho dos reis.

Nenhum guerreiro ariano atacaria outro guerreiro ariano se empenhasse a palavra em nome do mui severo Varuna.

57

Sob os cuidados de Kalantara e a vigilância de Renuka, Rama se restabeleceu rapidamente. Ficara no palácio e ouviu o tumulto quando Acharya, seu meio-irmão, trouxe Kuru para ver Citraratha. Sentia-se bastante forte para caminhar até o salão da corte. Ao entrar na sala do trono, viu Dasaratha sendo contido pelos guerreiros de Acharya. Parecia disposto a matar alguém escondido atrás de Acharya. Citraratha gritava ordens a Dasaratha para se acalmar. Rama pensou como seria agradável se todos deixassem de gritar e ficassem quietos. Imediatamente, ao completar seu desejo, uma estagnação incomum caiu sobre todos e Rama pôde falar sem gritar.

– Qual é o problema com você, Dasaratha, meu amigo e irmão?

– Esse homem, esse traidor teve a coragem de voltar aqui e nos afrontar com sua presença – disse Dasaratha muito mais tranquilo, como se o desejo poderoso de Rama o tivesse acalmado.

– Quem é você? – perguntou Rama a Kuru. Embora, Kuru tinha visto Rama antes, os dois homens nunca tinham se encontrado pessoalmente.

– Eu sou Kuru, ishvara dos arjunayanas.

– Qual o motivo de Dasaratha estar tão furioso com você?

– Ele tem razões suficientes para tal. Estive nessa cidade antes como espião e quase o matei.

– Pelo menos não é um mentiroso – respondeu Dasaratha.

– Não tenho nenhuma disputa pessoal com o rei dos kosalas. Eu ia matá-lo pelo fato de ele ser um líder proeminente e, como era seu inimigo naquela época, tinha todo o direito de pelo menos tentar eliminá-lo.

– Se entendi bem, não é mais nosso inimigo – replicou Dasaratha.

– Esse é o ponto. Se ishvara Dasaratha me der a oportunidade de falar, poderei explicar os motivos a juntar forças com vocês contra os haihayas.

– Venha e sentem-se, meus amigos. Sejamos civilizados – disse Citraratha. – Ishvara Kuru merece todo nosso respeito. Empenhou sua palavra de paz sob nosso mui santo deus Varuna. Não quero enfrentar a severidade do deus da justiça só para ver o sangue de Kuru correr em minha casa – e, virando para Dasaratha, concluiu: – Por favor, sente-se ao meu lado nesse conselho, meu amigo Dasaratha, mas lhe imploro conter sua ira. Não aventure suas vidas futuras com Varuna, enquanto ishvara Kuru estiver sob juramento.

Dasaratha se sentou, agradecendo a especial deferência. Rama e Acharya ficaram juntos, ao lado dos demais monarcas.

– Seja amável em nos iluminar com suas explicações, ishvara Kuru. Tome assento neste conselho e fale a verdade. Está sob juramento com Varuna. Não arrisque sua vida com o poderoso deus contando-nos mentiras e invenções de última hora.

Kuru sorriu: era um prazer tratar com alguém tão cortês como o rei de Gandara, quando estava acostumado com as grosserias de Ujahini e seus irmãos. Durante pelo menos dez minutos resumiu todos os afazeres dos haihayas e concluiu com a tomada de Haryupyah. Evitou falar sobre o assunto insignificante das casas. Antes de ser questionando sobre a razão de ter se separado dos haihayas, decidiu contar uma pequena mentira: Varuna entenderia – ele achava.

– Quando a cidade foi tomada, os haihayas começaram a matar as mulheres, crianças e velhos. Tentamos pôr algum senso em suas cabeças, mas não conseguimos. É costume haihaya matar os derrotados. Nós, os arjunayanas sempre fomos contra tal hábito horroroso e eles nos enfrentaram. Como estávamos em número inferior, nós nos retiramos para evitar uma confrontação mais séria.

– E qual a razão de vir a Gandara? – perguntou Citraratha. – É um mundo vasto e poderia ir a qualquer outro lugar.

– Conheço a ira de Surmani, um de seus líderes. Ele odeia os arjunayanas. Como me recordo bem, vocês estão a ponto de ir ao Ganga, e por isso quero construir uma aliança com você. Nos leve ao vale e nós nos protegeremos mutuamente contra os haihayas.

– Qual a razão de eles virem atrás de nós? – perguntou Dasaratha.

– Ouvi Surmani expressar seu desejo de conquistar Gandara. Provavelmente esperarão a inundação ir embora e então Surmani virá aqui. Não posso fazer frente a ele só com meus mil e quinhentos guerreiros, mas, se juntarmos as forças, poderemos derrotá-los.

– Esse é também o desejo do rei Ujahini? – perguntou Rama.

– Não, mas Ujahini não se oporá ao desejo de seu irmão. Surmani almeja ser o rei de Gandara e para Ujahini será uma boa situação: terá Haryupyah e Gandara.

– Se eu falasse com Ujahini, ele mudaria de opinião?

– Ele o mataria à primeira vista. Você é o último dos brighus – respondeu Kuru.

– De qualquer maneira, nós não podemos partir para o Ganga e deixar Gandara à mercê de Surmani – disse Rama.

Concordaram. Tinham de proteger Gandara, mas Kuru não se preocupava com Citraratha; só se preocupava em levar sua gente para a segurança do Ganga. Assim, interrompeu o acordo tácito de todos defenderem a cidade contra as hordas de Surmani e disse:

– Deveríamos partir imediatamente para o Ganga e, se rei Citraratha desejar, poderá vir conosco.

– Nós não abandonaremos nossa cidade ao primeiro sinal de perigo – retrucou Citraratha.

– Ishvara não conhece os haihayas. Eles estão acostumados à guerra e para eles matar é uma segunda natureza. Fuja enquanto ainda tiver tempo.

Uma discussão estava a ponto de estourar, quando Rama levantou a não e disse:

– Ishvara Kuru não quer enfrentar seus antigos aliados em uma batalha. Por outro lado, os reis arianos não têm intenção de se ombrear em batalha com os arjunayanas. Então, a solução é conduzir os arjunayanas imediatamente à segurança do rio Ganga, enquanto a cheia não vier. Enquanto faço isso, rei Citraratha preparará um exército para enfrentar Surmani.

– Quanto tempo levará para ir e voltar? – perguntou Acharya.

– Estarei de volta em menos de um mês.

– Deixe-me ir com você, meu irmão – disse Acharya.

– Eu lhe agradeço, mas nosso pai precisará reunir e treinar um exército contra nossos inimigos. Você tem de ficar aqui.

– Não confio nesse ghuy Kuru – disse Dasaratha. – Ao achar o lugar propício, o matará para não revelar onde estão escondidos.

– Por quem me toma? – respondeu Kuru, aparentando indignação.

– Se Kuru ou qualquer dos arjunayanas tentar me matar, terá de enfrentar a ira de Vishnu. Sim, porque o deus me nomeou para essa missão e qualquer um no meu caminho será esmagado pelo poder do deus.

Rama conhecia bem sua gente. Tinham pavor de deuses, demônios e espíritos; quem fosse contra eles sofreria um castigo severo.

– Por Vishnu (seja lá quem for, pensou Kuru), juro nunca erguer minha mão contra esse homem.

– Assim espero. Se algo lhe acontecer, eu o caçarei até encontrá-lo – interveio Acharya, o meio-irmão de Rama.

– Você tem minha palavra. Rama será tratado de acordo com seu alto grau.

Embora não tivessem muito mais a discutir, os reis arianos e Citraratha deixaram a reunião com o coração opresso: quem poderia acreditar na palavra de um salafrário como Kuru?

58

A cheia veio com toda a força. Não só as neves derreteram no Himavat, mas também as chuvas caíram pesadamente. Rama partira na véspera com Kuru e sua tribo; conseguiram ficar em terra alta e a inundação não os incomodou. Um golpe de sorte, pensou Rama, enquanto caminhavam para longe do Ravi.

O mesmo não aconteceu com Ujahini e os haihayas em Haryupyah. Tinham conseguido trazer parte do gado, mas as águas furiosas pegaram um terço do rebanho em campo aberto enquanto tentavam trazê-lo para a cidade. Como a cidade estava a quinze metros acima do rio, a água não a inundou, mas ficaram ilhados. Haryupyah tinha se tornado uma ilha no meio de um mar de água, lama, escombros e cadáveres de bois e pastores apanhados de surpresa.

No terceiro dia, quando a inundação diminuiu sua força, Ujahini começou a ouvir notícias ainda piores: as pessoas estavam sofrendo de uma doença terrível e as mortes eram contadas às centenas. Convocou Vyasu, seu purohita, e quis saber o tipo de feitiço lançado pelos dasas contra eles.

– Consultei os deuses. Não é uma maldição: é uma doença desconhecida e não tem cura ainda.

– Não vai quer sacrificar alguém aos deuses?

Havia um tom de sarcasmo na voz de Ujahini.

– Seria um ato despropositado. Os deuses não estão bravos conosco nem precisam ser agradados, porém se retiraram ao Svarga (céu). Mas, se você quiser, posso preparar um sacrifício propiciatório. Talvez matar um touro para Indra ou acender o fogo sagrado de Agni.

– Não sei qual magia usará. Você é o purohita. Invente algo, mas nos livre dessa peste ou morreremos todos.

Acenando com a cabeça, Vyasu deixou o quarto. Sim, talvez um touro para Indra ou alguns pássaros para satisfazer Rudra e, quem sabe, uma cerimônia de fogo para Agni: sua chama sagrada pode queimar a peste. Tinha de descobrir um meio ou Ujahini tinha razão: todos iriam perecer.

59

Enquanto levava os arjunayanas para o rio Ganga, Rama tentou conhecer melhor Kuru, enquanto cavalgava lado a lado com ele e conversava.

Com um sorriso largo no rosto, Kuru era a imagem do vencedor. Na realidade, alcançara o sonho de sua vida: livrar-se dos haihayas – sempre foram tratados como pessoas de segunda classe – e se tornar o rei da tribo. O fato de ser um ghuy o tinha tornado proeminente entre os jovens guerreiros e agora a tribo inteira obedecia às suas ordens.

Enquanto falavam, Rama conseguiu extrair do arrogante Kuru algumas informações. O líder lhe falou como Jamadagni foi morto e o destino de sua cabeça: tinha sido levada a Vyasu para ser devidamente preparada. Aprendeu pela boca grande de Kuru todos os planos dos haihayas. Caminharam por várias milhas e Rama foi bastante prudente em levá-los mais para o norte. Se os arjunayanas ficassem fora do caminho do grupo principal, haveria paz entre eles.

Depois de duas semanas de dura andança, cruzaram o rio Yamuna. Kuru quis ficar próximo ao rio, mas Rama o convenceu a ir mais ao norte. Se ficassem no rio Ganga, logo após sua curva, quando as águas afluíam do Himavat, e virassem a leste, os arjunayanas ficariam fora do caminho. Contou seu plano para Kuru. Mandou disfarçar os rastros de seu grupo, pois assim os haihayas não os encontrariam. Depois de ter dado ordens para esconder os rastros, Kuru lhe perguntou:

– Qual o motivo de desejar nos proteger contra sua gente?

– Em primeiro lugar, todo o mundo é minha gente. Não importa se são brancos ou pretos, ou até mesmo amarelos, todos pertencem a Shiva. E Shiva quer paz entre suas criaturas.

– Quem é Shiva?

Então Rama explicou quem era Shiva. Falou do Benevolente e também lhe contou sobre seus aspectos terríveis. Foi pego de surpresa quando Kuru lhe respondeu:

– Assim Shiva é outro nome para Rudra, porque só ele tem tais terríveis qualidades.

Decidiu não explicar mais nada sobre Shiva: bastava Kuru aceitá-lo como Rudra, o deus ariano do trovão e da tempestade.

Outra semana se passou e acharam um lugar perfeito. Era às margens do rio Ganga e as cheias não invadiam o local. Era um vale exuberante e, depois da aprovação do lugar pelo conselho, Rama preparou-se para partir na manhã seguinte.

Durante a reunião, o conselho deu ordens para acampar num ponto mais alto e proteger o gado contra predadores. Um dos homens perguntou qual seria o nome do lugar. Kuru nomeou a futura cidade pelo seu próprio nome. Chamaram-na de Kurukshetra, os domínios de Kuru.

Logo ao amanhecer, Rama partiu. Kuru tinha decidido deixá-lo vivo, seu valoroso guia, embora tivesse pensado uma vez ou outra em se livrar dele. Rama não era uma ameaça e não seria prudente irritar os deuses depois de ter jurado protegê-lo.

Pelas considerações de Rama, a inundação do Ravi devia estar agora em sua fase mais baixa. Quando a cheia era violenta, a maioria das vezes também era de curta duração. Assim dirigiu-se para Haryupyah.

Tinha levado três semanas para conduzir os arjunayanas para o rio Ganga, mas tinha sido uma viagem lenta devido às carroças e ao gado. Agora, não tendo nada para atrapalhá-lo e cavalgando um forte garanhão, voltou a Gandara em menos de cinco dias. Mas, quando viu a cidade, tomou um desvio para evitá-la. Não tinha intenção de revelar aos amigos sua pretensão. Não o deixariam se aventurar só entre os haihayas e seus irmãos iam querer acompanhá-lo. Estava dando um passo perigoso e o faria só.

60

Enquanto Rama seguia em direção a Gandara, em Haryupyah, Ujahini estava enfrentando um problema mortal. A peste se espalhara e um grande número de haihayas tinha morrido. Naquela noite, enquanto olhava para fora do palácio e via sua gente jogando os mortos no rio, sua atenção foi atraída por um barulho atrás de si. Virou-se lentamente para enfrentar a notícia. De canto de olho, vira Vyasu entrar. Tinha um olhar terrível e, pela palidez de seu rosto, estava muito doente. Ujahini meneou a cabeça como se dissesse para Vyasu falar.

– Seu filho foi levado pelos deuses – expressou-se com extrema dificuldade.

– Você quer dizer o menor deles? – perguntou Ujahini, desnorteado.

Tudo azedara quando entraram naquela maldita cidade. Sua gente morria como moscas, seus oito filhos estavam mortos, suas esposas também tinham perecido e alguns poucos membros saudáveis da família fugiram da cidade quando as águas baixaram. Muitos morreram afogados tentando fugir. Surmani foi um dos afortunado: fugiu com o grosso de sua gente, em barcos e balsas, e, quando as águas baixaram, o restante o seguiu. Mas não Ujahini; ficou com sua família. Seus filhos estavam doentes e nunca os abandonaria. Agora, poucas pessoas moravam na cidade e a maioria estava morrendo.

– Sim; os outros já morreram – respondeu Vyasu num tom impaciente.

Nunca deveria ter respondido tão asperamente. Ujahini fitou-o com uma raiva crescente.

– Viu aonde seus planos insidiosos nos conduziram?

– Meus planos, meu rei? – respondeu Vyasu, humildemente.

– Você instigou nossas mulheres a abandonar nosso modo de vida nômade. Enquanto vagávamos pelas pradarias nunca tivemos tal doença. Agora, mais da metade de meu povo está morto. Minha família foi dizimada por essa negra maldição. E eu o culpo por isso, Vyasu.

– Como posso ser culpado de tal doença? Tais fatos pertencem aos deuses.

– E onde estão seus deuses? Veja para onde seus sacrifícios sangrentos nos conduziram? Seu estúpido bastardo! Seu purohita de merda! Onde estão seus sanguinários gandharvas? Devem ter fugido também.

Ofendido no seu orgulho, Vyasu tentou defender-se.

– Os gandharvas só ajudam os homens valorosos. Você sempre os ofendeu com sua descrença. Você ousou estuprar uma virgem destinada ao purushamedha. Eles agora se vingaram, matando seus filhos.

Sentindo-se desesperado e enfurecido, Ujahini puxou da espada e correu para Vyasu. Quando o purohita viu o rei atacá-lo, virou-se para fugir. Mas era um velho cansado e doente. Não era tão rápido quanto Ujahini.

Não conseguiu ir muito longe. Ujahini o agarrou pela túnica e o puxou com força. Vyasu caiu e, antes de gritar, a espada de Ujahini perfurou seu estômago. Sentiu uma dor aguda e berrou em agonia.

– Vou cortar fora sua cabeça e oferecê-la aos seus malditos gandharvas. Aposto como gostarão de beber seu sangue.

Falara essas palavras com tal ira a ponto de cuspir em Vyasu. Antes que o purohita pudesse reagir para se proteger contra um novo golpe iminente, decepou sua cabeça fora com vários golpes poderosos. Quando a cabeça se separou do corpo, Ujahini a chutou várias vezes até vê-la rolando os degraus da escadaria. Então, possuído por uma raiva monstruosa, voltou para o corpo acéfalo e o retalhou várias vezes até se cansar. Lentamente, deixou o quarto em direção aos aposentos dos filhos. Se alguém pudesse ver a expressão de Ujahini teria certeza de ele ter perdido qualquer resquício de sanidade.

61

Em menos de dois dias, Rama chegou a Haryupyah. Estava mortalmente quieta. Algo estava errado: parecia um cemitério. Não havia ninguém nos portões. Nenhum guarda, ninguém nas ruas; só um fedor horrível de carne podre no ar. Pegou um pano e o amarrou na boca enquanto entrava pelos portões. Desceu do cavalo, o amarrou a uma estaca e adentrou cuidadosamente na cidade, esperando ser interpelado ou atacado por um haihaya.

Não caminhara sequer dez metros quando viu o corpo de um homem. Chegou mais perto e observou-o: nunca vira tais deformidades. Tinha pústulas negras por todo o corpo e sua face estava inchada, parecendo um balão. Não havia sinal de ferida feita por espada ou lança ou qualquer outra arma conhecida. Avançou e olhou para dentro de uma casa. Silêncio completo.

Quanto mais entrava na cidade, mais corpos encontrava espalhados pelas ruas e nas casas. Uma devastação terrível tinha ferido a cidade de morte. Rama sentiu medo. Rezou a Vishnu e Shiva para ajudá-lo contra essa magia diabólica. Chegou finalmente ao palácio.

Adentrou o palácio e achou vários corpos, todos com os mesmos sintomas das pústulas negras pelo corpo inchado em decomposição. Então, viu a escada conduzindo à sala do trono. Ao subir as escadarias, encontrou a cabeça de um homem desconhecido e em visível decomposição. Passou longe daquele horror, e entrou na sala do trono. Viu o corpo decapitado profundamente retalhado. Nem mesmo os cachorros ou carniceiros estavam à vista. Então se dirigiu aos aposentos da família real. O fedor era ainda maior naquele local. Viu corpos deitados em camas e alguns deles no chão.

Entrou no quarto do rei. Viu um homem caído e, ao seu redor, uma grande poça de sangue seco. As moscas voavam em volta do cadáver e Rama estacou. Estava provavelmente morto por uns dois dias, mas seu corpo ainda estava intacto. Enfiara a espada em seu estômago e seus olhos estavam esbugalhados como se tivesse passado por uma dor excruciante. Naquele momento, ao se aproximar do morto, Rama viu um corpo menor próximo a ele. A mão direita do rei segurava a mão esquerda da criança. Só podia ser Ujahini. Suicidara-se após ter enfrentado o morte dos filhos, deduziu Rama.

Ao se virar para ir embora, seu corpo enregelou de completo pavor. Um ser transparente, rodeado de uma aura cinza-chumbo, com deformações monstruosas o fitava, estático, enquanto pairava levemente acima do solo. O espírito não parecia querer feri-lo. Simplesmente ficou ali parado, olhando para Rama e os corpos caídos com uma expressão vazia, de completa indiferença. E então com uma voz cava ordenou:

– Ateie fogo à cidade.

Não discutiria nunca com um espírito tão perigoso como aquele e saiu do quarto para produzir fogo. Na cozinha real, achou madeira e conseguiu acender uma tocha. Entrou em cada quarto e ateou fogo à mobília. Saiu do palácio, sempre seguido pelo horrendo espírito, e foi ateando fogo em todas as casas. De vez em quando, trocava de tocha; a anterior ficara muito pequena para ser carregada.

Com lágrimas nos olhos, ateou fogo à cidade inteira. Essa atividade tomou duas horas, mas aquele espírito tinha razão. Havia uma maldição naquela cidade e só o fogo poderia extingui-la.

Quando a noite caiu, Rama deixou a cidade a cavalo, sempre seguido de perto pelo gandharva. Parou a poucas léguas da cidade e a viu arder em chamas. Então, o espírito olhou para ele como se pudesse ver através dele e, subitamente, sumiu. Não havia mais nada a fazer a não ser voltar a Gandara. Seus amigos precisavam dele e agora poderia levá-los ao rio Ganga e sua missão estaria realizada.

62

Quando Surmani e outros líderes viram a estranha maldição infestando a cidade e as pessoas morrendo, decidiram falar com Ujahini. Ele queria partir imediatamente. Embora Ujahini concordasse, não podia evacuar a cidade: muitos estavam doentes e não tinham força para se mover. Como seus filhos estavam doentes e também as esposas, decidiu ficar, mas liberou os demais. E Surmani não precisava ser mandado duas vezes: em questão de minutos, partiu com sua família e metade dos haihayas. Mas Surmani não aceitou ninguém doente e, alguns dias depois da partida, ele mesmo matou qualquer um com os sintomas da doença. Muitos dos líderes eram contra tal prática, mas ninguém ousou contradizê-lo.

Depois de algumas semanas sem a maldição negra atacar ninguém, Surmani reuniu seus chefes para uma reunião decisiva.

– Vamos enviar um homem a Haryupyah para ver se a maldição foi extinta. Se tudo estiver sob controle, podemos voltar.

– Não tenho intenção de voltar àquele lugar – disse um dos irmãos mais jovens de Surmani. – O lugar é amaldiçoado e me faz lembrar de dias muito ruins.

– Concordo – respondeu Surmani –, mas, ou procuramos outro lugar, ou voltamos para Haryupyah e ficamos com os sobreviventes.

– Concordo em enviar um mensageiro a Haryupyah, mas deveríamos manter nossas vidas nômades. Cidades não são para nós – disse outro comandante.

– Não concordo. Cidades nos oferecem um lugar seguro para nos proteger. Nós somos agora grupo muito grande para viver como uma tribo pequena. Toda mudança é um tumulto insuportável. E, acima de tudo, precisamos de uma base para lançar reides nos nossos vizinhos a fim de conseguir gado e conquistar os malditos dasas.

Todos concordaram com as palavras de Surmani. Ao ver a concordância dos demais, ele determinou:

– Enviemos dois homens para ver as condições em Haryupyah, mas enviemos um pequeno destacamento a Gandara para ver se aqueles arianos ainda estão lá.

– Qual a razão disso, Surmani?

– Gandara sempre esteve em meus planos. Você deveria ver a cidade. É um lugar bonito para se viver e será uma conquista fácil. Mas, se os outros arianos ainda estiverem acampados lá, a tarefa pode ser um pouco mais difícil.

– Ainda não consigo ver o motivo de enviar um destacamento a Gandara.

– Perdemos os arjunayanas e também muitos bons guerreiros em Haryupyah. Éramos pelo menos doze mil homens, mas agora ficamos reduzidos a cinco mil. Pelo relatório de Kuru, os arianos têm esse mesmo número de guerreiros e Gandara por volta de mil. Seríamos excedidos ligeiramente em número. Não quero outra Haryupyah e sitiar indefinidamente a cidade. Sem os arianos, Gandara cairia em um dia e nós poderíamos alojar nossa gente imediatamente.

– Está certíssimo, Surmani. Nossa gente está extremamente cansada e em estado de choque devido à maldição de Haryupyah. Temos de achar um bom lugar para viver e ficar quieto enquanto reunimos nossas forças novamente.

Um dos irmãos de Surmani lhe perguntou qual seria o destino das pessoas de Gandara.

– Temos de matar Citraratha e todos de sua família para ninguém reivindicar o trono no futuro. O resto deve ser escravizado ou morto. Os arianos devem ser mortos: gostam demais dos dasas para meu gosto. Os dasas serão nossos escravos ou mortos se estiverem fracos demais para o trabalho.

Todos concordaram e Surmani dividiu a tarefa entre eles. Um destacamento iria a Gandara para ver se os arianos ainda estavam lá, enquanto dois cavaleiros montariam até Haryupyah para ver se a maldição fora curada. No íntimo, Surmani desejava a morte de Ujahini; isso o faria ser o inquestionável rei dos haihayas.

63

Depois de ter ateado fogo a Haryupyah, Rama cavalgou de volta a Gandara. Ao entrar no palácio, seus irmãos vieram recebê-lo e Acharya lhe deu um forte abraço. Mas Rama ficou cativo pela atenção dispensada por Saineya, seu irmão de quatro anos. Ao caminhar pelo corredor, o menino o viu e jogou-se nos seus braços. Ele o levantou no colo e o menino beijou repetidas vezes seu rosto.

– Venha para meu quarto, Rama. Quero lhe mostrar meu novo brinquedo.

Os outros irmãos disseram ao menino para não aborrecer Rama, mas o homem tinha tempo bastante para ir com o irmãozinho ver seus brinquedos. O próximo quarto de hora foi preenchido com Saineya, vendo-o jogar seu novo brinquedo e brincando com ele como se também fosse uma criança. Então, Acharya amavelmente disse ao irmão menor para deixar Rama ir, pois os reis o aguardavam. O menino deu outro abraço e vários beijos no rosto de Rama e então lhe disse para não deixar os reis esperando. Rama e Acharya riram dos modos pomposos de Saineya.

Quando Rama entrou na sala do trono, viu Dasaratha e os outros reis arianos esperando pelo seu relato. Abraçou a todos e cumprimentou seu pai.

– Como está minha mãe? – perguntou Rama.

– Fresca como a rosa na primavera e quente como um forno aceso – respondeu Citraratha com um leve sorriso irônico. Desde seu retorno a Gandara, ela e o rei reacenderam sua antiga história de amor.

Os reis estavam ansiosos por notícias e Rama lhes deu um relatório completo. Os arjunayanas haviam se estabelecido na parte superior do vale do Ganga. Então contou sua viagem à Haryupyah. Informou tudo. Não sobre o gandharva e sua ordem de atear fogo à cidade. Apenas mencionou uma mensagem enviada pelos deuses para queimar a cidade. Ninguém discutiu sua ação.

– Temos de nos preparar para ir ao vale do Ganga – disse Dasaratha.

Todos concordaram. Citraratha cedeu cinco toneladas de grãos para ajudá-los a começar vida nova. Discutiram o assunto durante algum tempo e decidiram partir em três dias: tempo suficiente para reunir o gado e preparar um banquete de despedida com os amigos de Gandara. Matariam cem vacas e um número igual de cordeiros para a festa. Todos pareciam ansiosos em partir e se estabelecer no vale do Ganga, porém o mais feliz era Rama: sua missão estava indo bem.

Naquela mesma noite, Rama se encontrou com Kalantara e lhe informou sobre Haryupyah. Ela já estava ciente da morte do avô: sonhara com Prabhu e ele parecia feliz. O espírito a informara sobre a causa da doença. A sujeira e os ratos não eram os responsáveis diretos pela peste. Fora o piolho infectado do rato o agente provocador da doença. Rama nunca imaginou tal fato, pois jamais vira tais animais minúsculos em um rato.

O pai e o irmão de Kalantara tinham decidido ficar em Gandara, mas ela preferira ir com ele. Então, pela primeira vez, ela lhe contou sua história. Ela era de Chanhu Daro, uma cidade grande na região do Shindi. Fora noiva de um bom rapaz, o qual ela não amava, e, então, algumas semanas antes do matrimônio, teve a intuição da chegada dos arianos. Ninguém acreditou, mas seu pai sim. A família fugiu e foi para Haryupyah, mas os arianos estavam em todos os lugares. A família achara um bom lugar para viver em Gandara, e não queriam mais se mudar. Porém seu destino estava amarrado a Rama e estava disposta ir com ele a qualquer lugar. Ele concordou.

As preparações tomaram lugar e o banquete foi um sucesso. Todos se divertiram e Citraratha deu presentes a todos os reis. Por seu lado, eles juraram aliança a Gandara, a Citraratha e seus descendentes. Na manhã seguinte, o grupo partiu com Rama a conduzi-los. Seguiram para o leste em grandes colunas.

Alguns dias depois da partida de Rama, o destacamento enviado por Surmani, o titânico haihaya, chegou. Deram uma olhada em volta e não viram mais os arianos. Um deles entrou na cidade e foi ao mercado. Falou com os vendedores, comprou um pouco de comida, conseguiu as informações sobre a partida dos arianos conduzidos por Rama e voltou ao destacamento escondido nas vizinhanças. Os arianos tinham partido há cinco dias e a cidade estava à disposição deles. No dia seguinte, deixaram os arredores de Gandara e voltaram ao seu acampamento principal.

Nesse ínterim, os dois cavaleiros de Surmani chegaram a Haryupyah e viram a cidade devastada pelo fogo. Não perderam tempo e evitaram entrar na cidade. Retornaram tão depressa quanto puderam e informaram o fato a Surmani. Embora ele urrasse de dor e rasgasse sua camisa para demonstrar o quanto estava penalizado pela morte de Ujahini, no íntimo, estava exultante: era agora o rei de todos os haihayas.

No caminho para o vale do Ganga, os arianos tiveram de cruzar o deserto de Thar e, com a informação de Rama, tinham se preparado para tal travessia. Tinham bastante água e comida, e Rama os conduziu a vários riachos e poços onde acharam água o suficiente para completar a árdua travessia.

Dasaratha estava preocupado com suas esposas. Sumitra e Kaikeyi estavam a ponto de terem seus bebês a qualquer momento. Kaikeyi fizera boa amizade com a primeira esposa de Dasaratha. Sumitra era uma pessoa muito doce. Sabia da gravidez de Kaikeyi, cujo pai era Kuru.

No oitavo dia, quando estavam a ponto de cruzar o Yamuna, Sumitra começou sentindo as primeiras dores. Dasaratha cruzou o rio com as esposas. Chamou o purohita e suas parteiras para ajudar sua esposa a ter seu primogênito. Já do outro lado do Yamuna, Sumitra pariu um menino forte. O pai o chamou de Rama e afirmou ser a primeira criança a ter nascido no vale do Ganga. Como Rama era seu melhor amigo e o causador dessa viagem, chamaria seu primogênito pelo seu nome. Rama não podia ficar mais satisfeito com a honra. Como todos os kosalas eram filhos de Chandra (a lua), seu filho seria chamado Ramachandra, o filho de Dasaratha e Sumitra.

Ainda estavam festejando o nascimento de Ramachandra quando uma das parteiras veio correndo para informar a Dasaratha sobre Sumitra. Ela estava tendo outro filho. Correram até a tenda, mas as parteiras não os deixaram entrar. Alguns minutos depois, uma das parteiras veio e lhe informou ser o pai de outro menino saudável.

– Qual será seu nome? – perguntou Rama.

– Lakshmana – respondeu Dasaratha sem hesitar.

– Um excelente dia – exclamou Rama. – Gêmeos: Rama e Lakshmana. Possam os deuses fazê-los venturosos e sempre bons e leais irmãos.

– Assim seja!

Dois dias depois de Sumitra ter seus gêmeos, Kaikeyi teve seu filho. Ele foi trazido a Dasaratha, pois para o resto da tribo era realmente seu filho. A mulher lhe perguntou se a mãe poderia nomear o bebê pelo nome do falecido avô: Bharata. Concordou: Bharata será, proferiu, como se o filho realmente fosse seu e estivesse fazendo um grande favor à mãe.

No caminho, Dasaratha decidiu se casar com outra mulher. Queria costurar uma aliança com os panchalas e assim pediu a mão de Kausalya, a filha mais jovem de Bhirmana, o rei dos panchalas. Era uma moça deslumbrante e o matrimônio foi motivo de um lauto banquete.

Depois de quase quinze dias de dura viagem, chegaram finalmente às margens do rio Ganga. Mas, após cruzaram o Yamuna, já estavam em um lugar maravilhoso. Os verdes vales e a abundância de água lhes fizeram ter certeza de um futuro garantido. Ao chegaram a certo ponto, os panchalas decidiram ficar entre o Yamuna e o Ganga. Estavam cansados de caminhar, o gado estava magro e as mulheres reclamavam amargamente. Rama concordou com Bhirmana e eles se separaram logo após a festa de matrimônio, enquanto o resto do grupo partiu para cruzar o rio Ganga.

Ao chegaram no rio Ganga, quinze dias depois de terem deixado Gandara, Kalantara procurou Rama. Tinha a expressão de uma alucinada.

– Qual a razão de sua preocupação? – perguntou Rama preocupado. Kalantara sempre fora calma e modesta.

– Tive uma visão terrível. Vi Gandara assaltada por homens ferozes com chifres. Pareciam bestas, matando e mutilando todo mundo. Vi Citraratha e sua mãe Renuka sendo empalados vivos.

Ele a conhecia bem o suficiente para duvidar de suas visões. Será algo já acontecido ou ainda a se realizar?

64

Quando o destacamento de Surmani retornou e relatou a situação de Gandara, o titã decidiu esperar alguns dias até o rio voltar ao seu curso normal. Desse modo, poderia movimentar as carroças, o gado e os cavaleiros sem ficar atolado nas planícies barrentas. Tinha de atravessar o Ravi em algum ponto para ir à outra margem, pois estava na margem norte e Gandara ficava situada no lado sul do rio.

Demorou-se ainda mais alguns dias devido às intensas chuvas e, embora pudesse movimentar seus cavaleiros, não queria deixar para trás o resto da tribo: aprendera a lição devido ao ataque dos Brighus em passado recente. Enviou mensagens aos seus aliados, exigindo o envio de guerreiros. Nos dias seguintes afluíram ao acampamento dos haihayas quase três mil novos guerreiros. Conseguira com isso reunir uma força de quase oito mil cavaleiros dispostos a enriquecer saqueando Gandara.

Afinal, a chuva parou, o sol chegou esquentando a região e solidificando os terrenos barrentos. O rio, aos poucos, voltou ao seu curso. Os homens estavam prontos e Surmani deu ordens para se movimentarem. Ainda levou um dia inteiro para começar a se mover, mas, quando conseguiram, era uma massa impressionante de cerca de trinta mil pessoas e quase o mesmo número de vacas. Levaram três dias para cruzar o Ravi e agora eles estavam a menos de trinta quilômetros de Gandara e não havia ninguém para impedi-los de conquistar a cidade.

Aldeias pequenas cercavam Gandara e foram elas as primeiras em adverti-los de um exército se movendo em direção à cidade. Imediatamente, Citraratha enviou Acharya e um grupo de homens investigar os invasores. Acharya montou com quatro homens e observou o grupo se preparando para o acampamento noturno.

– Eles não parecem invasores – disse um dos amigos de Acharya –; estão vindo com suas famílias e o gado.

– Sim, mas são haihayas. E só isso já é preocupante.

– Mas os haihayas não foram exterminados em Haryupyah?

– Pelo jeito não. Eles devem ter fugido da cidade antes de a peste atingi-los ou, então, eles pertencem a um outro grupo de Haihaya do qual nada sabemos. De qualquer maneira, os únicos guerreiros a usar chifres no capacete e ter um touro preto pintado no estandarte são os haihayas.

– Nós deveríamos ir lá e perguntar quais são suas intenções – disse um dos comandantes.

– É muito perigoso – respondeu Acharya. – Se formos mortos, não haverá ninguém para defender Gandara.

– Não me matarão se for sob a bandeira branca. Esse símbolo de paz é respeitado por todos, até mesmo pelos dasas.

Então, por alguns instantes, Acharya pensou. Seria bom saber suas verdadeiras intenções. Se viessem em paz como o grupo trazido por Rama, Gandara poderia negociar com eles e ficar ainda mais rica. Mas, se viessem empreender a guerra contra eles, daria tempo de as mulheres e crianças fugirem e se esconderem na zona rural, Não havia nenhum modo de seus mal treinados guerreiros enfrentá-los.

– Certo, então – respondeu finalmente Acharya. – Amanhã cedo, você vai lá com Gunghab e conversa com eles. Se você não estiver de volta em duas horas, saberemos de sua captura e provável morte. Teremos certeza de suas intenções de conquistar Gandara e teremos tempo para organizar a defesa.

Ao amanhecer, o coração de Acharya, ao ver seus dois amigos cavalgarem com uma bandeira branca tremulando ao vento, também tremulou. Então rastejou a uma posição elevada de forma a ver o acampamento. Observou quando os dois amigos entraram no acampamento. Foram recebidos pela vanguarda e levados à maior tenda do acampamento. Tinha de ser a barraca do chefe, pensou Acharya.

Durante alguns minutos aguardou. Um estranho silêncio caíra no lugar. Então ouviu alguns gritos, ordens sendo emitidas e um grupo de homens arrastou seus amigos para fora da tenda. Alguns homens pareciam estar correndo para pegar longas varas. Acharya viu quando os homens despiram seus amigos. Podia ouvir seus gritos por ajuda, mas estava longe demais para fazer algo. Só pôde assistir e, com crescente indignação, viu quando as lanças foram enfiadas no ânus de seus camaradas, enquanto berravam de forma terrível. Então, depois de alguns minutos de agonia, o silêncio voltou: seus amigos estavam mortos. Ele e o outro amigo montaram e fugiram horrorizados, com os olhos marejados de lágrimas, os corações, de fel e as mentes cheias de terror.

65

Chicoteando seu cavalo tão rápido quanto podia, Rama chegou a tempo em Gandara para ver uma massa enorme de pessoas apressadas deixando a cidade. Por um segundo, acalmou seu coração: a cidade ainda não tinha sido atacada. Mas imediatamente reagiu e com preocupação crescente perguntou a um e a outro o motivo de tal êxodo. Os haihayas estavam a ponto de atacar a cidade e tinham recebido ordens de Citraratha para fugir e se esconder.

– E Citraratha? – ele perguntou.

– Ainda está na cidade. Ficará e tentará convencer os haihayas a poupá-lo e à sua família.

Enquanto cavalgava os últimos cem metros da entrada da cidade, lembrou-se de ter pedido ajuda a Dasaratha e a outro rei. Foram unânimes em recusar o envio de seus guerreiros só porque uma dasa teve uma visão. Se realmente os haihayas tomassem Gandara, protegeriam primeiro suas famílias, se estabeleceriam e então reuniriam uma força poderosa e salvariam Gandara. Rama foi obrigado a concordar. Não poderiam enviar milhares de guerreiros de volta só porque Kalantara tivera uma premonição. Mas como seu coração não conseguia se acalmar, decidiu voltar só. Deixou Kalantara sob a proteção de Dasaratha e correu para Gandara.

Galopou rapidamente pelas ruas quase vazias em direção ao palácio. Ao apear, Acharya e seus irmãos vieram encontrá-lo. Eles lhe contaram o sucedido com os enviados ao campo dos haihayas e Rama lhes perguntou qual era o plano para proteger a cidade.

– Temos cem bons guerreiros e oporemos resistência – respondeu Acharya. – Seremos vencidos, mas pelo menos morreremos como homens.

– E nosso pai? E nossas mães e os irmãos e irmãs menores?

– Nosso pai insiste em ficar. Sua opinião é de não lutarmos, recebê-los como conquistadores e pedir clemência. Mas depois de matarem meus dois amigos não demonstrarão compaixão para conosco. Talvez respeitem nosso pai, as velhas e as crianças pequenas.

– Vou falar com ele. Ele deve fugir enquanto é tempo.

– Vai perder seu tempo. Quando Citraratha toma uma decisão, nem mesmo Shiva mudará sua vontade.

Naquele momento, chegou um cavaleiro esbaforido. Apeou e informou: o exército haihaya estava se posicionando fora da cidade pronto para o ataque. Rama, Acharya e o resto dos irmãos saltaram sobre seus cavalos e galoparam até a entrada da cidade. Ao alcançarem os arredores de Gandara viram uma massa impressionante de cavaleiros, organizados em diversas filas caminhando para eles. Ainda tinham menos de dois quilômetros antes de os haihayas alcançá-los. Em passo lento, ainda tomariam uns quinze minutos para chegar à cidade. Moviam-se cuidadosamente, marchando, enquanto olhavam para ver se os gandaras prepararam alguma defesa ou alguma emboscada. Então Rama olhou para seu grupo e para seus cem companheiros. Não era páreo para oito mil haihayas.

– Oh ishvara Vishnu, estou pronto a morrer. Nada mais me amarra neste mundo. Levei sua gente para rio Ganga como me pediu. Não levantei minha mão ou o machado dado a mim por Shiva para ferir ninguém. Mas poupe esta cidade e suas pessoas. Poupe seu rei, Citraratha, e seus filhos, meus irmãos. Leve-me, ao invés, se isso tiver de ser o preço da liberdade. Mostre-me todo o seu imenso poder, oh ishvara Vishnu.

66

Os haihayas aceleraram o passo e agora se aproximavam a pleno galope. Rama foi sofrendo uma mudança súbita de atitude. Seu primeiro pensamento foi para com seu irmãozinho Saineya. Imaginou a doce criança sendo estripada. Ele o viu gritando de dor e aterrorizado. Não, isso não poderia acontecer com seu irmão. Então se lembrou de como os haihayas tinha decapitado seus irmãos. Em questão de segundos, esses quadros entraram em sua mente. Uma raiva crescente o foi possuindo como se fosse uma febre terçã. Então, de súbito, desmontou e caminhou em direção aos haihayas, brandindo seu machado por cima da cabeça. Parecia estar num estado de ira frenética.

– Miseráveis haihayas. Vou varrê-los deste mundo para sempre.

Acharya e seus guerreiros ficaram surpresos. Qual era o significado dessa atitude? Então, Acharya e seus guerreiros começaram a ficar definitivamente preocupados. Algo muito estranho estava acontecendo. O vento tinha parado de soprar, o sol diminuiu sua luz e uma escuridão súbita caiu como se fosse um manto. Ouviram um distante rugido se aproximando e se tornando mais alto a cada instante, como se a terra tivesse libertado todos os dragões do inferno. Seus cavalos ficaram inquietos e alguns deles empinavam aterrorizados. Outros cavalos simplesmente fugiram com seus cavaleiros montados, sem poder refreá-los. Um sentimento de medo tomou conta dos demais e, então, de repente, os guerreiros de Acharya fugiram. Acharya e seus irmãos desmontaram e deixaram seus cavalos fugirem, enquanto olhavam para Rama. Seria ele o responsável por essa estranha magia?

Quanto mais Rama brandia seu machado por cima da cabeça, mais alto o som se tornava. Então, no meio de ruídos espantosos, rugidos dos quais ninguém sabia de onde provinha, a terra começou a tremer sob os pés dos haihayas. Nesse instante, com os olhos fechados, Rama imaginava ver a terra se abrindo sob os pés dos inimigos. Eles seriam tragados por gigantescas fendas. De sua fronte, ondas emanavam e pareciam ser amplificadas pelo seu machado.

Várias fissuras começaram a se abrir debaixo dos pés dos haihayas e a terra ondulava violentamente como se fosse um mar revolto, acompanhando o ritmo das ondas da fronte de Rama. Os cavalos e os carros de guerra tinham parado sua carga e estavam em intensa confusão, se entrechocando e se derrubando. Não podiam avançar nem recuar devido às inúmeras fissuras na terra e seus cavalos haviam enlouquecido. Os cavaleiros tombavam de suas montarias e eram pisoteados por cavalos e atropelados por carros de guerra desnorteados.

Enquanto o terremoto estrondeava, veio a parte final do terror. Rama desejou ver fogo do céu consumindo os haihayas, e ele veio em forma de centenas de raios e de trovões ensurdecedores. Caíram sobre os haihayas, rasgando-os como se fossem papel. Alguns coriscos caíram sobre homens e simplesmente eles se vaporizavam em pleno ar. Outros raios caíram entre os guerreiros e, mesmo não sendo um golpe direto, os haihayas caíam desfalecidos.

Quando Surmani estava no meio da sua desabalada carga, viu nuvens escuras descendo sobre eles. Então, sentiu seu cavalo se tornar incontrolável. O animal parecia ter enlouquecido e, quando Surmani tentou guiá-lo a Gandara, o chão tremeu. Naquele instante, pensou em bater em retirada. Mas quando os raios caíram como chuva do céu, Surmani teve certeza da sua iminente morte.

Com esse sentimento na mente, sentiu quando seu cavalo caiu e ele se espatifou no chão. Era o pior medo de um cavaleiro; os demais iriam atropelá-lo. Tentou se levantar tão rápido quanto pôde, entretanto, nesse instante, o chão se abriu e ele foi tragado para dentro. Caiu numa vala de cinco metros de profundidade e, ao tentar se levantar, viu o fato mais aterrorizador de sua existência: a terra estava se fechando rapidamente. Ia ser enterrado vivo. Tentou sair do buraco, mas a terra fora mais rápida e se fechou. A escuridão se abateu sobre Surmani.

Sentiu durante certo tempo a sensação de ser enterrado vivo e, ao tentar respirar, abriu a boca. Foi pior: a terra entrou pela boca e o sufocou. Sentia um profundo desespero; iria morrer enterrado vivo. Lutou para se livrar de sua sepultura, mas a terra era como uma camisa de força impedindo seus movimentos. Nenhuma força seria suficiente para remover toneladas de terra e pedras. E enterrado sob o solo, como se os céus não quisessem mais ver seu horrível semblante, Surmani agonizou até morrer.

Todo esse inacreditável movimento durou apenas alguns minutos, mas para Rama parecia uma eternidade. Para Acharya e seus irmãos, tudo lhes pareceu muito rápido. Mas tal evento era inesquecível. De onde estavam, a terra tremeu ligeiramente, porém em Gandara ninguém sentiu nada, a não ser um leve tremor. Por cima de Gandara, o sol brilhava e nenhum sinal de tempestade, raios ou ventos. Tudo ficara restrito de forma precisa, como se os céus só tivessem liberado sua ira sobre os haihayas.

Quando tudo terminou, Rama abriu seus olhos e olhou para o campo a sua frente. Naquele momento, a escuridão se ergueu e ele pôde ver a carnagem produzida pelo seu machado e sua vontade. O machado caiu da mão e, quando Acharya aproximou-se dele, pôde apenas gaguejar. Como estivera com os olhos fechados não vira o desenrolar dos acontecimentos. Acharya relatou em poucas palavras: o céu e a terra tinham esmagado os haihayas.

Nem todo haihaya fora morto, mas pelo menos cinco mil homens estavam caídos ou tragados pela terra. Outros estavam em estado de atonia. Pareciam ter perdido a sanidade e vagavam pelo campo como sonâmbulos. Rama e Acharya caminharam os trezentos metros até os sobreviventes e, mesmo ainda estando em maior número, os haihayas não demonstravam nenhuma intenção de lutar. Os guerreiros restantes – alguns tão trêmulos e incapazes de se porem de pé – olharam para Rama como se fosse um deus.

Mesmo estando tão confuso quanto os demais, Acharya era o único a controlar seus sentimentos. Quando Rama deixou cair seu machado, Acharya o apanhou e o segurou atravessado nos braços. Ao chegarem mais perto e observarem corpos dilacerados, queimados, pessoas meio enterradas, pisoteadas, atropeladas por carros de guerra, mortas de pavor e todo outro tipo de morte violenta, Acharya foi o único a achar forças para se expressar.

– Haihayas, levem seus feridos e deixem esta terra. Gandara vive em paz e não tem nenhuma disputa com vocês. Partam imediatamente ou sintam novamente o poder de Parasurama (Rama com o machado).

E ao ver os haihayas sobreviventes deixarem o lugar, arrastando-se em muda descrença, eles também deram as costas para aquela cena horripilante e retornaram a Gandara. Rama estava em estado de choque e Acharya teve de conduzi-lo pelo braço. Seu irmão ardia em febre e seus olhos demonstraram estar fisicamente ali, mas sua mente estava longe daquilo tudo. Pela primeira vez, Acharya ficou receoso pela sanidade do irmão. Ficaria catatônico?

67

Durante uma semana, Rama ficou de cama, no palácio de Citraratha, em quase completa atonia e com febre alta. Sua mãe cuidou dele e, no oitavo dia, ele saiu do transe. Perdera peso e falava monosilabicamente. Acharya e um outro irmão o levaram para tomar um banho e o choque com a água fria o fez voltar à realidade. Deram-lhe um mingau para comer e água para beber. Então se deitou novamente e descansou.

No dia seguinte, Citraratha veio ao seu quarto e os dois homens tiveram uma longa conversa. Citraratha contou sua história, enfeitando-a com passagens hilariantes. Rama sorriu por várias vezes e chegou a dar boas gargalhadas das travessuras amorosas de Citraratha.

– Agora, meu filho, quais são suas pretensões?

– Não sei se foi ou não um sonho. Vi tantos eventos estranhos a ponto de não saber discernir a realidade da imaginação.

– Tais como?

– Eu me vi em um lugar estranho, com um corpo diferente, mas, mesmo sendo diferente do meu atual semblante, era eu mesmo.

– Também já tive esse tipo de sonho. Eu me vi como um homem enorme com uma pele azul e era uma pessoa importante: um rei ou algo assim. Mas sonhos nem sempre refletem a realidade. Podem ser nossos demônios interiores.

– Não há dúvida. Em meu pesadelo, vi quando cortei em pedaços um casal do qual não tenho a menor ideia de quem possam ser. Para tal usei um machado para trucidá-los.

– Aqui está sua explicação, Rama. Pelos relatos de Acharya, o uso de seu machado deve ter lhe perturbado a ponto de levá-lo às raias da loucura. Em seu estado alucinado, você relacionou seu machado com a matança dos haihayas e sonhou sobre um pretenso assassinato.

– Provavelmente você tem razão. Mas, abrindo meu coração, nunca me senti tão infeliz na vida. Quando estava com Hanatra, meu mestre, ele me disse para usar o poder dado pelos deuses para um alto propósito: curar pessoas, por exemplo. Mas usei tal força para matar milhares de pessoas. Lembrei-me da face de Vishnu e fiquei em dúvida. Não posso ter tal poder. Ele só pode ter sido grandemente aumentado pelos poderes de Vishnu. Mas como um deus poderia destruir outros seres humanos? Deveria ter controlado minha vontade e utilizado esse poder de um modo diferente. Em vez de matar, poderia ter convencido os haihayas a viverem em paz conosco.

Ao ver Rama novamente agitado, Citraratha o abraçou e o acalmou, acariciando seus cabelos negros. E, ao vê-lo mais tranquilo, disse-lhe:

– Suponhamos um homem morando com a família em uma cabana distante, com uma matilha de lobos perseguindo sua família. Como deve proceder? Palavras amáveis convencerão os lobos a pouparem sua gente? Os lobos não são movidos pela necessidade imperiosa de comer? Na concepção da natureza, o lobo não é mau nem bom. É um animal. Ele também tem família e precisa alimentar os filhotes. Quando ataca a família do homem, não o faz por ferocidade ou maldade, mas ditado pela fome. Assim eram os haihayas. Eles não pensavam em conquistar Gandara só para se divertir em matanças e saques, mas pela necessidade de encontrar um lugar para suas famílias viverem. Então, quando o homem mata os lobos, ele está protegendo sua própria família. É a luta pela sobrevivência.

– Só não entendo como Shiva pode se transformar em Bhairava (terrível)?

– O Benevolente é magnânimo e louva a vida acima de tudo. Nem os lobos nem os haihayas realmente morreram, mas perderam a habilidade de se manifestar no mundo material. No futuro, voltarão em outros corpos e, por meio de várias existências, aprenderão a se tornar um carneiro, assim como você é, conduzindo seu rebanho pacificamente.

Ao ver Rama refletir sobre suas palavras, beijou-o nas faces e disse:

– Descanse, meu filho. Amanhã será outro dia.

Rama então fechou os olhos e adormeceu. Citraratha cobriu seu filho com uma manta e deixou o quarto.

Alguns dias depois, Rama estava novamente de pé e, como se sentia forte, decidiu visitar seus amigos no vale do Ganga para ver o progresso de suas atividades. Embora seu pai e o resto da família lhe pedissem para ficar, ele prometeu voltar em alguns meses.

Citraratha quis providenciar um grande banquete em homenagem a Rama, seu filho e salvador de Gandara. Rama não pôde recusar tal gentileza. Quando a festa terminasse, ele partiria para a região do Ganga, com o que Citraratha concordou.

O banquete aconteceu depois de alguns dias e todos tinham um presente especial para Rama. Ele aceitou os regalos com grande orgulho. Naquele momento, entendeu as ações de Vishnu: poupara os amantes da paz de Gandara, embora tivesse de destruir os agressivos haihayas para tal.

O ponto alto do banquete foi quando Acharya pediu a palavra e, na frente da multidão reunida defronte do palácio, ele lhes contou em detalhes os feitos de Rama. Narrou os eventos com tanta vivacidade a ponto de arrancar exclamações de surpresa dos ouvintes. Como Rama estivera em transe durante os momentos da manifestação do seu poder, finalmente ouviu os detalhes pelo relatório de Acharya. Seu irmão não mentiu nem aumentou quaisquer das ações: relatou os eventos tão fielmente quanto sua mente recordava. No fim da alocução, ele gritou:

– Salve, Rama; salve, Parasurama.

Pela primeira vez em sua vida, Rama ouviu seu nome ser ovacionado por uma multidão frenética, enquanto repetiam a saudação de Acharya.

– Salve, Rama; salve, Parasurama.

E então uma tristeza invadiu seu coração. Lembrou-se das palavras de Prabhu: um homem é conhecido pelas suas ações. E, mesmo sorrindo de volta à multidão, seu coração estava opresso. Vishnu não poderia ter escolhido outro modo de homenageá-lo? Teria de ser conhecido como o destruidor dos haihayas? De fato, refletiu, um homem é conhecido pelas suas ações, sejam boas, sejam perversas.

68

Desde a partida de Rama, os reis arianos prosseguiram em sua viagem pelo Ganga. Alguns decidiram não cruzar o rio e apenas o margearam até encontrar um lugar satisfatório para se estabelecer. O vatsas e o chedis se fundiram em um único grupo e desceram por centenas de léguas até acharem um lugar propício. Então, cruzaram o rio e fundaram a aldeia de Prayaga (mais tarde renomeada de Benares). Outras tribos cruzaram o Ganga e foram ao leste. O grupo de Dasaratha cruzou o Ganga e dirigiu-se ao noroeste, até encontrar o rio Sarayu. Nesse local de rara beleza, Dasaratha decidiu se estabelecer. A região foi chamada de Kosala, o nome de sua tribo, e a cidade construída, de Ayodhya, o nome do falecido chefe.

Logo outras tribos arianas ouviram pelas pessoas de Gandara sobre o vale do Ganga. Alguns enviaram exploradores para conhecer o vale. Assim, em breve, movimentaram-se também em sua direção. Eram clãs menores ou tribos não muito importantes. Fizeram alianças com as tribos já instaladas. Por intermédio de trocas de presentes – gado, principalmente – e casamentos entre os filhos dos chefes, estabeleceram-se pacificamente com seus vizinhos.

Todavia, os arianos, ao chegarem no vale, não trataram os dravídicos e as pessoas kitai de origem mongólica adequadamente. Chamavam os kitai pela alcunha de nagas, devido ao costume de adorar as cobras najas. Como eram pessoas pacíficas, vivendo de uma agricultura incipiente e da criação de gado, os arianos invadiram suas aldeias, mataram os homens, prenderam as mulheres e as crianças, e os levaram para servir de escravos e, naturalmente, mataram todas as cobras.

*

* *

Após ter sido saudado como herói de Gandara, Rama deixou a cidade com uma pequena escolta. Acompanhando-o vinham Acharya, alguns irmãos adultos e o recém reaparecido Parvan. O titânico Parvan estivera desaparecido por vários meses. Rama perguntara por ele e Acharya, sorrindo, o informou sobre as aventuras amorosas de Parvan. Estivera em outra aldeia escondido de maridos furiosos de Gandara. Ele se juntou ao grupo e saíra de Gandara com uma capa encobrindo-o: nunca se sabe quando um marido furioso poderia atacá-lo à traição.

Cavalgaram em direção ao Ganga e, após cruzarem o deserto, chegaram ao luxuriante vale. No segundo dia, Rama e seus irmãos viram rolos de fumaça subindo ao céu. Galoparam as poucas léguas e chegaram num vilarejo dravídico. Rama ficou surpreso ao ver corpos jogados ao chão e cabanas queimadas. Em algumas das casas, o fogo ainda ardia furiosamente e cadáveres estavam sendo consumidos pelas chamas. Outros foram abandonados para morrer, após terem mãos e pernas decepadas.

– Quem poderia ter feito isso? – perguntou Rama, embora soubesse a resposta.

– Pelas flechas e as marcas de carros de guerra no chão, só podem ter sido arianos – respondeu um dos irmãos de Rama.

– Qual o motivo de agirem feitos lobos? – perguntou Acharya.

– Provavelmente por pura maldade – disse outro do grupo de Acharya. – Essas pessoas não tiveram chance. Pelo incêndio, foram atacadas logo após o almoço, quando a maioria estava cochilando.

Um dos homens de Gandara fizera uma rápida pesquisa e voltara para informar.

– Roubaram umas vinte vacas e levaram umas quinze pessoas com eles. Devem estar a duas horas à nossa frente.

– Vamos atrás deles – disse Acharya.

– Qual o propósito disso? Matar mais gente? Vamos libertar os dravídicos e, dentro de um mês ou dois, serão mortos por outros arianos? – respondeu Rama.

– Mas...

– Precisamos de uma ação mais consistente – interrompeu Rama visivelmente irritado com a situação. – Nós não podemos policiar todas as aldeias e levá-los para Gandara para protegê-los. Nós temos de achar onde Dasaratha está e, juntos com os demais reis arianos, estabelecer a necessidade de viverem pacificamente com as pessoas do vale. Será impossível aos arianos viver pacificamente com os dravídicos e os kitai? Qual a maldição lançada pelos deuses ou demônios para sermos assim tão sanguinários?

69

Vivendo com a tribo de Dasaratha, enquanto esperava pela volta de Rama, Kalantara estava apavorada. Presenciara massacres e, por várias vezes, os guerreiros arianos tinham tentado estuprá-la. Dasaratha foi obrigado a proibir tocá-la. Quem o fizesse seria morto. Kalantara procurava ficar o mais próxima de Dasaratha possível e ajudava suas esposas a criar as crianças.

Enquanto construíam Ayodhya, Dasaratha levou Kaikeyi, a mãe de Bharata, ao leito e fez dela sua mulher. Ambos pareciam ter apreciado a companhia um do outro e Dasaratha estava ansioso por lhe dar outro filho. Dessa vez, seria realmente seu filho.

A princesa panchala Kausalya, casada com Dasaratha, engravidara e, meses depois, deu à luz a um menino chamado Satrughna. Kalantara a ajudou no parto e um grande banquete foi preparado. Dasaratha enviou mensageiros a convidar Bhirmana, o rei dos panchalas para conhecer o neto. Para surpresa de Dasaratha, junto com o rei veio Rama.

– Meu amigo, estou tão contente em vê-lo – disse Dasaratha, abraçando-o efusivamente. – Por onde andou?

– Procurando-o, nos últimos seis meses.

– Você está brincando?

– Não. Deixei Gandara há seis meses e tenho andando por todos os lugares. Ninguém sabia onde estava. Um dia, meus irmãos e eu achamos os panchalas e decidimos ficar com eles. Algum dia você entraria em contato, pois é casado com a filha do rei. Meus irmãos ficaram comigo durante alguns meses e, depois, voltaram a Gandara. Finalmente, seus mensageiros vieram convidar o rei para um banquete em homenagem ao seu recém-nascido filho. Aproveitei e vim junto.

– Por Vayu, nunca pensei ter me escondido tão bem. Não era meu desejo desaparecer.

– Quando cruzou o Ganga, perdi-o de vista, especialmente após você ter cruzado o rio e seus rastros terem sido apagados pelas chuvas.

Dasaratha perguntou-lhe sobre o sucedido, pois nada sabia sobre os haihayas. Em poucas palavras, Rama sumariou como derrotou os haihayas. Não obstante, não lhe contou como os eventos se procederam. Reportou apenas como uma tempestade os tinha destruído e Gandara fora salva. Porém, como Acharya ficara entre os panchalas e tinha lhes contado sobre os eventos da destruição dos haihayas, Bhirmana contou a Dasaratha as proezas de Rama. Dasaratha se lembrou de certa vez ter visto Rama brandir seu machado e ter lançado homens ao chão. Em face disso, acreditou na história relatada pelo sogro. Em poucos dias, a história se espalhou e todos só louvavam Parasurama.

A pessoa mais feliz em Ayodhya era Kalantara. Não só porque desejava rever seu querido amigo, mas também devido aos terríveis morticínios testemunhados. Quando viu Rama, correu e o abraçou com lágrimas nos olhos. Rama também estava emocionado, mas entendeu haver algo mais grave acontecendo. Na primeira ocasião a sós com Kalantara, pediu para contar-lhe tudo.

– Eles têm matado minha gente. Você se lembra do primeiro grupo retirado de Haryupyah? – perguntou e, quando Rama meneou com a cabeça, ela disse: – Eles foram mortos e seus corpos jogados no rio.

– Quem fez isso? Dasaratha?

– Todos eles. Dasaratha não participou ativamente, mas não fez nada para impedi-los. Ultimamente, organizaram um grupo de guerra e atacaram o norte. Vários vilarejos kitais – sabe aquelas pessoas amarelas com olhos amendoados – foram saqueados, os homens mortos e as mulheres escravizadas. Estão sendo vendidas como escravos no mercado.

– Dasaratha sabe disso?

– Sabe, pois nada acontece na cidade sem seu conhecimento – respondeu Kalantara.

– Terei de falar com ele.

– Vai perder seu tempo. Os arianos só têm consideração por pessoas de sua própria tribo e, mesmo assim, fazem clara distinção entre guerreiros, sacerdotes e pastores. Se você não for um guerreiro, então você não é nada.

– Essa situação tem de mudar.

Ela olhou tristemente para ele. Ainda era um homem jovem, cheio de vigor e desejoso de mudar o mundo. Continuava ingênuo e, embora ela fosse mais jovem em idade, era bem mais idosa em espírito. Não tinha nenhuma ilusão sobre os homens: sentia-se como um deles e os entendia perfeitamente. Contudo, se alguém pudesse mudar um costume profundamente arraigado, esse homem era Rama. Ela o viu sair da sala decidido a transformar o mundo e se sentiu temerosa por ele. Poderiam feri-lo, se não fisicamente, pelo menos nos sentimentos.

A primeira pessoa com quem Rama foi falar foi o purohita dos panchalas. Vishvamitra era um fiel devoto de Vishnu e o deus falava pelos seus lábios.

Eles se encontraram quando o sol se punha, num dos muitos terraços do palácio. Vishvamitra o convidou a se sentar. Serviu chá quente enquanto conversavam. Rama expressou sua preocupação sobre a situação. Quando terminou de falar dos massacres do vale do Ganga, Vishvamitra tomou um longo gole de chá.

– Há fatos imutáveis. Só séculos de sofrimento modificarão a mentalidade tacanha dos homens. Depois de viverem várias existências, terão a noção exata de quanto nada vale a cor da pele. Em uma vida, um homem pode ser rei, enquanto na outra pode ser escravo. Em uma vida, pode ser uma negra e, na outra existência, seu atman (espírito) pode voltar como um profeta.

– Estou surpreso. Nunca o vi falando de várias vidas. Nós os arianos não temos essa crença – disse Rama.

– Realmente. Parece ser a única explicação lógica para as diferenças entre os homens – então, subitamente, Vishvamitra mudou de assunto e olhou intensamente para Rama e lhe perguntou: – Você sabe quem é Kalantara?

– Como assim?

– Não estou falando dela como mulher dravídica. Estou falando do espírito. Tive uma visão sobre seu futuro. Eu a vi como um homem conduzindo um grupo gigantesco de pessoas a uma terra distante, fugindo da escravidão. Naquela mesma visão, vi-a como um deus da guerra salvando sua gente da morte. Era uma visão mesclando presente, passado e futuro de modo confuso. Quando ela era um deus, seu olhar era de um guerreiro terrível. Parecia com os dragões de nossa mitologia. Quando a vi conduzindo o grupo a uma terra distante, ela era um homem alto com uma personalidade imponente, capaz de governar e dar leis a uma ralé.

– Meu Deus, isso é uma visão e tanto, Vishvamitra. Qual o significado disso tudo?

– Kalantara é um espírito poderoso no corpo de uma mulher bonita para aplacar seu temperamento. Isso me foi dito por Vishnu como prova de não confiarmos apenas nas aparências. Uma pessoa de belo semblante pode esconder um espírito monstruoso, enquanto um deus pode se esconder no corpo de uma pessoa insignificante.

– E para onde essa conversa está nos conduzindo? – perguntou Rama, tentando trazê-lo ao assunto principal: a perseguição ariana contra os nativos.

– Para o fato indiscutível: os arianos do vale do Ganga precisam de um alto rei para uni-los. Esse rei deve ser um purohita.

– Está se referindo a você? – perguntou Rama.

– Não, estou falando de você. Se me lembro bem, você foi treinado por Bhradwaja para se tornar o purohita do brighus, não foi?

– Não tenho nenhuma intenção de me tornar rei.

– Você já é um rei. Você foi um rei e um deus entre sua gente em remoto passado. Você foi Skanda, filho de Nandi e Parvati. Agora, nesta existência, você se tornou uma lenda viva: Parasurama. Se há alguém capaz de mudar esses hábitos perversos é você.

– Os reis arianos nunca me aceitarão.

– Obrigue-os a aceitá-lo. Branda alto seu machado e eles se curvarão perante o poder de Vishnu, pois você é seu Avataara Acharya (mensageiro com uma missão especial). Sua missão é predominar sobre o poder dos kshatrias (proprietários de terras e gado, reis e guerreiros) e colocar os sacerdotes em alta posição.

– Nunca pensei nisso. Qual o motivo de um sacerdote ficar numa posição elevada?

– Porque os sacerdotes sabem a verdade e, em tempos de paz, um guerreiro é inútil. Eles devem se curvar ao nosso conhecimento superior, como temos de nos curvar às habilidades especiais dos guerreiros em tempos de guerra. Mas, em tempos de paz, devemos ser como Brahman (a essência divina), esparramando-se por todos os lugares e vivificando os seres. Nós devemos ser brahmins (os filhos de Brahman), uma casta especial de pessoas dedicadas a curar as doenças das pessoas e da sociedade.

Rama não respondeu. Nunca pensara nisso. Era uma boa ideia substituir guerreiros por homens de paz. Entretanto, uma dúvida cruzou-lhe a mente: não estaria substituindo uma liderança despótica por outra ainda mais perigosa? Não estaria trocando homens infames por outros ainda piores? Os sacerdotes podiam escravizar as pessoas, usando o temor aos deuses? Tinha de pensar bem nisso antes de tentar mudar um sistema por outro.

70

Enquanto Rama meditava sobre as palavras de Vishvamitra, o purohita foi falar com Bhirmana, seu rei. Deu a ideia ao rei de convencer Dasaratha a convidar os demais reis para o banquete. O rei dos panchalas gostou da ideia e falou com Dasaratha. Ele gostou da ideia e, nos dias seguintes, enviou mensageiros aos outros reis da região para a celebração do nascimento de Satrughna.

Os mensageiros levaram um mês para encontrar os demais monarcas, convidá-los e escoltá-los. Vieram com os principais chefes guerreiros e seus purohitas. Vishvamitra viu naquele ajuntamento a oportunidade de reunir todos os purohitas e seus principais sacerdotes vindos para a festa. Preparou um tipo de haoma – não o original, pois não tinha os ingredientes certos, mas uma infusão de ervas e cogumelos para abrir a mente dos purohitas – e, quando se reuniram, ele lhes deu de beber o sagrado líquido do deus Chandra, a lua. Em questão de momentos, todos estavam num estado alterado de mente e Vishvamitra começou sua preleção.

– Meus amigos, tempos novos chegaram. No passado éramos tribos nômades vagando pelas planícies, mas agora mudamos nosso modo de vida. Estamos nos estabelecendo e isto trará mudanças em nossos costumes e em nossas leis.

– Não podemos mudar nossas leis – disse um dos purohitas. – Foram-nos dadas pelos devas. Constituem nosso legado às futuras gerações.

– Você deseja continuar se curvando aos guerreiros? – perguntou Vishvamitra. – Em tempos de paz, os guerreiros são a nossa principal fonte de aborrecimento. Como não têm nada a fazer, lutam um contra o outro e saem para caçar, mas aqui não é a estepe; não temos tantos animais a serem mortos. Dessa forma, atacam outras tribos para roubar o gado. E com isso vem a vingança e a tribo roubada retalia. Você quer manter esse tipo de situação?

– Não, mas como controlá-los? Pôr um cabresto neles?

– Sim, mas um tipo diferente de jugo. Ele não será um prisioneiro, mas um homem com novas responsabilidades e ocupará seu tempo inativo.

– Se conheço bem meu caro amigo Vishvamitra, ele só pode estar planejando algo de terrível, – disse outro purohita brincando, embora mantivesse um ar sério. – Diga-nos, caro amigo, quais são suas ideias?

– Nada muito severo para começar, mas uma leve mudança em nossa sociedade. Somos divididos em guerreiros, pastores e sacerdotes, e nós, os sacerdotes, estamos levemente acima dos pastores. Isso deve mudar. Em primeiro lugar, devemos dividir nossa sociedade para colocar os sacerdotes em primeiro plano, então virão os demais.

– Você só pode estar sonhando, Vishvamitra. Os guerreiros jamais aceitarão essa divisão. Eles nos odeiam visceralmente. Em uma sociedade comandada por sacerdotes, qual será o papel dos guerreiros?

– Sacerdotes! – respondeu Vishvamitra.

A resposta fez a assembleia começar uma esquentada discussão. Depois de alguns minutos de furioso debate, Vishvamitra pediu para ser ouvido novamente.

– Devemos ser como a essência de Brahman. Devemos nos esparramar e vivificar tudo. Nós, os verdadeiros filhos de Brahman, não usaremos o título de sacerdote ou purohita. Esqueça essas nomenclaturas: só impedirão nossa ascensão. Seremos chamados de brahmins. Assim, se for de nossa conveniência que um rei ou um comandante guerreiro se torne proeminente na sociedade, será também chamado de brahmin. Mas nem todos os guerreiros e sacerdotes serão brahmins.

– Não consigo ver a diferença – expressou-se um dos purohitas.

– Se o purohita e algumas famílias importantes forem brahmins, poderemos ter um purohita como rei e será nossa classe a reinar. Não mais um grupo de agitadores ansiosos em guerrear.

– Por Indra, você estava mesmo maquinando algo grandioso – proferiu um dos purohitas. – Sua ideia é maravilhosa, mas como devemos chamar os demais?

– Qual a base de nossa sociedade? Aquilo pelo qual se mata para conseguir?

– Gado – responderam vários deles quase uníssonos.

– É agora, mas em alguns anos não será mais. Gado é uma propriedade. Em alguns anos, terras, casas e muitas outras propriedades serão mais importantes. Nossa sociedade ficará rica por meio da propriedade. Então, os demais serão chamados kshatrias (proprietários).

– Mas há quem não tenha propriedades?

– Vamos chamá-los pelo belo nome de vakshias (homens livres) – respondeu Vishvamitra.

– Não funcionará. Você quer nivelar os guerreiros com pastores. Nunca aceitarão tal rebaixamento social.

– Mas os guerreiros e os pastores são os mesmos – retrucou Vishvamitra.

– Diga isso a um guerreiro e vejamos como reage.

– Não diremos nada. Essa é a beleza da minha proposta. Não mudaremos tudo de uma única vez; faremos isso gradualmente; em várias gerações.

– Qual o motivo dessa mudança?

– Faremos isso por duas razões: os purohitas devem ter preponderância sobre os demais homens; e a segunda razão é evitar a guerra. Já pararam para pensar nas inconveniências da guerra? Perdemos vidas, gado e o número de viúvas aumenta enormemente. Nem toda viúva tem uma família para sustentá-la e às suas crianças. Quantas vezes observamos viúvas morrerem de fome junto com seus filhos, só porque seu marido foi morto em batalha? Devemos tolerar essa tal situação para sempre?

Um dos mais velhos purohitas levantou-se de seu assento e caminhou entre os demais. Ao se levantar, todos olharam para ele e um silêncio caiu sobre todos. Então, depois de alguns momentos, começou a sussurrar pausadamente, enquanto andava a passos lentos pela sala.

– Não sei quais são suas verdadeiras intenções, Vishvamitra. Não sei se está procurando mais poder ou se é um homem compassivo e quer ver nossa gente vivendo em paz. Sua pretensão irá necessitar de alguém com um grande poder.

Vishvamitra sorriu e respondeu:

– Sua sabedoria é notável. Mas, como bem disse, precisamos de um alto rei, um rei dos reis. Alguém cuja excelência seja seguida sem contestação.

– Está pensando em Parasurama, não é mesmo? – respondeu o ancião dos purohitas.

– Não tinha um nome em minha mente, mas como você o proferiu, Parasurama é perfeito. É um homem extraordinário. Os reis e guerreiros o obedecem e temem, e, acima de tudo, é um purohita.

– É um purohita? – perguntou outro.

– Foi instruído por Bhradwaja – respondeu o ancião, no lugar de Vishvamitra.

– Bhradwaja? Não parecia ter muito poder: sua tribo foi dizimada – comentou outro.

– Não importa. O importante é Parasurama ter o Conhecimento (Vedas) e, ao mesmo tempo, ser um guerreiro poderoso e um pacificador. Levará nossa gente à glória.

– Detesto contradizê-lo, Vishvamitra – expressou-se o purohita brincalhão, mas agora com uma expressão séria. – Não há nenhuma glória para os arianos, se não for alcançada em batalha. Parasurama se tornou um avataara, porque esmagou os haihayas pelo uso de magia. Os arianos não descansarão em paz nas suas cidades até pôr um jugo em todos os dasas, os nagas e os panis desta terra. Acho seu plano prematuro e Parasurama não irá mudar a mentalidade dos guerreiros. Eles ainda prosseguirão em suas conquistas. Quando não tiverem mais nenhuma guerra para lutar, roubarão gado de outras tribos arianas só pelo divertimento.

– De qualquer maneira, será Parasurama ou ninguém mais – afirmou o decano do purohitas.

– Poderíamos pressionar os reis a aceitá-lo como um alto rei e, então, lentamente, nós o conduziremos a fazer as mudanças desejadas – rebateu Vishvamitra.

– As mudanças desejadas por você – contradisse o ancião.

– Não estou laborando em causa própria, mas lhe asseguro não ser o único a ganhar com tais mudanças. Temos aliados muito fortes entre as mulheres. Em tempos de guerra, elas mantêm a boca calada, mas, em tempos de paz, as mulheres têm grande influência sobre os maridos e filhos.

– Não estou apaixonado pelo plano de Vishvamitra, mas não levantarei minha mão contra isso – disse o mais velhos dos purohitas. – Meu rei é um homem velho e provavelmente não será favorável à candidatura de Parasurama para supremo ishvara. Seu herdeiro, todavia, tem Parasurama na mais alta estima. Não obstante, o desejo do príncipe é reunir um exército e conquistar mais terras e escravos. É improvável aceitarem um rei pacificador.

– Agradeço a sinceridade. Tente ver nisso uma experiência; se funcionar, ótimo; mas, se azedar, basta destronar Parasurama.

– Você deve estar fora do seu juízo, Vishvamitra. Se não funcionar, ninguém ousará tocar em um homem protegido por Vishnu que, apenas com o sacudir de sua mão, destruiu dez mil haihayas.

– Se azedar, Vishnu será o primeiro a destroná-lo – retrucou Vishvamitra.

Uma vez mais, a assembleia permaneceu calada. Ao ver certa concordância implícita, Vishvamitra disse:

– Será Parasurama então. Falemos com nossos reis para ver como reagirão.

71

No dia seguinte à reunião, Vishvamitra foi falar com Bhirmana, o seu rei. Expôs sua ideia de apoiar Rama para alto rei.

– Qual a necessidade de um alto rei? – perguntou Bhirmana com uma expressão raivosa. – Você não está satisfeito com meu governo? Não preciso de outra pessoa para me dizer como agir?

– Esse não é o ponto, meu senhor – respondeu Vishvamitra depressa. – Se tivermos um alto rei podemos nos proteger contra inimigos comuns. Nenhum de nós irá contra o outro só porque algum rei mais esquentado deseja se divertir ou alguém ganancioso quer roubar o gado do outro.

– Não pensei nisso.

– Com Rama como nosso alto rei, estaremos protegidos contra inimigos e podemos até mesmo conquistar mais terras. Com seus poderes, estaremos seguros.

– É um ponto interessante, mas só aceitaria Rama como nosso alto rei se estivéssemos em perigo. Se a paz governar a terra, não há nenhuma necessidade dele. Pode ficar onde quiser, entretanto não deve se intrometer em nossos negócios. Só nos uniremos em caso de um perigo externo ou de uma disputa entre nós, quando terá de jurar imparcialidade para aplicar a justiça.

– Parece razoável – proferiu alegremente Vishvamitra.

Ainda ficaram mais um tempo discutindo o assunto e, então, Bhirmana foi conversar com os demais reis. Dasaratha o apoiou de imediato, mas os outros não ficaram satisfeitos com a proposta.

– Falei com Rama e ele me disse para pararmos de atacar os nagas e os dasas – disse um dos reis. – Não entendi totalmente suas razões, mas falou algo sobre justiça e razões de humanidade. Não concordei com seu ponto de vista. Se nós tivermos de ser os donos desta terra, todos devem se submeter a nós. Os nagas têm costumes estranhos, muito depravados para meu gosto: adorando cobras e outros animais. Sou completamente contra isso. Em alguns anos, os nagas se tornarão fortes e aprenderão a guiar nossos carros de guerra, a usar nossos arcos, e farão armas, e se oporão a nós. Se nós não os dominarmos agora, pode ser muito tarde no futuro.

– Sim, você está certo. Não vejo motivo de tratar esses animais como gente – concordou outro rei.

– Rama disse para pararmos com os sacrifícios humanos aos deuses – disse o mesmo rei ansioso em matar todos os habitantes do vale. – Não me importo: minha gente aboliu essas práticas há muito tempo, mas agora tornar-se amigável e se entrosar com esses nagas e dasas pode ser perigoso. Temos sangue ariano (nobre) e não sabemos nada sobre a origem deles. Nosso sangue vem das estrelas, enquanto o deles pode até vir de animais. Não quero misturar minha origem nobre com alguém sobre os quais nada sabemos.

Os 'ya, ya' tomaram conta da assistência. Todos concordavam ter Rama a conduzi-los na guerra, mas não queriam mudar os costumes apenas para agradá-lo. No final, concordaram em convidar Rama e lhe oferecer a posição de alto rei e celebraram o acordo com sura.

72

O dia seguinte era destinado a celebrar o ritual de consagração de Satrughna aos deuses e todos tiveram um tempo maravilhoso. Os guerreiros beberam muito e houve algumas brigas entre eles, mas nada mais sério aconteceu. Tiveram lutas e o gigantesco Parvan foi o vencedor dos combates.

No dia seguinte, Dasaratha chamou Rama para uma reunião com os reis. Tinham decidido lhe dar o título de alto rei, supremo ishvara do vale do Ganga. A reunião aconteceu com todos os reis, seus principais comandantes guerreiros, os purohitas e alguns sacerdotes importantes. Havia pelo menos cinquenta pessoas reunidas. Vishvamitra seria o purohita a untar Rama com óleos sagrados. Dasaratha chegou trazendo Rama e o levou ao centro da reunião e lhe disse:

– Depois de discutir o assunto, decidimos designá-lo nosso alto rei. Vishvamitra, nosso mais proeminente purohita o untará.

Rama não parecia surpreso e, com um leve sorriso, respondeu:

– Caros amigos, não poderia ficar mais satisfeito e honrado em ser seu rei, mas gostaria de lhes perguntar as condições para me aceitarem?

Os chefes do panchalas, Bhirmana era um dos reis mais velhos e respondeu:

– Você será nosso líder na batalha. Quando enfrentarmos um perigo comum ou se houver disputas entre nós, você será nosso líder.

– Entendo – respondeu Rama. – E sobre minha reivindicação de cessar toda a matança dos nativos?

– Você tem de entender a nossa necessidade de dominá-los ou amanhã poderão se voltar contra nós.

– Eles nunca lutarão contra vocês se os tratar bem e aprender com suas artes e ensinar a nossa.

– Quais são os ensinamentos dos dasas?

– Você viu suas cidades? Podemos construir tais monumentos bonitos? Viu como cuidam da terra e como suas colheitas são férteis? Podemos aprender se quisermos ser pessoas civilizadas e não um grupo de bandidos nômades, assaltando e roubando gado um do outro.

– Mas roubar gado é uma arte. Nossos antepassados a cultivavam de modo elevado!

– Os tempos mudaram – respondeu Rama. – Nós não somos mais nômades. Temos de aprender a cultivar a terra, criar nosso gado em currais e construir cidades para viver em paz com nossos vizinhos.

– Viveremos em paz com os outros arianos, mas não se engane com falsas esperanças, Parasurama, teremos de invadir outros lugares. Nossas famílias crescerão e precisarão de outras terras para cultivar e criar o gado. Teremos de ir até o sul e conquistar essas terras.

– Então o desejo de vocês é me ver conduzindo as tropas na batalha. Assim poderei derrotar os inimigos com um simples brandir do meu machado. Vocês não querem um rei para mudar o modo de vida, mas um chefe guerreiro para comandar suas legiões à guerra contra os dasas e os nagas, como chamam os nativos.

Um silêncio caiu neles. Vishvamitra viu seus planos azedarem. Levantou-se da cadeira e caminhou ao centro da reunião.

– Reis arianos, escutem as palavras do avataara de Vishnu. Ele tem razão: os tempos mudaram. Guerra não é mais possível: as pessoas estão cansadas de matanças e instabilidade. Os guerreiros devem guardar suas armas e dedicar suas existências a outras atividades. Não podemos continuar sendo tribos sanguinárias. Podemos viver em paz com os dasas e os nagas. Eles podem ser nossos sudras (servos) e, sem violência, podemos governá-los. Trabalharão para nós, se não como escravos, mas como uma casta inferior. No topo de nossa escala social estarão os reis e os brahmins, e pacificamente governarão nossa sociedade trazendo abundância e vida longa.

Então, para a surpresa de Vishvamitra, Rama o interrompeu.

– Não, querem substituir um domínio pelo outro. Todas as pessoas devem ser vistas como iguais e não como pertencentes a uma casta determinada pela cor ou pelo nascimento. Vishvamitra, para os devas não há um homem mais ou menos importante. Somos filhos do Deus único, da essência sagrada de Brahman.

Vishvamitra tentou responder, mas sufocou: não esperava tal aparte de Rama. Então Bhirmana falou com um tom duro:

– Escute, Parasurama, todos nós o respeitamos como guerreiro, mas não concordamos com suas ideias de igualdade. Como um pastor pode ser igual a mim, um rei? Como um dasa pode ser igual a um ariano? Isso é tolice. Você diz isso porque ainda é jovem e não conhece os fatos da vida. Se não tivermos um sistema de castas será uma bagunça. Todos irão querer comandar e ninguém obedecerá. Os arianos foram feitos para comandar e os dasas e nagas, para seguir ordens. E é só isso.

– Vocês não precisam de um rei. Vocês precisam sofrer. Quando vierem na próxima vida como um dasa ou naga, sentirão a injustiça do sistema. Quando forem esmagados por poderosos kshatrias e suas costas vergarem de tristeza e dor, entenderão tardiamente o quanto somos iguais.

Tal alocução trouxe um tumulto terrível. Como um rei poderia voltar como um dasa? Um rei sempre será um rei e um dasa sempre será um dasa.

Aproveitando-se de um momentâneo silêncio, Rama expressou-se: – Não discutam mais tal assunto. Recuso ser seu alto rei. Adeus, meus amigos, possa Vishnu abençoá-los.

Depois de ter se pronunciado, Rama deu as costas e deixou a reunião. O único a segui-lo foi Parvan.

– Qual será nosso destino agora, Rama? – perguntou Parvan.

– Acharemos um bom lugar para viver em paz. Parasurama morreu nessa reunião.

– Você está errado, Rama. Parasurama sempre viverá na memória das pessoas.

– Sim, tem razão, meu amigo, mas viverá como guerreiro poderoso e destruidor dos haihayas e dos despóticos kshatrias. Rama não é isso, nem é esse o desejo de Rama.

– Qual o desejo de Rama?

– Ser um pacificador.

73

Ninguém mais na região do Ganga ouviu falar de Parasurama. Tornou-se uma lenda e muitas histórias foram contadas sobre ele. Alguns disseram ter ido para o sul, outros o viram na montanha Mujavant e outros juraram ter falado com ele em sonhos, vendo-o sentado à mão direita de Vishnu.

Levou quase seis meses para Rama, Parvan e Kalantara chegarem a um lugar distante. Kalantara ouvira falar de um lugar lindo com uma montanha dedicada a Shiva. Rama decidira ir até lá e fazer penitência. Shiva tinha lhe dado o machado e queria devolvê-lo. Não desejava mais brandi-lo. Quando o fizera, alguém se machucara. À noite, tinha pesadelos, vendo os haihayas serem esmagados pelo poder de Vishnu. Fora o instrumento de uma matança e agora seu coração almejava paz.

– Qual é o nome da montanha? – perguntou Rama a Kalantara.

– Chamam-na de Mahesha, a montanha de Shiva.

– Ninguém a conhece por esse nome – respondeu Parvan –, mas no último vilarejo falaram sobre uma aldeia fundada por pessoas vindas do Shindi.

– Iremos para lá – disse Rama. – Meus pés estão começando a desobedecer a minha vontade.

Levaram menos de uma semana para chegar a um lugar chamado Wayanad. Era um lugarejo situado numa encosta e, pelo tipo de construções, era uma aldeia próspera. As pessoas se pareciam muito com Kalantara. Tinham a pele mais escura, mas não eram negras como os dravídicos. Pareciam uma mistura de semíticos com dravídicos. Falavam uma variação de um idioma dravídico e Kalantara conseguiu se comunicar com elas.

Foram conduzidos ao ancião da aldeia e Kalantara ocupou-se da apresentação. Para sua surpresa, ele ouvira falar de Chanhu Daro, o lugar do qual ela era originária. Séculos atrás, as pessoas do Shindi tinham vindo e fundado a aldeia. Afinal, as lendas não eram assim tão infundadas e, de fato, a região toda era dedicada a Shiva.

– Qual é o nome dessa região? – perguntou Rama, enquanto lutava com o idioma.

– Kerala – respondeu o ancião. – Um lugar de rara beleza moldada pela mão dos deuses.

– É um lugar pacífico? – perguntou Rama.

– Nenhum lugar neste mundo é pacífico – respondeu sorrindo o ancião. – Ouvimos falar de tribos ferozes ao norte e ao oeste, mas, devido às montanhas, eles não nos incomodam.

Nos dias seguintes, Rama e seu grupo se instalaram e Parvan tornou-se a sensação da aldeia. As moças nunca tinham visto um homem branco e, embora Rama também fosse branco, não era páreo para Parvan, devido ao seu enorme tamanho, seus cabelos dourados e seu largo sorriso. Rama era muito moreno e taciturno, e as moças preferiam o jovial Parvan. Não levou muito tempo para o ancião vir falar com Rama e lhe dizer da necessidade de Parvan escolher duas ou três jovens para se casar. Só desse modo, as demais se acalmariam. Como estavam para ter um ritual de primavera, Parvan seria escolhido por algumas moças. Cada noiva traria dez cabras como dote. Tornar-se-ia um homem rico. Parvan logo concordou, passando a apreciar a ideia do múltiplo casamento. Mila era uma recordação terrível, uma assombração enterrada. No banquete de primavera, Parvan se casou com três lindas jovens e se tornou um homem rico, ajudando em muito Rama e Kalantara sobreviverem.

O lugar era um pouco distante do oceano, mas de certos pontos da aldeia podia-se ver o mar da Arábia. Rama decidiu fazer uma viagem com seus amigos e algumas pessoas do local para visitarem as praias. Era um passeio de dia inteiro, ladeira abaixo, mas, quando Rama viu o mar, ficou cativo de sua beleza. Nunca vira o oceano e sua gente nunca falara de tal maravilha antes. Afinal de contas, os arianos nunca tinham visto o mar e só alguns o conheceriam quando alcançassem o delta do rio Ganga. Mas a maioria acreditava ser mais uma bela lenda.

Tendo tomado banho nas águas salgadas e as provado, Rama olhou para a imensidão do oceano e, então, de súbito tomou uma decisão: era o lugar perfeito para se livrar de seu machado. Olhou em volta e viu um promontório adentrando suavemente o mar. Ficava bem acima do oceano e era preciso escalá-lo para poder lançar o machado nas espumas das águas quebrando sobre as pedras do promontório. Seguido por Kalantara e um grupo de homens da aldeia, escalaram a pedra e de lá puderam ver uma vista empolgante. Rama viu as ondas batendo e rugindo nas pedras. Naquele momento, elevou seu machado acima da cabeça e falou com os deuses.

– Este machado foi causa de morte e destruição. Em seu tempo me ajudou a me libertar de meus inimigos e trazer paz ao meu povo. Não obstante, não sou um guerreiro. Não me agrada ver sangue. Como a terra está em paz e os poucos haihayas se espalharam pelo mundo, não vejo mais utilidade para tal arma. Este machado me foi dado por Shiva e, sob a proteção de Vishnu, me ajudou a vencer grandes batalhas. Mas agora chegou a hora de me separar dele e agradecer aos deuses pelo apoio em minha luta. Agora ofereço a Kashyapa todas as minhas ações e lanço este instrumento de sofrimento nas águas de Varuna. Possa o poderoso senhor dos céus aceitar este presente. Parasurama não existe mais. O guerreiro deve ser substituído pelo pacificador.

E, ao proferir essas últimas palavras, lançou o machado nas ondas. A arma voou de suas mãos, caiu nas ondas e rapidamente desapareceu na espumas do oceano. Ao ver a arma desaparecer, Rama caiu de joelhos e chorou. Uma vez mais, todo o horror dos haihayas sendo tragados pela terra e fulminados por raios voltou à sua mente.

De repente, instantes após o machado ter desaparecido no oceano, Rama ouviu um barulho ensurdecedor. Sentiu a terra tremer e o estrondo aumentar. Tal evento fez Rama parar de chorar e, preocupado, levantou-se. Os demais olhavam um para o outro com expressões amedrontadas, enquanto o barulho aumentava. A terra tremeu mais forte e alguns homens perderam o equilíbrio. Então, enquanto o mar retrocedia uns trezentos metros da costa, eles viram algo terrificante: sacudindo-se, com grande estrondo, uma larga porção de terra começou a subir do fundo e, após alguns momentos, um vasto planalto foi agregado ao continente.

Tal movimento tectônico levou os homens a se levantarem em temor. Tinham visto Rama lançar seu machado nas águas e ouviram sua prece, e então, momentos após se desfazer do machado, todo aquele evento extraordinário se produziu. Só podia ter sido causado pela ira dos deuses ou pela aceitação deles ao desejo de Rama de uma vida nova. Mas ninguém se ferira e uma nova terra saíra das águas. Assim, Varuna, o senhor dos oceanos, criara uma terra nova, elevando-a do fundo dos seus domínios. Varuna aceitara o desejo de Rama de renovação.

74

Havia um velho na aldeia de Wayanad chamado por todos de rishi, embora não fosse um. Nunca estivera em Kailash para ser instruído. A aldeia não sofrera nenhum dano com o terremoto, mas, alarmados com a notícia sobre o machado de Rama, os aldeões foram falar com o rishi. Ele ouviu a história e pediu para conhecer o forasteiro. Rama levou Kalantara para ajudá-lo com o idioma.

O velho recebeu a ambos com cortesia e ofereceu uma xícara de chá aos dois visitantes. Falaram sobre o terremoto e outros assuntos de menor importância. Depois de quase meia hora de conversa, o velho entrou no assunto.

– Qual foi o motivo de vir se instalar em nossa aldeia?

– Paz. Estou à procura de paz.

– A paz está dentro de nós, meu amigo. Se seu coração e sua mente estiverem em constante batalha um contra o outro, nunca achará paz. Seu coração e sua mente estão em paz?

– Não. Nenhum deles está em paz. Meu coração almeja um mundo mais justo e minha mente me acusa do uso errado de meus poderes.

– As histórias sobre você são verdadeiras? Você destruiu sozinho um exército inteiro apenas brandindo seu machado? Esse foi a razão de tê-lo jogado no mar?

– O machado me foi dado por Shiva e abençoado por Vishnu. Quando o recebi, nunca imaginei ter um poder tão grande. Quando os haihayas atacaram minha gente, usei esse poder para destruí-los. Hoje me arrependo de ter usado o poder do machado de modo errado. Deveria tê-los impedido por outros meios.

– Meu jovem, sua aflição é insensata. Não há nenhuma arma mágica. Nem machados, nem anéis, nem espadas têm qualquer valor intrínseco ou poderes mágicos. Todo o poder pertence à Shiva e ele o dá a quem o desenvolve. Se você ama a música e dedica seu tempo para compor belas melodias, toda a magia musical existente em você brotará. As pessoas o chamarão de deus ou qualquer outro nome. Se destruiu um exército, não importa os motivos ou como o fez, é porque dentro de você ainda existe muita raiva e violência. Se as abomina, tem de extirpá-las.

– Concordo, velho sábio, mas como proceder quando ainda se tem sentimentos violentos florescendo no coração?

O velho levantou-se e foi até o tosco fogão e trouxe mais chá. Ofereceu a eles, mas Kalantara o recusou, mas Rama tomou outra xícara de boa vontade. Depois de ter vertido o chá, ele se sentou e calmamente se expressou:

– A pessoa não deve tentar derrotar seus demônios interiores. Será uma luta inútil: nesse ponto de nossa viagem, os demônios são muito fortes. Mas todos têm algo de bom. Para um será a música, para o outro a escultura em pedra, e assim por diante. Então, a pessoa deve tentar melhorar ainda mais esse pendor. Tais boas qualidades crescerão e ocuparão a mente a ponto de os demônios não acharem espaço para atuarem. – E, ao terminar a frase, tomou um longo gole de chá quente, olhou diretamente nos olhos de Rama e lhe perguntou: – Quais são seus outros poderes? O seu coração canta de alegria quando faz qual atividade, fazendo-o se sentir em comunhão com Shiva?

De imediato, Rama se lembrou do tempo com Hanatra, quando tratava dos doentes e, embora não pudesse curar todos, quando curava alguém, aquilo o fazia se sentir tão feliz quanto uma criança. Explicou isso ao velho rishi.

– E, naqueles dias, você não usava seu machado ou qualquer outro instrumento mágico, mas apenas a vontade de sua mente. Curar era um processo de grande intensidade, mas aprendeu a não deixar seus sentimentos influírem. Sabe o motivo? Nossos sentimentos ainda são muito confusos e, às vezes, trabalham contra nós. A angústia em obter uma resposta imediata aos nossos problemas trabalha como se fosse o medo de falhar. Ambos os sentimentos vibram de modo quase idêntico e os efeitos são precisamente os mesmos: fracasso.

– Você é um homem muito sábio.

– Para um rishi de um vilarejo, você quer dizer – respondeu sorrindo. – Junte-se a mim; há muito trabalho a fazer. Pense em minha proposta e venha quando desejar.

– Não há nada para se pensar, meu pai. Virei ajudá-lo diariamente e Kalantara também será de grande ajuda, pois é dotada de intuições, percepção das pessoas e tem visões de inegável utilidade.

– Acho o dia de hoje bom para se começar – afirmou o rishi, sempre sorridente. – Há pessoas lá fora à espera de atendimento.

Rama olhou e viu oito pessoas sentadas sobre os calcanhares dispostas pelo pátio. Rama sorriu e respondeu:

– Nunca se deve adiar a oportunidade de ser útil.

75

Vinte e cinco anos se passaram e Rama, agora com quase cinquenta anos, tinha se tornado uma lenda em Kerala. Seu nome e suas proezas haviam se espalhado e as pessoas vinham de todos os lugares para vê-lo. Era um homem sábio. Vivia na montanha sagrada de Shiva e curava as pessoas, dava conselhos aos reis, e abençoava jovens e crianças. Não obstante, era chamado de Parasurama, embora odiasse o som do nome.

Desenvolvera em conjunto com outros curadores, uma nova técnica. Consistia de um conjunto de massagens com óleos especiais, imposições de mão, remédios fitoterápicos, chás balsâmicos e outras formas de intervenções no corpo. Tais técnicas iriam se desenvolver com o decorrer dos séculos, dando origem à medicina Ayur Veda.

Suas curas eram assombrosas, embora nem sempre pudesse curar a todos. Certa vez, atendendo a uma fila de pessoas doentes, uma mulher entrou desesperada com uma criança nos braços envolta em tecidos. O pequeno ser tinha quatro anos e a mulher falava um idioma estranho. Nem sequer Kalantara conseguiu entendê-la. Pelas suas roupas podia se notar a riqueza da mulher. Ela vinha acompanhada de mais três pessoas. Uma delas era seu marido e ele falava um pouco do idioma dravídico.

O marido informou ter vindo de um lugar distante e Rama deduziu pelos seus rostos serem kitai, pois tinham semelhança com mongóis, embora fossem mais altos e sua pele não fosse tão marrom. Naqueles tempos, a China não era conhecida por esse nome e Rama não tinha ideia de onde era.

Lutando para entender o horrível tamil do homem, foram conversando. Era um comerciante vindo de longe em seu navio. Apresentou a esposa e os dois filhos já crescidos: duas figuras esbeltas, vestidas em seda colorida. Eles se curvaram profundamente para Rama e depositaram aos seus pés duas caixas cheias de joias.

– Se puder ajudar seu filho, ele não apenas lhe dará essas duas caixas de joias, mas um navio cheio de seda – disse Kalantara a Rama depois de ter ouvido o homem falar.

– Levem essas joias daqui – respondeu Rama delicadamente. – Não posso aceitar nada como paga ou Shiva me abandonará.

Kalantara explicou a situação ao homem e ele deu ordens aos dois filhos para levarem embora as caixas. Então Rama virou-se para a mulher e fez gestos para desembrulhar seu filho. Ela o fez com grande cuidado.

Rama e Kalantara se surpreenderam ao ver a criança. Suas pernas e braços eram apenas pele e ossos. As pernas eram curvadas, assim como também os braços. Seu peito era magérrimo. O rosto tão deformado... Um dos olhos estava no topo da testa e o outro era minúsculo, escondido atrás do nariz. Mas o horror era uma gigantesca bola de carne escura nas costas do menino: um tumor de tão grandes proporções, duas vezes o tamanho do corpo da criança. Mal comparando, a bola era tão grande e compacta a ponto de o menino mais parecer uma tartaruga com uma carapaça nas costas.

Rama e Kalantara ficaram chocados. Rama ficou desesperado: como poderia extrair aquela abominável deformação? Então, depois de se controlar, virou-se para Kalantara e lhe pediu para focalizar a mente na criança e pedir orientação a Shiva. Ela fechou os olhos em uma muda oração e, então, depois de alguns momentos, começou a falar, possuída por um espírito acompanhante da família do infeliz.

– Escute bem, mestre Rama. Eu sou responsável por essa criança. Ele é um protegido especial do próprio Varuna. Faça suas perguntas a mim e lhe responderei até o limite de meu conhecimento dos fatos.

– Como ajudarei essa criança?

– Não o fará. Ele ainda tem cinco anos para cumprir nesse corpo e nada deve ser feito para impedi-lo de atravessar o martírio.

Tudo tinha um propósito e, às vezes, os homens eram impotentes para remover os obstáculos. E Rama sabia disso.

– Posso saber o motivo pelo qual ele é um protegido do poderoso Varuna e, mesmo estando sob a proteção do deus, tem de sofrer tal terrível deformidade?

Então Kalantara ficou muda por um longo tempo e então o espírito falou novamente.

– Perdoe meu silêncio, mas, antes de contar sua história, tive de obter a permissão de Varuna. Autorizou-me a falar o essencial, pois a história inteira ainda não pode ser revelada – e mais uma vez, ficou calado.

Após um longo tempo, o espírito manifestado em Kalantara começou a falar:

– Quando um espírito volta ao corpo humano, uma parte do material é emprestado pela mãe e pai, mas as substâncias materiais para moldar o novo corpo são guiadas pelo espírito. Quando o espírito está em profunda conturbação, a substância material é distorcida desde o útero; a criança poderá nascer com deformidades ou deficiências dependendo de sua instabilidade mental. Neste caso específico, esse espírito carrega, há mais de 2.700 anos, uma perturbação profunda. Em cada nova existência, melhora um pouco e, provavelmente, em mais 1.600 anos terá um corpo normal e então poderá começar sua viagem de volta à normalidade.

Rama entendeu, mas quis saber quem era aquele espírito, pois se sentia preso a ele por algum fio misterioso. O espírito pela boca de Kalantara lhe deu a resposta:

– Um nome não pode ser proferido. Tanto você como esta mulher por cuja boca me manifesto e essa criança vieram do mesmo distante lugar. Naqueles dias, vocês mancharam a consciência de um modo indelével com atos terríveis. Cada um de vocês está expiando isso neste lugar. Esse infeliz irmão conduziu uma grande revolta contra Varuna e foi totalmente derrotado. Não obstante, Varuna o ama e dedica atenção pessoal para sua plena recuperação. Ninguém é abandonado, até mesmo se for um monstro, porque o demônio de hoje será o anjo de amanhã.

O espírito partiu. Rama e Kalantara levaram algum tempo explicando a situação ao casal. Escutaram tristes e, então, Rama pegou as mãos da mãe e as beijou docemente.

– Sacrifício e aceitação são os melhores remédios para sua alma, minha senhora. Sua tolerância está sendo notada pelos imortais e cada lágrima derramada por essa criança se transformará em uma pétala de flor caindo em sua própria fronte como uma bênção.

Depois da partida do casal, Kalantara chorou profundamente. Como tinha entrado em contato com a mente do espírito protetor do jovem deformado, capturara alguns dos seus pensamentos. Após se acalmar, explicou-se a Rama.

– Vi uma lua negra lançando um raio terrível sobre a escuridão. Um homem foi dilacerado em pedaços, embora não parecesse ser um homem como nós conhecemos a humanidade.

– Algum nome apareceu em sua mente?

– Não significa nada para mim, mas o som era algo como Vritria. Rama abriu seus olhos em assombro. Estava se referindo a Vritria, o envelopador, o terrível inimigo derrotado por Indra? Mas isso era apenas uma lenda! Um conto de fadas contado pelos sacerdotes para celebrar a primavera. Como aquela criança chinesa poderia ser Vritria, o demônio, o poderoso inimigo dos deuses, e porque Varuna o protegia? Varuna o destruíra ou fora Indra? Essas lendas seriam verdadeiras e, de fato, todos tinham vindo das estrelas como falavam as lendas arianas? Qual teria sido o crime cometido por Rama para merecer ter sido enviado a esse mundo? Então uma voz em sua mente lhe disse para parar com devaneios e voltar a trabalhar: outras pessoas estavam esperando. Riu e respondeu alto para si mesmo:

– Tem razão. O passado não é importante e o futuro é indecifrável. Cada dia tem sua própria preocupação. Um homem é conhecido pelas suas ações e não pelos seus devaneios e desejos. De volta ao trabalho. Kalantara, boa amiga, mande entrar o próximo. Vejamos se, desta vez, teremos sorte e poderemos ajudá-lo. Só isso conta: ser útil!

76

Certo dia, Parvan entrou na casa de Rama como um tufão e disse:

– Rama, os arianos estão nos atacando.

Rama pulou da cadeira e saiu à rua com Kalantara. Só teve tempo de ver um grupo de trinta arianos montados a cavalo entrando na aldeia. Desceram a rua, matando e ferindo os aldeões. Alguns disparavam flechas. Um deles viu Rama, retesou seu arco e disparou uma seta contra seu peito. Ele ainda estava tentando se inteirar da situação quando viu a flecha voando em alta velocidade em sua direção e um corpo interceptar a trajetória da seta. Alguém foi ferido no peito e caiu. Rama olhou e reconheceu Kalantara. Ela tinha se posto, de propósito, no caminho da flecha para protegê-lo. Debruçou-se sobre ela e constatou estar morta, a flecha perfurara seu coração.

Olhou para os arianos e, naquele instante, uma imensa ira lhe invadiu o coração e teve gana de esmagá-los, entretanto sua mente lhe disse para controlar sua raiva e usar seus poderes em outro sentido. Ergueu suas mãos, fechou os olhos e imaginou todos os arianos possuídos de cansaço. Desmontariam e se deitariam no chão.

Ao abrir os olhos, notou uma estranha paz. Haviam parado de atacar e pareciam estar calmos. Os cavalos tinham parado seu galope e os cavaleiros estavam em transe com os olhos abertos, olhando para o horizonte como se estivessem distantes daquele lugar. A maioria tinha deixado cair as armas. Alguns haviam descido do cavalo e estavam deitados no chão como se estivessem dormindo. Rama tinha derrotado os invasores pela força da sua vontade. Não era mais Parasurama; tornara-se Rama, o pacificador.

Então, ouviu uma voz falando em sânscrito.

– Por qual estranha magia meus guerreiros foram vencidos?

Rama olhou para a direção da voz e viu um grupo de mais de mil homens entrando pela rua principal da aldeia. Na frente, viu um jovem alto, esbelto, de aparência forte usando longos cabelos negros amarrados num rabo-de-cavalo.

– Seus homens atacaram nossa pacífica aldeia – respondeu Rama, caminhando em sua direção.

– E como os derrotou, velho feiticeiro?

– Tirei-lhes a vontade de lutar.

O jovem pensou em atacar o homem maduro, mas algo o refreou. Se tinha poderes para fazer isso, imagine se resolvesse destruí-los.

– Liberte-os. Você é um ariano e eu não sou seu inimigo.

– Eu os libertarei se me prometer partir e nos deixar em paz.

– Assim seja. Você tem minha palavra.

– Qual é seu nome, jovem guerreiro? – perguntou Rama.

O jovem respondeu de um modo arrogante:

– Sou o rei de Ayodhya, filho de Dasaratha. Meu nome é Ramachandra.

– E como vai sua mãe; a doce e meiga Sumitra? – perguntou Rama.

– Conhece minha mãe?

– Conheço sua mãe e seu pai. Ele me deu um grande presente: um machado.

O jovem desmontou e aproximou-se de Rama, com uma expressão de descrença. Seria esse homem o famoso Parasurama? A lenda rezava ter derrotado sozinho cem mil haihayas, em 21 memoráveis batalhas durante 21 anos, vingando a morte de seu pai Jamadagni e o roubo da famosa vaca mítica Kamadhenu.

Se Rama soubesse as lendas sobre sua pessoa, mudaria de opinião. O homem não é julgado por suas ações, mas pela palavra dos outros. Quando se tem seguidores, o homem é louvado como um semideus. Quando se tem detratores, torna-se um demônio.

O jovem rei perguntou-lhe:

– Qual é o seu nome?

– As pessoas me chamam de Parasurama, mas meu nome é Rama.

77

Enterrar Kalantara foi de partir o coração de Rama. Tinha amado aquela mulher como se fosse sua irmã, sua filha, sua esposa e sua mãe. Ramachandra tentou lhe dar as condolências pela morte de Kalantara e dos demais: confessara ter sido um terrível engano. Nunca dera ordens para atacar a aldeia. Parasurama lhe disse para poupar as lágrimas para alguém pelo qual tinha real afeição. O jovem ishvara pediu a Rama para, depois do enterro, visitar sua tenda a fim de discutir a situação. Parasurama aquiesceu.

– Então, qual o propósito de sua incursão guerreira tão longe de Ayodhya?

– É uma longa história, mas tentarei fazê-la curta – respondeu Ramachandra. – Você se lembra de Bhirmana, rei dos panchalas? – Rama meneou a cabeça, aquiescendo. Ficara várias semanas em seu palácio. – Bem, ele tem um grande número de filhos. O mais jovem era um guerreiro valoroso e, para prová-lo ao pai, reuniu um grupo de bons guerreiros, e partiu da região de Panchala para conquistar uma região dos dasas, no planalto de Decan. Com três mil guerreiros, desapareceu durante quase um ano. Depois desse tempo, reapareceu com menos de cem homens. Estava muito ferido e morreu alguns dias depois do seu retorno.

– Arianos derrotados em uma invasão?

– O jovem estava por demais ferido para falar, mas os sobreviventes explicaram o acontecido. No princípio, conseguiram vitórias rápidas em vilarejos e obtiveram um grande número de escravos. Mas, em vez de voltar, o jovem empurrou seus homens mais adiante. Depois de alguns meses, quando se achava muito distante de sua terra natal, os ataques noturnos começaram.

– Ataques noturnos?

– Sim, os dasas não queriam enfrentá-los de frente em um campo de batalha, assim atacavam à noite. Cobertos pelo manto da escuridão, atacavam rapidamente, matavam quantos pudessem, libertavam os prisioneiros e, então, corriam para se esconder na mata. Começou aos poucos, entretanto, ao se tornarem mais corajosos, passaram a emboscar os arianos também de dia. Finalmente, eles decidiram voltar. No caminho de volta, foram perseguidos, emboscados e mortos. Um dasa chamado Ravana conseguira reunir vários milhares de dasas e, como não tinha confiança de enfrentar os arianos em uma batalha, instituiu tal tática. Ao obter êxito, aumentou seus ataques e, no curso de várias semanas, dizimou o exército ariano.

– Esse Ravana parece brilhante. Conseguiu apanhar os panchalas longe de sua casa e levou o terror às suas fileiras.

– Esse Ravana não é só um homem brilhante, é um demônio e seus homens também o são – respondeu jovem Rama com o rosto congestionado de ódio.

– Você está se referindo a demônios como uma metáfora, não é? Eles não são espíritos?

– Ravana age como se fosse um demônio. Ele golpeia em vários lugares sem ser visto, mas é um homem por certo e assim os são seus seguidores, chamados de rakshasas.

– Rakshasa? É o nome de alguma tribo dasa?

– Provavelmente sim. Mas me deixe lhe contar o restante.

Um dos homens entrou e trouxe chá quente para eles. Ramachandra os serviu e, então, enquanto tomava um gole de chá, prosseguiu:

– Com o retorno do grupo de panchalas, a história tomou proporções enormes. O rei quis vingar a morte do filho, mas, antes de poder reunir um exército, ele mesmo foi atacado. Os rakshasas, usando táticas noturnas, invadiram as aldeias vizinhas e levaram o terror aos arianos. Ao obterem vitórias, tornaram-se mais corajosos e, uma noite, entraram na cidade principal, atearam fogo, roubaram o gado, levaram os cavalos e mataram quantos puderam. Bhirmana foi gravemente ferido e falou ao seu purohita Vishvamitra para ir buscar ajuda. Ele foi a Ayodhya e pediu a ajuda ao meu pai. Dasaratha ficou radiante em ajudá-los e nos conduzir à guerra contra os miseráveis rakshasas.

– E assim você se envolveu nesse assunto.

– Sim e não. Espere ouvir toda história. Tornou-se muito mais complicado.

– Sou todo ouvidos.

– Os rakshasas não estavam em seu próprio território, mas no domínio de Panchala. Assim pudemos encontrá-los e, depois de algumas escaramuças, os pusemos para correr. Não obstante, Bhirmana, já recuperado do ferimento, Dasaratha e os demais reis decidiram ir ao encalço de Ravana. Se foi bastante audacioso em golpear no coração dos panchalas, poderia fazer o mesmo com qualquer outra cidade no vale do Ganga. Poderia ir até Ayodhya ou qualquer outra pur (cidade), atacar e depois fugir para a segurança de sua terra. Depois de longa deliberação, decidimos formar vários pequenos destacamentos para descobrir o paradeiro dos rakshasas. Quando soubéssemos onde estavam, reuniríamos um exército e os exterminaríamos. Em vez de uma força grande para não chamar a atenção, decidimos enviar grupos de quatro homens.

– Um grupo assim pequeno estaria em dificuldade se encontrassem uma força superior dos rakshasas.

– Realmente, por isso fomos disfarçados de panis. Embora nossa cor de pele não seja tão escura como os panis, nossas roupas nos esconderiam. Apresentamo-nos como comerciantes, como são os panis da região do Shindi, e começamos nossa missão. Meu irmão, Lakshmana, veio comigo e começamos a procurar rastros dos rakshasas. Durante quase dois anos, visitamos o planalto de Decan e não achamos nada. Ninguém ouvira falar deles.

– É óbvio, não era uma tribo, mas um cognome.

– Isso mesmo. Depois de uma longa viagem, tropeçamos em uma cidade chamada Savadurg. Como um dos meus homens estava se sentindo doente, decidimos entrar e encontrar um médico. Ao entrar na cidade, fomos logo aprisionados e levados à presença do rei. Dissemos ser panis e, como tínhamos cabelos negros, ele acreditou. Então esse rei, chamado Jatayu, pediu a um dos seus feiticeiros para cuidar de meu amigo doente e o levaram ao palácio.

– Naquela mesma tarde, conheci Ravana, jovem guerreiro com olhos cheios de suspeição, olhando-me com desdém. Conheci sua irmã também. Era uma mulher deslumbrante chamada Shurpanakha. Ela, sem qualquer razão, se apaixonou por mim. Nos dias seguintes, fiz amor com aquela mulher, mas um dia, depois de beber demais, quando ela me propôs casamento, tive a estúpida ideia de lhe responder de forma arrogante. Jamais me casaria com uma dasa: era um ariano. Ela falou com o pai e, imediatamente, o rei mandou seus filhos Ravana, Khar, Dushan e um grande destacamento nos prender.

– E como escapou?

– Pela vontade de Vishnu, suponho. Shurpanakha me revelou a conversa com o pai. Prevendo o perigo, meu irmão Lakshmana me arrastou para fora do quarto e, quando Shurpanakha tentou nos impedir de fugir, meu irmão a apunhalou. Nessa hora, o destacamento nos viu e começou uma louca perseguição pelo palácio e depois pelas ruas da cidade. Corremos por nossas vidas, como nunca fizemos antes. Meu coração estava quase saindo da boca e a nossa sorte foi mergulharmos num rio e a corrente nos levar embora. Algumas léguas abaixo, saímos da água e fugimos daquele lugar amaldiçoado. Agora sabíamos onde Ravana estava e era uma questão de tempo para voltar para casa, reunir um exército e perseguir a diabólica criatura.

– Uma aventura e tanto – disse Parasurama –, mas e os outros dois companheiros?

– Esse foi o problema.

– Foram mortos?

– Não, Ravana era um homem sagaz. Ele os torturou e eles revelaram de onde viemos. Um grande exército viria em encalço de Ravana. Assim, tirando proveito do seu conhecimento do terreno, tentou cortar nosso caminho de volta a Ayodhya. Todavia, uma vez mais, Vishnu nos ajudou: nós nos perdemos no caminho. Em vez de voltar pelo caminho mais direto para o norte, tentamos seguir o sol. Enquanto Ravana estava cortando nossa retirada a Ayodhya, nós estávamos indo para o noroeste e, depois de dois meses, chegamos a Mithila, o reino do rei Janaka, um puro sangue ariano.

– Vishnu realmente conduziu seus passos à segurança.

– Foi essa a nossa primeira impressão, porém, espere, ainda há muito por vir. Mas, antes de lhe contar o restante, vamos almoçar: estou morrendo de fome. Você comerá comigo?

Parasurama concordou com a cabeça. O jovem chamou o criado e pediu comida e vinho. Dessa vez, Parasurama bebeu um copo e provou um vinho muito forte com um gosto adstringente. Quando lhe serviram o almoço, Ramachandra prosseguiu:

– Enquanto Lakshmana e eu estávamos vagando, fugindo de Ravana, nosso pai Dasaratha morreu de causas naturais. Meu irmão, Bharata, assumiu o trono enquanto eu estava fora. Por razões desconhecidas então, naquele momento, sua mãe Kaikeyi o instigou a empreender uma guerra contra Kurukshetra e o rei Kuru.

– Você se refere a Kuru, rei dos arjunayanas? – perguntou o velho Rama surpreso.

– Ele não é mais um arjunayana.

– Como alguém pode não ser de uma tribo quando nasceu em seu seio?

– Essa é outra história. Kuru teve vários filhos. Seu herdeiro tentou matá-lo e assumir o poder, mas Kuru conseguiu escapar e perseguiu seus filhos. Matou todos, menos um: o herdeiro conseguiu escapar. Ele fugiu e levou com ele metade da cidade. Os remanescentes são chamados de kurus. Assim Kuru se tornou o rei dos kurus.

– E seu herdeiro?

– Levou seu povo para perto de Haryupyah e misturou-se com os haihayas. Agora são chamados de Arjunayanas e vivem pacificamente na região do alto Punjab.

– Uma história podre!

– Sim, mas deixe-me lhe contar o restante. Bharata reuniu um exército e, junto com nosso outro irmão, Satrughna, neto de Bhirmana, fez uma aliança com os panchalas e atacou Kurukshetra. Foi travada uma terrível batalha e Bharata foi o vencedor. Kuru foi ferido e conseguiu rastejar de volta ao seu palácio, onde Bharata entrou e o achou moribundo. Então uma cena de grande importância aconteceu. Kuru lhe perguntou quem era e qual a razão de empreender uma guerra contra ele. Nunca fizera nada contra os panchalas e os kosalas. Bharata lhe respondeu estar vingando uma afronta contra sua mãe Kaikeyi. Kuru se lembrou quem era Kaikeyi e perguntou a Bharata se ele era o primeiro filho nascido de Kaikeyi. Respondeu afirmativamente. Então Kuru lhe disse ser seu pai e não Dasaratha. Ele falou, e eu cito, pois pessoas de confiança testemunharam o fato: parece ser meu destino morrer nas mãos de meus filhos. Bharata, então, matou o velho com uma punhalada no peito e ficou perturbado com o assunto. Quando voltou a Ayodhya, pediu para saber a verdade por Kaikeyi, sua mãe. Ele era realmente filho de Kuru, ela revelou. Então, Bharata deveria se mudar para Kurukshetra e assumir seu reinado. Kuru não deixara nenhum outro descendente e ele era seu primogênito.

– Meu Deus, a vida se parece com as marés do mar. Quando você menos espera, uma surpresa o atinge.

– Entretanto, eu estava chegando a Mithila e, junto com Lakshmana, fomos ao palácio do rei Janaka. Ele nos recebeu muito bem. Ele me convidou a ficar alguns dias no seu palácio. Eles estavam preparando a cidade para um festival gigantesco. Era um banquete a todos os deuses e os guerreiros competiam em várias modalidades de esporte. Haveria corrida de carros de guerra, habilidades equestres, lutas de mãos nuas, lutas com espada e o destaque da festa era a competição com arco e flecha. Como estávamos extenuados, não tivemos outra opção a não ser ficar e fazer parte do festival de Mithila.

– E naquele momento você não sabia nada sobre Bharata e sua descoberta sobre Kuru ser seu pai?

– Nada. Ninguém sabia de nossa estada em Mithila, mas Ravana era um demônio, eu lhe digo. Um dos dasas o informou do fato. Ele entrou disfarçado de pobre camponês. Tinha a intenção de me matar.

Ele bebeu do seu vinho e prosseguiu:

– O festival foi um sucesso e eu fui o vencedor. O arco sempre foi minha especialidade e, como era a mais importante de todas as competições, recebi o prêmio. Cantores na rua glorificaram meu nome e, durante um banquete, Ravana entrou no palácio. Em um dos quartos, ele conheceu a bela Sita, a filha donzela de Janaka. Conversou suavemente com ela e, como era um homem muito bonito, ela o achou atraente. Durante vários dias, ele entrou no palácio disfarçado de entregador do mercado e ia até o quarto de Sita. O amor floresceu e ela se tornou sua mulher. Enquanto isso, Janaka enviara mensageiros a Ayodhya para informá-los sobre minha presença em seu palácio. Bharata resolveu vir me encontrar e me revelar pessoalmente sua história. Mandou de volta os mensageiros e preparou sua imediata partida com uma forte guarda para protegê-lo. Os enviados voltaram e informaram Janaka sobre a morte de Dasaratha. Eu, Ramachandra era o novo rei. Imediatamente, ele planejou meu casamento com Sita e, no decorrer de um banquete, ele me deu a mão da filha, embora nunca lhe pedisse em casamento, pois nem sabia de sua existência. Mas não pude recusar e, quando vi Sita, concordei: era de uma beleza deslumbrante. Quando o pai lhe informou sobre nosso casamento, ela não disse nada e apenas sorriu timidamente. Quem poderia supor que, por trás daquele sorriso, havia uma mulher apaixonada por meu inimigo mortal?

– Os deuses gostam de brincar conosco, de vez em quando, só para ver como reagimos em face da adversidade.

– Vishnu tem um senso de humor muito estranho, mas naquele momento, não sabia de nada e, quando meu irmão Bharata chegou, me abraçou, me contou em detalhes todas suas aventuras e os quatro irmãos juraram aliança eterna, embora Bharata não fosse mais nosso irmão. Mas, em memória do grande Dasaratha, juramos manter segredo sobre esse assunto.

– Uma sábia decisão.

– O matrimônio com Sita foi esplêndido e minha primeira noite com ela foi excelente. Nunca suspeitei de ela não ser mais virgem. Mas, como era um matrimônio arranjado e eu não tinha nenhum amor por ela, não prestei muita atenção a ela para detectar seu verdadeiro estado de ânimo.

– Entendo – respondeu Parasurama, como se fosse um homem com grande experiência no assunto.

– Nós nos mudamos para Ayodhya, Bharata me passou o trono e, alguns dias depois, partiu para Kurukshetra. Está atualmente fundando uma nova cidade a apenas algumas léguas da antiga Kurukshetra, chamada Hastinapur. De qualquer modo, eu tinha minhas próprias dificuldades. Após me estabelecer, meu desejo de ir atrás de Ravana diminuiu, pois tinha inúmeras obrigações a cumprir em Ayodhya e na região de Kosala. Não me preocupei mais com Ravana e os dasas. Mas um demônio nunca descansa até ter levado sua vítima ao inferno.

– Não deve esquecer o fato de terem matado sua irmã – disse Parasurama.

– Você tem razão. Ravana começou a vir ao meu palácio, disfarçado como um sanyasi, um velho sábio, carregando uma tigela de mendicante. Os criados dasas de minha cozinha o alimentaram e, todos os dias, ele pôde se introduzir facilmente em meu palácio. Queria me matar, mas provavelmente se encontrou com Sita. O amor deles renasceu novamente. De qualquer maneira, um dia, Sita me falou do seu desejo de me deixar. Depois de uma longa discussão, confessou amar um príncipe dasa chamado Ravana e seu desejo de desposá-lo. A situação era tão absurda e completamente impossível. Disse-lhe não acreditar numa única palavra. Ela então me revelou como o amor deles começou em Mithila e como ele tinha estado em meu próprio palácio. Fiquei enfurecido, mas me controlei, pois antevi uma forma de capturá-lo.

– Muito audacioso, realmente. E como fez isso?

– Deixei Sita com Lakshmana enquanto estava em outro lugar com alguns soldados para prendê-lo, mas Sita o enganou dizendo ouvir minha voz clamando por socorro. Quando Lakshmana a deixou só, ela desapareceu. Deve ter-se encontrado com Ravana e depois fugiram noite adentro.

– Como justificou tal vilania aos súditos?

– Bem – disse Ramachandra, enquanto limpava sua garganta –, não podia contar a verdade aos meus súditos, assim inventei uma história na qual, por ações mágicas e diabólicas, Ravana sequestrou Sita e fugiu. De qualquer maneira, tal evento me trouxe de volta à realidade: não posso viver em paz até esmagar Ravana. Reuni um exército poderoso de guerreiros de Panchala, Vatsa-Chedis, Kosalas e muitos outros, e nós dirigimos a Savadurg. Chegamos dez semanas depois do rapto de Sita, mas para nossa surpresa a cidade estava vazia. Ele fugira para um lugar desconhecido. Então dividi minhas forças em três. Uma está sob o comando de Lakshmana, a outra com Satrughna e a última está sob minhas ordens. Nós o temos perseguido por toda parte do planalto de Decan e o acharemos, mesmo se levar várias vidas.

– Uma verdadeira tragédia, caro companheiro. Qual o destino de Sita, se conseguir trazê-la viva?

– Ficará sob a mais estrita guarda: não a matarei, mas não farei amor com ela e nem terei filhos com ela. Eu me casarei com outras mulheres e terei descendência com elas, mas Sita ficará confinada no palácio por toda sua vida.

– Seria melhor matá-la a lhe impor o sacrifício do isolamento – comentou o velho Rama e, mudando de assunto, perguntou: – Você tem entre suas tropas alguns negritos (raça primitiva de homen negros bem pequenos). Como conseguiu fazê-los trabalhar para você? Eles são ariscos com forasteiros.

– Essa é outra história. Depois de acharmos Savadurg vazia, entramos em Kiskindha, o reino dos negritos. Logo encontramos uma montanha onde o rei Sugriva vivia confinado. Os negritos tentaram nos enfrentar, mas como eram inimigos dos dasas, resolvi não atacá-los. O inimigo de meu inimigo é meu amigo, assim fiz um trato com Sugriva. Seu irmão o tinha deposto e, se eu o recolocasse no trono, ele me ajudaria a encontrar Sita. Foi uma tarefa fácil, pois seu irmão não tinha um exército para protegê-lo. De volta ao trono, Sugriva chamou seu filho Hanuman e lhe disse para procurar Sita e Ravana. Não recebi mais notícias do grupo de Hanuman, mas, de qualquer maneira, temos quase dois mil negritos a nos ajudar em uma região na qual estão perfeitamente familiarizados.

– Hanuman há de encontrar Ravana.

– Sim, alguns negritos detectaram um ajuntamento de dasas dirigindo-se ao sul. Alguns de meus homens acharam rastros de um grupo de pessoas vindo para cá. Viemos averiguar se Ravana pudesse estar se escondendo aqui.

– Os rastros são de penitentes. Eles vêm aqui à procura de alívio para seus males.

– Quero me desculpar novamente pela invasão de sua aldeia. Não tinha dado ordens para atacá-la, mas os jovens são inquietos – disse Ramachandra como se não fosse ele mesmo um jovem. Parasurama sorriu complacente e meneou a cabeça em assentimento.

– Me diga, poderoso Parasurama, por qual magia parou meus homens?

– É também um mistério para mim, Ramachandra. Está ligado à minha vontade. Desejo algo ardentemente e, quando abro os olhos, já está acontecendo.

– Junte forças comigo. Juntos, seremos invencíveis. Com seus poderes...

– Poupe seu discurso, Ramachandra. Desde a morte dos haihayas, nunca mais usei meus poderes contra um ser vivo. E não vou abdicar desse juramento nem por você ou por qualquer outra pessoa.

– Mas Parasurama, Ravana é um dasa...

– Está apenas protegendo sua gente contra nosso vandalismo e crueldade – atalhou Rama com uma voz forte. – Ele não estava lutando contra o príncipe de Panchala, o invasor de seu país? Você não faria o mesmo se os dasas atacassem sua família?

– Mas, Parasurama, os dasas foram feitos para ser escravos!

– Você é louco ou algo assim? Desde quando dasas ou qualquer outra raça foram feitos para ser escravos? Esse nosso ponto de vista ariano nos conduzirá um dia à ruína. Toda pessoa na Terra tem o direito de viver livremente e ser respeitado como um filho de Brahman. Os dasas não têm uma alma também? Não são filhos de Shiva, assim como também os panis, os arianos e os kitais? Qual o propósito de dividir nossa sociedade em castas? Gostaria de ser um escravo em um mundo dominado por dasas? Bem, eu lhe digo, Ramachandra, se você não mudar seu modo de ver a realidade, em uma próxima vida, poderá vir como dasa e ser escravizado por um ariano. Imagine-se numa próxima vida como um escravo dasa de Ravana renascido como um poderoso rei ariano, sendo espancado diariamente e tratado como a escória da Terra? Pense nisso.

– Isso é inconcebível – respondeu Ramachandra, enquanto se levantava da cadeira. Abriu a tenda, mostrando a saída a Parasurama num claro convite para sair. Parasurama deixou o lugar com um sorriso nos lábios: se Vishnu escolheu o jovem Rama para ser seu próximo avataara, teria de poli-lo durante várias vidas. Quando os Imortais decidem nos transformar em deuses, eles podem ser implacáveis.

78

Poucos dias depois, Ramachandra foi informado por Hanuman: Ravana estava se escondendo na ilha de Lanka (Sri Lanka). Partiu com suas tropas e, quando estava deixando a aldeia, Parasurama veio vê-lo. Os dois homens com o mesmo nome e ambos considerados como avataara de Vishnu não podiam ser mais diferentes. Enquanto um era jovem e ainda sanguinário, o outro tinha harmonizado seu coração pelas suas boas ações.

Por vários anos, Parasurama escutou as histórias da conquista de Lanka e como Ravana e os diabólicos rakshasas foram destruídos por uma poderosa magia. Os vencedores sempre contam histórias maravilhosas para esconder sua selvageria. Ramachandra tinha assassinado mais de vinte mil pessoas, entre eles crianças, velhos e mulheres. Os rakshasas não existiam mais e, nas lendas, foram transformados em espíritos diabólicos.

Ramachandra recuperou a esposa e a levou de volta ao seu palácio. Não houve alegria no reencontro. Pelo contrário, decepção e mágoa de parte a parte foi o corolário de se verem novamente. Quando Ramachandra mostrou a cabeça de Hanuman decepada do corpo a Sita, ela lhe disse algo inesquecível:

– É preferível um homem sem cabeça a um homem sem coração. Hanuman foi o mais gentil dos homens e agora meu destino é estar atada ao mais cruel de todos.

– Você é destemida para uma mulher – disse-lhe Ramachandra. – Não teme a minha crueldade, como você alega?

– Temo odiá-lo e me transformar numa árvore seca, sem frutos e sem néctar.

– Não teme a morte? – ela não respondeu.

– Seria muito fácil matá-la e é esse seu desejo, pois assim você se juntaria ao seu amante, no outro mundo. Todavia, tenho um castigo melhor para você.

Ramachandra, de fato, não matou Sita, mas ela ficou presa no palácio. Veio a falecer, alguns anos depois, de tristeza pela ausência de seu grande amor e de vergonha por ser diariamente ultrajada por Ramachandra. Não obstante, Ramachandra nunca teve filhos, mesmo com as demais esposas; por alguma razão, ficara estéril. Quem sabe se Vishnu não desejasse ver descendência em Ramachandra, pensou Parasurama: talvez para não espalhar sua influência ruim.

Rama ainda viveu por muitos anos e prosseguiu com suas boas ações. Morreu velho, além dos setenta anos e, como solicitara, seu corpo foi cremado e suas cinzas espalhadas no oceano. Finalmente, no mar profundo, Rama se reencontrou com seu machado e, juntos, voltaram a ser novamente o poderoso Parasurama.

Varuna renunciou a uma situação mais tranquila num planeta bem mais evoluído para auxiliar na transformação moral de milhares de espíritos que, endurecidos no mal, viriam a ser degredados para o nosso planeta.

A Queda dos Anjos narra, em detalhes, o banimento dos espíritos de Capela. Decaídos no mal, os espíritos são expatriados para um planeta distante e atrasado, a Terra, onde terão como missão auxiliar na evolução da humanidade.

Os sumérios, sob a influência de espíritos superiores, seguem para o Kemet (Egito) para fundar uma nova civilização. Um desses exilados é incumbido da tarefa de unir os diversos vilarejos e fundar um reino que dará inicio à era das dinastias egípcias.

O Kemet está em guerra, sul e norte combatem pelo poder. Nârmer se apresenta e torna-se o primeiro *ferâa* - que mais tarde, os gregos chamariam de faraó. É iniciada a primeira dinastia de umas das grandes civilizações da humanidade: a do Egito.

A renegada, abandonada e esquecida tradição esotérico-espiritual dos textos bíblicos é revelada pelos seus mais importantes personagens: Abrahão, Isaac, Jacó e José, o do Egito, que, repudiado pelo ciúmes de seus irmãos, reverteu a situação e tornou-se o primeiro-ministro do faraó.

Saiba por que Moisés, um grande iniciado nos rituais ocultos do antigo Egito, foi escolhido pelos espíritos superiores para liderar os hebreus pela jornada de transformação. Aprenda como, de simples escravos, eles se libertaram e se tornaram um dos maiores povos da antiguidade.

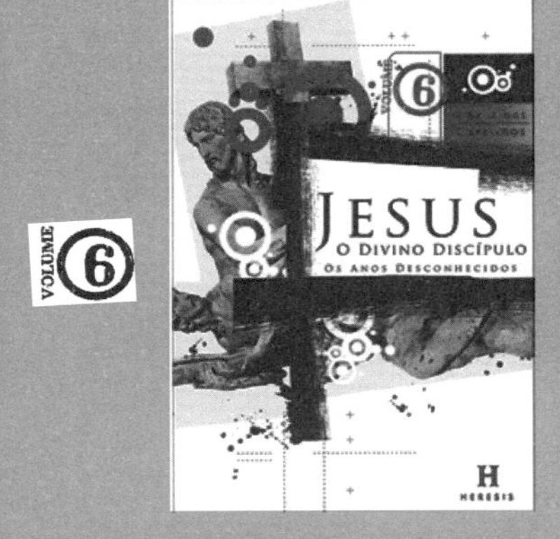

A maior parte da vida de Jesus não é revelada pelos textos bíblicos. Como eram realizados os milagres de Jesus? Ele os fazia desde criança? Onde realmente nasceu? Nazaré ou Belém?

Conheça a essência da mensagem apostólica de Jesus, como se processavam os milagres e como ele conseguia ressucitar os mortos. Conheça sua doutrina, individual e social, que acabou por levá-lo à morte.

Esta edição foi impressa em novembro de 2016 pela Art Printer, São Paulo, SP, para o Instituto Lachâtre, sendo tiradas três mil cópias, todas em formato fechado 155x225mm e com mancha de 115x180mm. Os papéis utilizados foram o Off-set 75g/m² para o miolo e o Cartão Supremo Triplex 300g/m² para a capa. O texto foi composto em Baskerville 10,5/12,85, os títulos foram compostos Baskerville 24/28,8. A revisão textual é de Cristina da Costa Pereira e a programação visual da capa de Andrei Polessi.